本书获

国家社科基金重大项目：国家治理视角下国有经
营预算制度研究（14ZDA027）

国家社科基金重点项目：国有资本授权关系及实
现模式研究（14AJY005）

科技成果转化和产业化——北京市国
有企业预算管理体系完善对策及实施
（PXM2013_014213_000099）

北京工商大学国有资产管理协同创新中心项目
（批准号：GZ20130801）

北京市教委创新团队项目：投资者保护的会计实
现机制及其效果研究（IDHT20140503）

财政部会计名家培养工程支持项目

资助

企业预算管理：
从预算整合到整合预算

ENTERPRISE BUDGET MANAGEMENT: from budget integration to integrated budget

谢志华 著

经济科学出版社
Economic Science Press

图书在版编目（CIP）数据

企业预算管理：从预算整合到整合预算/谢志华著．—北京：
经济科学出版社，2015.6（2017.11 重印）
ISBN 978 – 7 – 5141 – 5854 – 0

Ⅰ．①企…　Ⅱ．①谢…　Ⅲ．①企业管理 – 财务管理 –
预算编制　Ⅳ．①F275

中国版本图书馆 CIP 数据核字（2015）第 137243 号

责任编辑：庞丽佳
责任校对：王肖楠
责任印制：邱　天

企业预算管理：从预算整合到整合预算
谢志华　著
经济科学出版社出版、发行　新华书店经销
社址：北京市海淀区阜成路甲 28 号　邮编：100142
总编部电话：010 – 88191217　发行部电话：010 – 88191522
网址：www. esp. com. cn
电子邮件：esp@ esp. com. cn
天猫网店：经济科学出版社旗舰店
网址：http://jjkxcbs. tmall. com
固安华明印业有限公司印装
710 × 1000　16 开　15 印张　300000 字
2015 年 6 月第 1 版　2017 年 11 月第 3 次印刷
ISBN 978 – 7 – 5141 – 5854 – 0　定价：36. 00 元
（图书出现印装问题，本社负责调换。电话：010 – 88191502）
（版权所有　侵权必究　举报电话：010 – 88191586
电子邮箱：dbts@ esp. com. cn）

序

　　企业预算不仅只是一种管理的方法、一种管理的工具，也不只是一系列的财务和非财务责任指标。

　　预算是一种思想。预算不仅要以各种管理思想作为基础，管理思想也必须通过预算得以贯彻、得以实现。人本思想、民主思想、战略思想、系统思想无不闪烁于预算之中，预算又切切实实地使人本思想、民主思想、战略思想、系统思想落地生根。当一个企业坚守预算管理时，这些思想就会潜移默化为企业的文化，成为人们的价值理念和行为规范。

　　预算是一种制度。预算不仅要求人们把预算指标作为追求的目标，而且预算作为制度支配着人们的行为方式。制度是人们共同遵守的行动准则。预算是企业内部各责任主体的行动准则，是每个责任主体的最低行为准则。正是通过预算的这种制度作用，使企业的各项生产经营活动有序进行，使企业的各项生产经营活动达到预期的目标。预算作为一种制度，系统而全面地贯穿于企业生产经营活动的全过程，没有一种制度体系会比预算更具有对人们行为的全覆盖性。

　　预算是一种机制。预算不仅是一种责任机制，预算更是一种利益机制。预算是由一系列相互联系、相互补充的指标体系所组成的完整的责任目标体系，企业内部的每一个责任主体都必须要完成预算目标，预算是一种责任机制，是不言而喻的。但预算绝不仅只是单纯的责任机制，来到企业的人们，他们不只是为责任而来，他们更是为利益而来，履行责任只是他们实现利益的前提和手段。正是这种对利益的追求才使得预算的责任机制能够更好地发挥作用，也正是这种对利益的追求使得企业内部的责任主体都愿意多干、都愿意干好、都愿意长期地干、都愿意创新地干，唯其如此，企业才可能充满活力地持续发展。预算自然内含着机制作用，而机制作用正是预算的本质。

　　预算是一种整合。预算不仅通过预算目标的分解落实将企业内部各责任主体的行为及其目标整合到一起，而且为了实现责任目标，预算也将企业的资源有效地配置到各个预算责任主体。预算是企业内部专业分工下的有效协同体系，预算是企业内部每个责任主体责、权、利的有效匹配体系，预算是企业内部资源按"事"和按"责任人"的有效配置体系，预算是企业内部各责任主体的利益分配的有效均衡体系。

尽管预算如此重要，但传统的财务预算和全面预算却未能将预算应有的作用淋漓尽致地加以发挥。究其原因，就是传统的预算是在企业原有的组织、流程、作业、岗位和信息体系的基础上运用的，而企业原有的组织、流程、作业、岗位和信息体系是基于业务目标的需要所设计的。预算管理要求企业必须按照预算的要求重新设计，也就是企业的组织、流程、作业、岗位和信息体系不仅要满足业务目标的需要，更要满足预算目标的需要。预算目标是价值目标，所以，企业的组织、流程、作业、岗位和信息体系必须按照价值目标的要求重新再造。只有对企业进行这样的再造，才能为预算管理提供有效实施的前提和基础。如果说，预算本身具有整合作用，那么要使预算整合的作用有效发挥，就必须将企业的组织、流程、作业、岗位和信息体系整合到预算的要求上，这就是整合预算。

从预算整合到整合预算，是我们对预算认知的一次革命性飞跃，至少我们发现传统企业的组织、流程、作业、岗位和信息体系的设计并不适合于预算管理的需要，同时，我们也找到了按照预算的要求进行组织再造、流程设计、作业分析、岗位设置和信息体系重构的路径。这无论对于我们丰富预算管理的理论、提升其理论层次，还是对于指导预算管理的实践都会产生极其有益的作用。

谢志华

2015 年 6 月

目　　录

第一章　预算的起源与发展

　　预算（budget）一词来自于拉丁语"bulga"，意为运送食物的皮袋，在中世纪英语中为 bouget，意为皮袋子或背包。显然皮袋子或背包装运食物以备未来使用，已包含了预备多少食物之意。19 世纪英国财政大臣有一种习惯，即在提出下年度税收需求时，常在国会议员们面前打开其公文包，展示需求数字，因此，财政大臣的公文包意指下年度的岁入和岁出预算数。大约在 1870 年，"budget"一词正式出现在财政大臣公文包的文件上，这就是"预算"一词的最初来源。据此不难看出，预算在运用于企业前，主要是服务于政府，以国家预算的形式存在。许多文明古国都试图编制国家计划，但在人类活动依赖于自然的时代，这样的努力常常被自然的力量所制约。随着社会生产力的日益发展，人类影响未来经济的实力与半径得到极大的增强与拓展，因此，对于未来事件的规划就显得格外重要。现代预算包括了关于未来事件的两方面内容：即应该做什么和需要花费多少，有学者称之为"复式簿记在计划编制中的应用"[1]，可见会计实质上成为促进政府预算与企业预算方法和原理相互交流的媒介[2]。

一、预算管理的起源

　　纵观近现代世界历史，高效、廉洁和公正的政府离不开良好的公共预算制度的保驾护航。英国之所以能在欧洲争霸中获胜，在世界近代史上风光无限，率先实现工业化，现代公共预算制度的作用功不可没。

　　英国近代史就是一部国王和国会争夺对国家控制权的历史，而对预算权的争夺则是双方斗争的焦点。通过国会和国王对预算控制的漫长的斗

---

[1]　Frdeerick C. Mosher, Program Budgeting: Theory and Practice (New York: Stratford Press, 1954), P. 48

[2]　迈克尔·查特菲尔德著，文硕、董晓柏译：《会计思想史》，中国商业出版社 1989 年版，第 286 页。

争，英国财政逐渐从皇家财政转变成国家财政。这场漫长的斗争起始于英王约翰签署大宪章的1215年，《大宪章》第十二条限制国王的征税权，站在预算历史发展的角度看，大宪章的意义在于它倡导国王"自力更生"，靠自己的收入统治的财政制度。国王的收入来自于习惯上被认为属于王室的财源，主要包括王室拥有的土地等不动产收入，按惯例归属国王终身收入的关税和国会投票决定的不定期的"特别征税"。国会拒绝过为国王的财政开支买单，一般不介入国王的财政事务，唯有在国王的请求下方才过问国家财政。在大宪章之后的数百年间，英国的国家财政一直停留于王室财政的中世纪状况。直到英国内战（1642～1649年）后，这种状况才得以改善。1688年的英国光荣革命进一步强化了国会对预算的控制，光荣革命后的国会故意不赋予国王及其政府任何足以使他们得以独立生存的终身财源。1689年颁布的《权力法案》中指出："除非得到共议会的同意，不得征收任何赋税。"在光荣革命之后，英国又花费了70年的时间，形成自己的现代预算制度。在18世纪英国为制约国王向臣民征税的权力和更有效地控制政府官员对资金的使用，采取年度预算的形式管理国家的财政。由财政大臣在各财政年度年初按惯例向议会提出国家财政报告，包括：上年度政府支出会计报告；下年度政府支出的概算和征税建议。这样，政府行政部门每年向国会提交年度预算、获得国会批准后，行政部门执行预算，它成为英国较为完整的年度预算制度。年度预算制度的确立，把审核权力放于国会，提高了审计的权威和公平。然而，预算的牵制力、控制力在当时并没有起到立竿见影的效果。直到1800年，随着内阁对预算执行负责制度的建立，预算的控制力度方才显示出来。英国公共预算制度的建立，将人民主权和中央集权的优点很好地结合，削弱了王室特权的同时又保持了统一的行政权力，为英国的崛起奠定了坚实的基础。

近代预算制度发源于英国，发展于美国。美国预算制度是在对专断课税的不满声中建立起来的，最早也是应用于政府机关。当政府创立时，国会即认为赋予总统太多的权力非常危险，受此观念影响，在整个预算编制中，总统完全被置身于事外。预算编制过程从各行政部门开始，依据本部门实际情况，规定自身的资金需要量，然后这些预算由财政部加以汇总，并在不加评论或修改的情况下就呈交给国会，由国会行使修改权。美国预算编制的提出几乎比西欧迟缓近一个世纪，不仅因为美国的行政权不像欧洲那样集中，而且也由于第一次世界大战以前的政府业务相对而言不太重要的缘故。但经济上的需要往往是编制预算的主要动机，到19世纪90年代，许多大城市的行政机关都认识到了建立预算制度的必要性，此后的 30 年，预算制度开始在美国市政机关普及。而各个州也面临着日益增加的财政压力，在 1910~1920 年，44 个州都制定了预算法。预算制度一时间被视为保护市民反对专制政府的利器，这种意想不到的结果使得许多预算编制的倡议者都大为惊叹①。自 20 世纪以来，总统的预算权随时势演变而增强，1931 年的预算会计法案规定了由总统于每年年初向国会提出预算书。这样，预算权开始属于行政部门，国会不得完全违背总统的财政政策。同时，由于政府行政权扩大，特别是罗斯福新政的实施使得联邦政府支出大幅增加，为合理利用资源，提高政府施政内容的透明度，科学管理理念被运用到政府预算管理中，预算从以控制为中心的支出预算发展到以管理为中心的绩效预算。支出预算单纯强调预算对支出规模和结构的控制，量入为出；而绩效预算不仅强调收支平衡、以收定支，更要求钱为事花，钱的多少要与绩效有关。虽然起步较晚，但美国是在低水平基础上最早建立这种预算制度，然后又是将它在全国全面推行的唯一国家，学界普遍认为最早的企业预算诞生于美国，而且最初的预算管理是应用于广告费用的分配上。

二、企业预算管理的萌芽阶段（19 世纪末至 20 世纪 20 年代末）

预算管理的发展与社会经济状况及管理思想与理论、管理会计发展紧密相关，上述因素成为推动预算管理发展的主要动因。系统的企业预算的编制有两个主要源泉：一是工业工程学；二是成本会计。

在 19 世纪与 20 世纪之交，工业化大生产格局开始酝酿布局，产品固定成本的增加对公司盈利的影响日趋显著，人们开始着力解决此问题。到了 20 世纪初期，工业化大生产格局已基本形成，装配式生产线的重工业的发展和劳动的分工，使工厂编制计划的问题日益复杂化，为预算进入企业创造了极好的条件。工业生产的复杂化客观上要求对生产过程实施更科学的管理与控制，具体表现为：强调不断地提高生产和工作效率，同时尽量减少生产经营中一切可以避免的损失和浪费——这就是当时先进的管理思想泰勒的"科学管理理论"的核心内容。企业预算正是伴随着科学管理

---

① 迈克尔·查特菲尔德著，文硕、董晓柏译：《会计思想史》，中国商业出版社 1989 年版，第 292 页。

思想的应用以"标准成本"为基础发展而来的。这不仅在会计师中达成了共识，在工程师中也有了明确的认识，而且在与工程技术相关联成本的认识方面，工程师比会计师的体会更为深刻。

1880年美国机械工程师协会成立，它的成员诸如泰勒、埃默森等工程师开始超出工程技术范围研究产品成本问题。尤其是在1886年工程师H·R·汤在协会的年会上发表题为《作为经济学家的工程师》的论文之后，工程师便更加注重从解决产品成本问题着手研究公司经济效果问题，正是围绕着这方面的问题而展开的深入研究，促使美国的科学管理运动处于酝酿之中。1911年，继泰勒所发表的"计件工资"及"车间管理"著作之后，他的《科学管理的原则和方法》一书问世，为"标准成本制度"的确立奠定了思想及理论基础。泰勒科学管理的核心思想是通过管理的专业分工和作业标准化，提高生产效率，降低产品成本。科学管理学说把管理职能从企业生产职能中独立出来，并创建了标准成本制度。标准成本制度从今天来看就是成本预算，或者可认为是预算的雏形，但当时并没有与企业预算联系起来。借鉴泰勒的科学管理思想，一些企业采用了"标准成本"、"差异分析"等专门方法运用于产品成本控制，这就是预算管理思想和方法在美国企业运用的最初形态。1919年，美国全国成本会计师协会成立，会计师与工程师开始携手研究标准成本问题。1920年，英国成本会计师协会与美国工程师协会合作研究成本问题，他们在标准成本、加强成本管理方面意见高度一致，而在是否把标准成本计算纳入复式簿记体系方面却发生了分歧。尽管存在分歧，但在学会中仍有一些工程师十分赞同会计师们的主张，如哈里森便认为只有事前将标准成本计算纳入会计系统，才能形成真正的标准成本会计。事实上，工程师哈里森在具体解决标准成本会计方面的贡献也是突出的。1930年，他发表的《标准成本》一书，是对标准成本会计的一个科学总结，其影响颇为深远；1932年，E. A. 坎曼发表了题为《基本标准成本：制造业的控制会计》的论著，进一步明确了标准成本会计对管理会计产生的实质性影响。经过十多年的研究与实践，工程师与会计师的观点终于达成一致，从此，标准成本计算与复式簿记方法密切结合，成为会计系统中的有机组成部分，极大地增强了对生产率和未来业务预算估计的准确性。为了实现科学管理的目标，成本会计人员开始按照科学的手段（时间研究、动作研究）建立生产领域的"标准成本"，并经常把标准成本与实际成本进行对比，严格地实施"差异分析"，根据差异的正负和大小决定工人报酬的多寡，后来企业实施预算控制也主要采用这种管理方式；随后，"根据预计成本（或费用）建立控制标准"的管理思路扩展到销售费用和财务费用，从而促进了预算控制系统的形成。

"预算控制"作为科学管理原理中另外一个重要方面被引进到管理会计中，1921 年美国《预算与会计法案》（The Budget and Accounting Act）颁布，对预算控制思想产生了深远的影响，是预算控制思想产生过程中一个重要的里程碑。该法案实施后效果良好，它使预算管理的功能被更多的人所了解，成本预算因此在私营企业得到更广泛的推行，英国、日本、德国的一些企业也开始效仿和采用。同时，一些学者开始对预算管理理论进行研究。1922 年，美国芝加哥大学教授麦金西依据《预算与会计法案》的精神出版了《预算控制》一书，系统地阐述了实行科学的预算控制的问题，将成本预算管理理论和方法从控制角度进行详细的介绍，该书的出版标志着成本预算管理理论开始形成。麦金西教授在书中指出："过去，预算控制主要当成与政府部门有关的东西，不仅流行的观念如此，而且实际上所有关于预算控制的文字都只限于对政府预算的讨论……这些章节的目的是要表明，预算控制同样可以运用于单个的商业组织，正如它可以运用于政府组织一样，同时，说明运用这些原理的方法问题。"1930 年，他又出版了《企业经济计划——商业预算》一书，进一步丰富了成本预算管理理论。在 1922 年，美国全国成本会计师协会第三次会议上，以《预算的编制和使用》为专题展开研究，不仅把有关"预算控制"的内容引向深入，而且掀起了 1923～1929 年全美会计师与工程师协同研究预算控制问题的高潮，七年间，所产生的研究成果对于预算控制系统的形成起到了十分重要的作用。

预算工具经过企业的成功运用和学界的大力倡导，在企业界得到了急速的普及。杜邦化学公司（Du Pont）和通用汽车公司（General Motors）率先将预算工具引入企业管理，以此来计划、协调企业的经营活动。杜邦公司建立了预测、长期规划、预算编制和资源分配等管理方式，将业务预算和资本预算作为各经营单元开展经营活动和进行资源分配的标准，按日或者按周从各经营单元归集销售、工资和制造成本的数据，用来"规范经营、监督生产和销售的效率"。预算管理的推行，使杜邦化学公司克服了过去家族制管理的桎梏，经营管理效率显著提高，为杜邦化学公司的进一步发展奠定了管理基础。通用汽车公司大力加强精细化管理，制定出指标对工厂投资、流动资金、存货进行控制，并要求对生产、销售和盈利进行定期（四个月）的预测。为不断改进预测结果，通用设计出产量和现有需求量相适应，并能根据长远需求量分配资源的程序。预算管理的推行，特别是对市场的正确预测，为通用汽车公司取得当时在汽车工业中的领先地位，作出了积极的贡献。在 1930 年前后，美国有 162 家公司实行了预算控制，其中 80% 是在 1922 年以后才实行的。可见，正是由于"预算控制"理论研究与实践的齐头并进，才使管理会计在形成过程中逐步站稳了根基。在托马斯·约翰逊和罗伯特·卡普兰 1987 年的著作《管理会计兴衰》一书中提到：实际上到 1925 年，所有管理会计实践已经得到了发展，包括为现金、收入和资本编制预算、弹性预算等。以此推算，西方企业预算管理已具有近百年的历史。

在预算管理的产生期，预算管理作为协调、控制企业内部各职能部门经济活动的管理方法，深受标准成本制度的影响，对成本和费用项目实施控制。"标准成本控制"与"预算控制"理论也因此被一些学者称为管理会计的两大支柱，辅以"差异分析"方法的日益成熟，共同成就了 20 世纪前期管理会计的发展。

三、预算管理的发展期（20 世纪 30 年代初至 80 年代中期）

20 世纪 30 年代以后，预算管理充分吸收会计理论、管理思想所长，在管理方法、理论上都得到了一定的发展。第二次世界大战以后，新技术革命的迅猛发展并大规模应用于生产，社会化大生产促使资本主义企业进一步集中，跨国公司大量涌现，在世界范围内已形成了高新科技与大经济发展的基本格局，企业规模的几何级增长，使一个经济单元的生产经营规模与水平达到前所未有的高度，企业内部生产经营活动日趋复杂，而外部环境瞬息万变。但随着泰勒制的长期推行，渐渐与经济、管理的发展不相适应，原有的预算管理模式暴露出越来越多的弊端。泰勒制是以生产为中心的管理，其核心是强调提高生产和工作效率。通过事先反复的时间研究、动作研究制定出可实现的最优标准后，生产过程中必须严格贯彻执行。"这样的一种管理实质上是一种纵向的高度集权的专制独裁式的管理，它把工人视为机器的附属品，工人只能适应机器的运转，机械地、被动地进行动作。"[①] 在科学管理思想指导下的预算过分强调短期的成本控制，

---

① 余绪缨：《柔性管理的发展及其思想文化渊源》，载于《经济学家》1998 年第 1 期。

限制合作和创新、严格的专制层级控制不利于调动工人的积极性。而在这一时期，现代企业分工越来越细，对每个员工进行有效监督已不太可行，而且工作标准和定额也不易划定，科学管理所倡导的物质激励也不可避免地呈现出边际效用递减。为应对激烈的市场竞争，西方会计学吸收了自20世纪20年代发展起来的一些专门用来提高企业内部经营管理水平和经济效益的方法，如盈亏平衡点分析、弹性预算法、变动成本计算法、差额分析法和现金流量分析法等以帮助管理当局进行预测、决策、组织和控制生产经营活动，提高企业的竞争能力。这些方法的产生也促进预算制度的发展与完善，一定程度上缓解了预算所面临的力不从心的尴尬局面。特别是盈亏平衡点分析理论的形成，使会计对经济活动的事后反应和分析逐渐转向事前的预测和决策。

随着工业经济转变为知识经济，意味着由资源依赖型经济转变为知识（智力）依赖型经济。20世纪初期的泰勒创立的科学管理，基于"经济人"假设，把人性物化依附于机器，实质上是一种非人性化的物本管理。要从根本上改变预算管理理论落后于生产力的局面，找出预算管理模式暴露出的这些不良后果的根本原因和解决办法，必须寻找新的突破点。20世纪30年代以后，西方新管理学派及新学科不断涌现，为预算管理的纵深发展提供了新的思路。随着人际关系学说、行为科学等的形成与发展，人们开始认识到人不只是机器设备的附属品，单纯的"经济人"除了经济因素外，还必须充分考虑人的思想感情和心理、社会等方面的因素，把人如实地看作是"社会人"。企业作为社会人的集合体，必须尊重人在企业生产经营中的主体地位，注重人的因素及人在具体组织中的行为方式，从人的行为本质中激发动力，才能提高效率。在行为科学管理思想的影响下，企业预算管理增加了行为管理的内涵，开始重视人的社会和心理层面。1952年，美国管理学家克瑞斯·阿吉里斯深入企业实地调研，发表了最早研究预算行为的文章。阿吉里斯认为，产生不良后果的根本原因是企业内部人与人之间、部门与部门存在着较大的"差异"，这些"差异"导致了劳资双方、部门之间从心底里抗拒合作，无法形成合力，内部矛盾越来越深。为了缓解矛盾，阿吉里斯建议企业在预算程序上应当采取"预算参与"的方式。提倡和实行分权式的民主参与管理，即让员工能够参与到预算目标的制订过程，充分表达他们的意见，增强劳资双方和部门之间的沟通，消除双方的隔膜，预算的编制程序自上而下、自下而上地反复循环，使编制的预算更加贴近实际。参与式预算提高了预算执行者对预算的认识，使他们的努力与组织的预算目标相一致，让其更愿意接受预算任务，从而促使企业资源的合理配置和有效利用。而员工参与预算的编制过程，实质上也就是参与企业生产经营的决策过程，同时，企业管理者充分认识外部市场的实际状况，充分了解员工的想法甚至心理冲突，以便于及时、主动地调整经营策略。员工意见的充分表达并且某些意见能够被管理层采纳，这无疑有利于在一定程度上满足员工精神上的需求，调动他们内在的潜力。

自 20 世纪 20 年代至 50 年代，管理思想由"科学管理理论"向"人际关系学说"转变，从强调人的经济属性向强调人的社会属性转变。较原来的科学管理，人际关系学说向"人本管理"迈进了一步。"人际关系学说"是"人本管理"思想的萌芽，到 20 世纪中叶以后"人本管理"的思想在理论上更趋成熟，在实践上也广为流行①。阿吉里斯提倡的"预算参与"也正是"人际关系学说"在预算管理中的一种体现。在参与预算模式下，企业预算管理的职能在行为管理方面得到了扩展，通过预算的编制、监控和评价程序实现组织战略、目标和现实状况在组织各层级范围内的广泛交流。通过预算数量指标，明确界定每一个部门、经理、雇员的权责，并将组织的短期计划协调一致地落实到每个部门、环节和岗位之中去，这也是一个协调、磋商和签订内部契约的过程。通过让员工参与预算编制，并设置更具挑战性的预算目标来激励员工不断提高业绩水平。预算与实际的差异通常是业绩评价最常用的依据，评价结果与奖惩制度相联系。评价方法和奖惩机制会进一步影响管理者和雇员以后的行为取向，科学、合理的预算考评方法以及其导向效应就是行为科学带给预算管理的新课题。

20 世纪 60 年代，第二次世界大战后，经济的蓬勃发展也使企业的竞争上升到战略层面，整体系统性更强、层次也更高。钱德勒、安索夫等学者已开始对"战略"问题进行系统研究。为了促进战略目标的实现，罗伯特·A·安东尼（1965）提出了"管理控制系统"的概念，他将"管理控制"从"战略计划"和"经营控制"中单独出来，并将"管理控制"定义为一个过程，通过这个过程，管理者能够保证获取资源并有效率和有效果地使用资源，以实现组织的目标。管理控制成为一个"中间环节"，它向上连接战略计划、向下连接具体经营业务的控制。会计控制是保证管理

① 余绪缨：《管理特性的转变历程与知识经济条件下管理会计的人文化趋向》，载于《财会通讯》2001 年第 10 期。

控制有效实施的基础，而"预算控制"又是管理控制系统的"基本元素"，这意味着：预算控制应上联战略、下联具体经营业务。预算不仅要考虑与战略的匹配、紧密结合经营业务流程，还应当影响战略开发、促进业务流程的改进，这无疑是对预算管理特性的确定和功能作用的拓展。

　　20世纪70年代，预算为适应市场经济环境的剧烈变化，其本身的技术方法有所发展，主要体现为零基预算和滚动预算。零基预算最早可追溯至1952年美国一篇《预算编制理论新解》（刘易斯，1952）的文章，主张预算应采取新型的方法来编制，以节省开支、更好地规划企业资源，合理地分配资金和提高资金的使用效率，虽然未在书中明确提出零基预算这一概念，但其所阐述的方法与后来的零基预算完全一致。因此，美国联邦政府农业部在编制1964年预算时提出采用零基预算。1970年，美国得克萨斯仪器公司的彼得·派尔率先将原用于政府预算的零基预算法应用于公司费用预算的编制，并在《哈佛企业评论》上发表了《零基预算编制法》一文，介绍公司零基预算编制与实施的成功经验，接着《纽约时报》在头版转载。1971年，该公司的所有部门预算都采用了零基预算编制法，并取得了成功。1977年，美国前总统吉米·卡特宣誓就任美国第39任总统，以其在佐治亚州成功实施零基预算编制方法的经验，从1978～1979财政年度起，在全国全面采用零基预算法编制预算，一时间零基预算在美国颇为盛行。随后，零基预算编制法传到了紧邻的加拿大，被实业界大力推崇。时至今日，西方发达国家依然会采用零基预算来管理间接费用。零基预算主要基于传统"增量预算"的弊端而产生，承袭了预算的计划特性，吸收60年代美国国防部创造的"规划—计划编制—预算制度"的优点，更注重长期与整体的观念，其本质在于认识到预算程序是一个包含着关键决策事项和推动决策的管理过程。它与增量预算的最大不同：不以现有费用水平为基础，而是如同新创办一个机构时一样，一切以零为起点，对每个项目费用开支的大小及必要性进行认真反复分析、权衡、逐项审议，在综合平衡的基础上编制预算。这样就克服了传统增量预算"存在即是合理"的定式思维，更适应于频繁变动的新经济环境。滚动预算又称"永续预算"，它主要基于传统"定期预算"而产生。它与定期预算的最大不同：预算编制不再按会计年度1年编制1次，而是随着预算执行不断滚动地补充预算，使预算期始终保持为12个月。这使预算不受日历年度限制，能连续不断规划未来的经营活动，将环境的最新变动状况充分、及时地纳入经营管理的视野之中，更适应剧烈变动的经济环境。由于零基预算和滚动预算，相对于增量预算和定期预算，更适应变动的市场经济环境，更符合企业界的实际需要，所以很快成为现代预算管理中常用的技术手段。参与性预算、零基预算、滚动预算的形成是预算管理在企业中得到普及推广应用的结果，预算管理的发展使企业在市场竞争中保持优势而得以长足发展。

伴随着经济的发展和企业管理的改善，企业预算管理的内涵和外延继续得到扩展和完善，预算管理的对象从以实物和资金为主的财务资源扩大为包括人力资源、信息资源在内的整个组织资源。预算管理从完全的被动变得较为主动，过去的预算只能是依据对外部不确定因素的预测进行规划以提高绩效，绩效的高低主要取决于预测的准确性，而在行为科学理论的影响下，人们认识到预算管理系统本身也可以影响组织绩效。如确定更具激励性的预算目标、更具参与性的预算编制程序以及预算与薪酬更直接的关系可以更好地激励员工，提高组织绩效。预算管理具备计划、控制、协调、激励等职能，奠定了它在企业内部控制系统的核心位置。著名管理学教授戴维·奥利认为预算管理是为数不多的几个能把组织的所有关键问题融合于一个体系之中的管理控制方法之一，显然这种方法具有很强的整合功能。预算通过科学、准确的市场预测，将市场的需求转变为企业相应的生产和供给，避免了资源的浪费和收益机会的丧失，成为连接企业与市场的桥梁；预算通过层层分解、并与奖惩挂钩的指标促使个人为实现其自身利益而与组织的目标相一致，是连接组织目标和个人目标的纽带；预算以财务指标为主的数字管理贯穿企业所有经营活动中，消除了个人的主观臆想和权力的滥用，它将组织的各种行为以成本和收益的形式进行度量，是战略目标贯彻实施的有力工具。预算的精髓在于："权责分散基础上的集中控制"。预算管理在这一时期得到完善和扩展之后已趋于成熟，形成了如今被称为"传统预算管理"的标准模式。

四、预算管理的改革期（20世纪80年代中期至今）

20世纪80年代中期以后，西方国家的经济全球化和高新技术的发展明显加快，开始不同程度地从工业经济时代向知识经济时代转变。消费者主权意识也空前强化，企业经营环境的不确定性和竞争性大大增强，特别是90年代中期内部组织结构呈现出模块化组织和模块化簇群的特征，这种变化暴露出了传统预算管理的种种弊端（卡普兰，1987），动摇了其得以运行的根基和前提。主要表现为不能兼顾企业长远发展和忽略了预算或财务指标所依托的物质内容。换言之，在预算或财务控制中未能考虑战略和非财务指标。同时，由于新的制造环境下制造（间接）费用在产品比重中增大、管理费用和销售费用在企业成本中比重增大，标准成本制度在管理制造（间接）费用上的弱点也暴露出来，从而催生了以作业成本制度（包括作业预算）为代表的新的成本管理技术。

预算缺乏适应性、费时耗力、预算各职能之间不能很好地协调等诸多缺陷更为突出，传统预算管理日益无法与组织外部环境及内部环境相融合。追根溯源，让传统预算饱受责难的原因，早在企业预算从政府预算移植最初就已经存在，经过企业近一个世纪的运用，因时代背景的更迭而显得日益突出。19世纪末预算从政府移植到企业的初衷只是为了限制支出，但企业不同于政府，政府编制预算的动机主要在于提高工作效率，保证支出在预先限定的范围，并被高效、恰当地使用。这些原理、原则不加分析地应用到企业这个讲求利润的实体中，显然是不妥当的。更重要的是，自主权、行为性本身要求预算管理的弹性也因为受限于当时的管理理论与人性假设而未被足够的重视。上述预算管理的特性所形成的局限性进入知识经济时代后随着以下几个因素的发展变化，就显得更为突出。

20世纪初期，整个市场处于卖方市场，企业生产出来的产品不愁没有销路，顾客的需求处于被忽视的境地，而到了20世纪70年代，由于企业生产效率的极大提高与科学技术的发展，顾客的选择范围不断扩大，顾客更加关注产品的质量和性能，市场逐步演化为买方市场，进入80年代和90年代以后，顾客需求向多样化、个性化发展，从物质领域扩展到非物质领域，从理性的物质形态的消费向非理性或有限理性的感性消费（"体验消费"）转变。随着经济全球化向广度和深度上发展以及科学技术上的革新日新月异，企业之间竞争更加激烈，使企业经营的不稳定性因素越来越多，风险越来越大。而继续沿用传统的预算管理明显与变化了的环境格格不入。

20世纪70年代，美国管理会计界面对"管理会计相关性的消失"这一质疑，也开始进行反思。他们意识到，成本控制系统的设计者需要接近生产过程，以便捕捉到更有效的成本会计、管理控制和业绩计量系统信息，反馈给生产管理者加强他们的过程成本控制活动，以适应更加激烈的竞争[1]。管理会计开始从财务会计的束缚中解脱出来，以一种服务于管理

---

[1] H.约翰逊、罗伯特·S.卡普兰著，侯本领、刘兴云译：《管理会计的兴衰》，中国财政经济出版社1992年版，第174、177页。

实务的思想观念"从头收拾旧山河"。在80、90年代，管理会计取得了一系列突破性的进展，涌现出许多富有启发意义和实践意义的管理工具，其中最主要的是：在成本会计和成本管理方面提出"作业成本计算"（ABC）和"作业管理"（ABM）；在业绩评价和战略管理方面提出"平衡计分卡"（BSC）。ABC和ABM主要集中在战术层面将战略落地，BSC主要集中在战略层面统筹战术，使之形成一个整体。管理工具的跨越式推进为预算管理的后续发展提供了新的思路与选择，成为预算管理两种主要模式（作业基础预算和平衡计分卡预算）的基础。

与此同时，预算控制在企业内部管理控制的核心地位却开始动摇，预算管理该何去何从，如何进行创新再次成为理论界与实务界关注的焦点。20世纪90年代初，一个由美国的大型企业、会计师事务所和政府机构资助的研究机构"国际高级制造商协会"（简称CAM-I）在研究预算管理实务之后，委派下属的"高级管理系统项目"的"高级预算研究小组"专门负责预算管理的研究和改革。但从1994年起，预算研究小组从努力寻求"更优预算"转变为"希望建立一套更为广泛的框架，以实现更多的目标"。他们认为，"解决（传统预算控制的弊端）途径既不是更优预算也不是单独的高级预算管理体系，而是一套高级管理系统，它以业务流程为导向、将各种不同的管理职能和意图整合到一个持续改进的系统中，相应地带来其他系统和整个文化的大变化"。可见研究小组的初衷是希望将预算与组织战略、流程、价值创造紧密地联系起来，不再一味地就预算论预算，只在预算管理内部闭门造车。因为"战略、作业流程、价值创造"才是保证组织持续进步和创造价值的根本源泉，预算是把它们紧密联系在一起的纽带。如果预算管理的改革不紧扣更本质的战略、作业流程、价值创造，也就无法找到企业持续增长的原动力，那么再宏伟的"预算目标"，没有具体的实现路径，也只能流于形式。

CAM-I为实现预算管理改革目标，拟订了两种实现途径：一种由美国CAM-I分支机构ABB研究小组提出，在深入研究后他们认为ABC对作业计划和预算很有帮助，提出应采用"改进预算"思路（卡普兰，2001），将完整的ABC模型与详细的财务模型结合形成以作业为基础的预算，它改革的重点是预算的经营计划；另一种由欧洲CAM-I分支机构超越预算圆桌会议论坛（以下简称"BBRT"）的产学研合作组织依据项目管理提出了"超越预算"这一概念，将问题的焦点放在预算的业绩评价上，认为应在弱化预算控制的基础上，逐步废除预算系统转而采用"超越预算"系统。此方案采取比较激进的改革办法：首先解决预算管理中的业绩评价问题，主张以事后的相对业绩评价和主观业绩评价代替传统的"预算强调"；再采取激进地组织分权化，向下级员工授权，超越预算改革的重点是预算管理中的业绩评价方式，这两种思路逐渐发展成两种预算改革的方向：改进预算和超越预算。

五、预算管理的新发展模式

自 20 世纪 90 年代以后，国内外经济环境发生了巨大变化，企业经营环境从工业经济时代向信息经济时代转变，对传统预算提出了严峻的挑战，预算管理缺乏适应性、准确度差、耗时费力、预算各职能部门不能有效协调等诸多缺陷日渐显现，传统预算管理进入了一个与组织外部经营环境和内部控制环境相冲突的阶段。全面质量管理（TQM）、平衡计分卡（BSC）、作业基础管理（ABB）、标杆基础预算等新的预算管理方法相继出现，但预算的创新不能只停留在技术方法上，更重要是在思想观念上。如何对预算管理制度进行改革已成为理论界和实务界广泛关注的焦点，对预算的未来发展，逐渐分化出改进预算和超越预算两种主要思路，在理论研究中形成了各具特色的学术流派。

（一）改进预算

"改进预算"主张在维持原有框架的基础上，将传统预算管理与先进的管理理念结合起来，使传统预算更加适应新的组织环境。改进预算理论的基本前提是认为预算在管理控制中的核心地位不可动摇，利用新的管理理念和信息技术来弥补传统预算的弊端，归纳起来主要有以下几种预算管理模式：

1. 作业成本预算。

两次世界大战中美国企业一直处于生产者市场的有利地位，并因此而跃居世界经济霸主的地位。第二次世界大战结束之后，美国出于"冷战"需要，在西欧国家实施"马歇尔计划"，在亚洲精心扶植日本、韩国以及中国台湾等国家或地区。然而，美国却未能预见到 20 世纪 50 年代末期以后，这些被扶植过的亚欧国家会异军突起，以势力不可挡的劲头冲入国际市场与美国企业抗衡。面对突变的格局、惨烈的竞争和日益挑剔的顾客，美国企业界和学术界感到了空前的压力。企业再造理论应运而生，试图将业务流程再造作为一剂强心剂，用来重振美国制造业。"企业再造"这一概念由迈克尔·哈默于 1990 年在《哈佛商业周刊》发表的一篇文章首先提出。1993 年，他与詹姆斯·钱皮共同出版的《企业再造——工商管理革命宣言书》标志着企业再造理论的产生。业务流程再造就是"从根本上对业务流程进行反思和重新设计，以便于现行关键性业绩指标（诸如成本、质量、服务和速度）发生戏剧性的改进。"目的在于提高企业竞争力，从业务流程上保证企业以最小的成本、高质量的产品和优质的服务提供给企业客户。其精髓在于将改造的重点放在满足顾客需求的业务流程上，以期为顾客创造更多的价值。这种以流程为导向的思想不同于传统的以职能为导向的思想，流程为导向实际上也属于顾客导向。

与此同时，作业成本计算法（ABC）也在悄然兴起。作业成本计算法起源于 20 世纪 30 年代末、40 年代初美国会计学家科勒的思想，科勒的初衷是为解决正确计算水力发电行业成本问题，因水力发电的主要成本集中在发电设施等固定资产的折旧和维护费用等间接费用，若简单采用传统的以人工小时来分配间接费用，显然不能正确反映成本，因此，科勒提出了作业成本计算法。但是，由于作业成本计算应用的前提是必须有一个高科技制造环境，科勒的这一思想明显超前于实务，所以在当时并未受到重视。到了 70 年代，高新技术迅速发展，社会经济环境发生了很大的变化。顾客需求多样化和快速变化的市场环境，要求企业能够对此做出迅速的反应。柔性生产系统就是在这种背景下产生的，它取代了传统的大批量的生产系统。从产品设计到制造，从材料配给、仓储到产品发运等，均实现了自动化。柔性生产系统的出现，向传统的成本计算和管理方法提出了严峻的挑战。在高新技术环境下，制造费用的数额和比重大大提高。传统成本计算中以直接人工小时、机器小时等作为制造费用分配标准已不再适用了。同时，产品的多样化也使得传统的标准成本管理系统失去了意义。标准成本是针对大批量生产、有着固定生产工艺的生产系统而言的，而柔性生产系统无论在产品设计、生产设备和生产工艺上都有一定的弹性，因此，确定标准成本在这一系统中的意义不大。随着高新技术在生产中的应用日益增多，传统成本计算和成本管理与实际脱离的情况越来越严重。作业成本计算就是在这一背景下产生并发展的。直到 80 年代中期，由库珀和卡普兰两位教授为代表的哈佛研究学派对作业成本计算进行了系统、深入的理论和应用研究之后，作业成本计算法才受到西方会计界的普遍重视。作为 ABC 研究的开拓者，卡普兰用案例研究的方法将理论与实践相联系，长期深入企业收集、分析和研究大量实际材料，以此为基础统一编写大量 ABC 应用案例，将丰富的实战经验系统化、条理化。80 年代末期开始与管理咨询公司合作，共同推广 ABC，同时还把成熟的 ABC 理论与 ERP 软件结合起来，组成一个系统软件包。

ABC 的出现最初是为了精确地计算成本，解决共同成本的分配问题。但是后来人们发现，它所提供的信息可被广泛用于预算管理、生产管理、产品定价、新产品开发、顾客盈利能力分析等诸多方面。这使得作业成本计算很快超越了成本计算本身，从而上升为以价值链分析为基础的、服务于企业战略需要的作业管理（ABM）。

作业管理以流程改造理论为指导，把企业看作是为最终满足顾客需要而设计的"一系列作业"的集合体，形成一个由此及彼、由内到外的作业链。作业链同时也表现为"价值链"，企业管理深入到作业水平，形成"以作业为基础的管理"或简称为"作业管理"，而作业成本计算是作业管理的核心和中介。以"作业"作为企业管理的起点和核心，比传统的以"产品"作为企业管理的起点和核心，在层次上大大地深化了。一方面作业成本计算系统把资源的消耗（成本）和作业联系起来，进而把作业和产品联系起来；另一方面，它把企业内部系列作业提供给顾客的累积的价值和企业的收入（顾客为取得企业提供的包含在产品中的系列作业的累积价值愿意支付的代价）联系起来。顾客愿意支付的代价，又建立在顾客需要满足程度的基础上。而提供给顾客的最终价值的形成过程（由"价值链"体现）和通过作业成本计算所掌握的相应的资源消耗（体现在"作业链"中），又都纳入贯彻始终的作业管理体系。作业管理的精髓是通过对作业的分析评价，尽可能消除不增加价值的作业，对可能增加价值的作业，也力求提高其运作效率，尽可能减少资源消耗，借以最大限度地提高企业生产经营的综合效益，从而保证企业流程的目标和要求得以顺利实现。

作业基础预算（简称"ABB"）是作业管理在预算上的延伸，也是 ABC 的一个十分重要的应用，有效的作业预算是对增值的作业链和流程进行计划和控制。作业基础预算观点认为，作业是资源消耗的直接动因，产品直接消耗的不是资源，而是服务于转换过程的作业，由此创建了以作业为中介的全新的因果分析方法，是以作业管理为基础、以企业价值增值为目的的预算管理方法。作业基础预算运用以作业为基础的原则将预计的产品或者服务的需求按作业消耗率转换成相应的作业需求，然后将作业需求按照资源消耗率转换成资源需求。得出了作业需求和资源需求后，ABB 方法便能在资源可满足需求和可用资源（资源容量）之间得出一个经营平衡。如果一开始的计划没有达到平衡，企业会调整需求量、资源消耗率或者作业消耗率。相反，在传统预算下，企业只有通过改变需求量和可用资源量（容量）促使预算达到平衡。而当基于经营计划之上的财务计划等于既定的财务目标时，就达到了财务平衡。一旦企业知道了需求、作业和资源就决定了资源成本并分配到作业，然后分配到产品、服务。最终的财务结果总体来看，也可以分解到资源、作业、流程、产品或者其他成本对象。

作业预算具有以下优势：一是以作业、流程、价值链作为预算组织基础，更强调适应平行的组织结构，打破了部门分割，与传统预算方法中的垂直组织结构相比，作业预算增强了预算系统处理跨部门事项的能力，加强了企业横向的、流程的联系，有助于将预算管理与其他管理手段相结合；二是作业预算建立在对资源投入的产出或动因的评价上，在预算中纳入了传统预算系统中所不能包括的驱动因素，使得企业可以发现不平衡、低效率的原因以及生产过程中的瓶颈因素，根据作业本身的增值能力确定资源分配的优先顺序，能够更有效地分配稀缺资源；三是作业预算的前提是作业管理，即通过识别增值和非增值作业，实现流程和作业的不断改进。

作业基础预算也有其明显的不足，因其局限于公司的财务目标，尤其偏重作业成本管理，而以成本为基础的财务数据，仅能够衡量过去决策的结果，却无法评估未来的绩效表现。当作业作为企业的绩效评估的依据时，决策者可能将更多的精力放在短期的作业上而忽视企业的长期发展，导致企业战略迷失。

2. 平衡计分卡预算。

自 20 世纪 80 年代以来，哈佛大学卡普兰教授对管理会计的贡献卓著，除创造作业成本制度之外，1992 年又再度与其合作伙伴诺顿携手创建了平衡计分卡（Balanced Score Card，BSC）这一新的管理会计方法。卡普兰、诺顿在《战略导向的组织》一文中曾提及说："60% 的企业组织并没有将预算与战略联系起来。"在实施传统预算管理的企业，预算目标往往与战略目标不一致，在预算执行过程中，容易出现目标置换问题，即以责任部门预算目标取代企业总目标。究其原因，主要是预算指标与企业目标之间缺乏直接明确的联系，使各责任部门无法看到自身行为对企业目标的影响和作用，从而忽略了企业的总体目标。预算本身并不是最终目的，而是一种系统的方法，在分配资源的基础上，主要用于衡量与监控企业及各部门的经营绩效，以确保最终实现公司的战略目标。从本质上看，预算目标是企业战略目标的阶段性体现与落实。如果预算与战略没有联系，将不能说明经营行为和资源分配的优先顺序及合理性，容易导致短期行为、资源浪费等后果，预算由"管理工具变成为管理的障碍"。因此，卡普兰教授在保持原有预算的基础上，通过平衡计分卡将预算与战略、与非财务指标联结起来，使预算适应新的环境，形成平衡计分卡预算模式（卡普兰，1996；2001；2004）。平衡计分卡被《哈佛商业评论》誉为"过去70年里最重要的管理理念之一"，作为企业业绩衡量和战略实施的管理工具，它可以有效地实现资源分配与战略的统一，把预算与战略紧密联系起来。

（1）平衡计分卡的主要内容。

平衡计分卡既是业绩评价系统又是战略管理系统，以战略为中心将企业战略目标逐级分解转化为各种具体的相互平衡以及具有因果关系的业绩评价指标体系，并对这些指标的实现状况进行不同时段的考核，从而为战略目标的完成建立起可靠的执行基础的绩效管理体系。其实质是将战略规划落实为具体的经营行动，使经营行动及员工行为都在它的战略转化框架内进行，并对战略的实施加以实时、动态的控制，所以，BSC 实现的远不止绩效的管理，同时还是一个战略管理系统。平衡计分卡还体现了财务指标与非财务指标、长期目标与短期目标、外部与内部、结果与过程、管理业绩与经营业绩等关系的平衡。

（2）平衡计分卡的四个维度。

BSC 通过四个维度全面评价和管理企业业绩，分别是指财务、顾客、内部业务流程、学习与成长。

财务维度，反映了企业的财务目标，并衡量战略的实施和执行是否为改善最终的经营成果做出贡献。财务维度指标通常是一些传统的事后指标，典型的指标包括获利能力、收益增长率和经济增加值（EVA）等。

顾客维度，通过确认企业目标顾客和为之服务的价值定位，设计评价指标，通常有市场份额、顾客获得率、顾客满意度、顾客忠诚度、顾客获利水平等。

内部业务流程维度，为了支持服务顾客的价值定位和满足股东的要求，进行内部业务流程的改进或再造，设计相应的评价指标，如及时发货率、保本时间、每笔交易平均成本、顾客需求反应时间等。

学习与成长维度，为了确保员工拥有熟练的技能、接近可靠的信息、受到激励、与企业目标保持一致，设计员工学习与成长的评价指标，如员工培训投入、员工满意度、激励指数、人均创收等。需要指出的是 BSC 四个维度的指标并不是相互独立的，而是一条描述企业战略的因果关系链，展示了业绩和业绩动因之间的关系。

（3）基于平衡计分卡的预算编制过程。

预算与战略相连接的步骤为：通过"战略地图"描述战略的逻辑性，使战略目标清晰化；把战略主题转化为明细的战略目标，再将明细的战略目标转化为平衡计分卡目标和衡量指标；为实现所有的目标值，企业必须制订具体的可操作的战略行动方案，为每个战略行动方案提供人力、财力和物力资源，这个过程就是预算编制的过程。

平衡计分卡预算模式的独特之处在于：BSC 作为预算和战略连接的纽带，将企业战略一步步落实于预算，是一种很好的战略实施工具。由战略目标通过平衡计分卡决定业务目标，再由业务目标决定预算目标，克服了战略实施上的重要障碍；在评价系统中通过因果关系链，整合了财务和非财务的战略指标，关注结果指标和驱动指标，使其成为一个前向反馈的管理控制系统；BSC 从统一的战略角度出发，将非财务指标的三个维度（即客户关系、内部经营业务流程、员工的学习与创新）和财务指标共同围绕公司战略来设计，从而使业绩管理更具战略相关性。当然平衡计分卡预算模式也有其欠妥之处：第一，BSC 的重点是对业绩指标的选择和平衡，但没有涉及各指标目标值的确定方法，未能解决"如何进行平衡"的问题；第二，BSC 对于非财务指标的采集难以做到适时且无法审计；第三，BSC 没有涉及组织的资源分配问题。

3. EVA 管理模式。

会计的功能之一是如何面对分权化的组织进行业绩评价，ROA 或 ROE 指标也因而成为最主要的组织绩效评价指标，但后来人们发现，剩余收益指标由于考虑资本成本和风险而更具控制特征。1982 年，美国斯腾斯特公司提出的经济增加值（简称"EVA"）概念，则主要针对剩余收益作为单一期间业绩指标所存在的缺陷而提出。

时至今日，EVA 已应用于管理目标设定、持续管理改进、业绩评价和报酬计划设计等管理领域，它不再是一个单纯的业绩评价指标，而是作为一种公司真实经营业绩的计量方法和创造股东财富的战略的有效管理工具。从管理控制系统角度分析，以组织分权为特征的 EVA 管理体系，具有以下明显优势：一是建立在 EVA 基础上的激励制度使得管理者更加致力于创造股东价值，使企业的日常经营活动与价值创造、企业的长期目标紧密结合起来，有助于避免决策的次优化；二是由于 EVA 扣除了全部资本成本，能最大限度地剔除会计信息失真的影响，从而有效地克服了传统指标对经济效率的扭曲，能够真实客观地反映企业经营业绩。但是，该系统又存在以下不足之处：一是尽管 EVA 管理方式将投资决策权下放，但财务责任难以分解到员工层次，其对年度 EVA 增量的贡献往往难以区分，因而无法有效实施"全员管理"；二是在 EVA 应用过程中的项目调整具有随意性，容易导致管理者的盈余操纵和短期投资行为。

总体来看，"改进预算"表现的是一种对现行预算的"批判性接受"的姿态，它既没有全盘否定传统预算的积极贡献，也无意另起炉灶，而是将平衡计分卡、作业成本法、EVA 等新型管理工具植入现行的预算体系，围绕现行预算的"决策功能"及相关环节实施改革。其中，就平衡计分卡预算和作业基础预算而言，它们的共同点是旨在加强战略与预算之间的联结；也有一定的区别，平衡计分卡预算是战略管理思想在组织层面的体现，而作业基础预算是战略管理思想在组织内的基层的体现。

（二）超越预算

超越预算的倡导者认为，现行预算理论与实务弊端丛生，缺乏持续改进的理念；内在"命令—控制"的集权思想；基于历史数据，不能为决策提供有用的信息；助长内部各单位间的分散化和冲突；助长官僚主义等。基于对传统预算管理的不满，1998 年，CAM–I 的两位欧洲学者霍普和弗莱泽发起了超越预算圆桌会议（BBRT）。BBRT 认为当前的经济环境要求企业更具弹性和反应力，但传统的预算管理模式无法支持这种需求，因此，他们主张放弃预算作为业绩指标的做法"在事后的相对业绩契约（大部分是非财务指标）的基础上进行业绩评价"，提出一种新的管理模式——超越预算。其中，涉及标杆法、平衡计分卡、流程优化以及战略理念的应用等若干内容。

1. 超越预算的内容。

超越预算的核心主要是两个"超越"：超越现有的业绩评价系统，在事后的相对业绩合同的基础上进行业绩评价；超越现有组织架构，通过分权增强组织的适应能力。即一方面运用平衡计分卡和价值管理理念等先进的管理工具，优化企业业绩评价；另一方面，企业组织进一步分权，在业务流程再造基础上将权限委托给各层级管理人员。为了能够提供替代传统预算的可行方法，BBRT 以停止采用年度预算编制的公司为对象进行了调查研究，并试图从中归纳出最佳的学习模式。BBRT 认为，在高度信息化的社会寻求新的替代预算管理的经营管理机制是必要的，这种新的机制必须以目标制定、战略、成长与改善、资源管理、调整、成本管理、预测、计量与控制、奖励、责任、权限与委托这样十个项目为理论基础，分两个阶段加以推进：第一阶段，在预算管理方面，提倡灵活应用建立在业务流程再造（BPR）基础上的平衡计分卡和价值基础管理，并对企业按照相对业绩评价系统进行评价与激励。评价的标准或标杆主要有：企业内部标杆、行业先进水平标杆、主要竞争对手标杆，以消除因传统预算的业绩评价所带来的负面影响。同时，重视对竞争环境和市场需求的快速反应，积极构建以战略成效为导向的经营系统。第二阶段，从根本上去除预算，在组织管理方面，提倡企业组织的彻底分权化管理，给予业务单元以充分的自主权，即将权限委托给企业高层的管理人员，使得一线的经理在应对复杂的竞争环境时，能做出迅速的应变措施，而不会受制于预算。由此可见，所谓"超越预算"，就是在企业组织不编制预算的情况下，管理该组织的业绩，并将各决策环节的权力以授权管理的形式分权化。特别是"超越预算"第二阶段，其视野已远远超出了预算的范畴，其目标是建立一个全新的、替代性的管理模式，代表了"预算无用论"的观点。

系统权变理论的组织结构设计观念支持了"超越预算"模式，其认为，不可能建立一种万能的管理模式，也没有一种最好的管理模式，只有最适宜的管理模式。企业内外部环境是在不断发展变化的，企业的组织结构也需要不断创新，要根据环境因素的变化来选择和设计不同的组织模型。因此，超越预算模式更适合于经营环境变化快，对市场反应敏感，依赖技术创新、经营范围广阔或增长迅速的企业。

2. 超越预算存在的问题。

尽管从理论上讲，超越预算能够为组织带来更多的适应性和增值性，并为世界各国的管理会计和预算管理的研究者开辟了新的思路。但是，他们对传统预算的一些质疑本身也值得推敲。超越预算观点认为企业在高度信息化和服务化的社会中，预算管理应当高度关注顾客关系、智力资本、需求多元化、范围经济、价值创造等的影响和作用，而作为与产业化社会相适应的传统预算管理已对此失去了相关性。然而，超越预算在目前只是一种理论上的框架设计，其具体的核算仍需借助于若干管理会计工具的整合与应用来完成；其次，预算管理是作为"货币资本预测"的概念形式反映在会计核算结构之中的，它属于事前的一种会计处理行为。如果否定货币资本的确认与计量属性，也就不成其为原有意义上的预算管理；最后，因传统预算预测不准确而废除传统的预算管理，缺乏充分的理由，预算管理作为一种事前的预测行为，在具体的预算编制与确立过程中，必然需要以市场环境等各种前提条件为基础。然而，在通常情况下，这些前提条件会有很大的波动，从而导致预算所揭示的目标值与实际状况存在一定的偏差。事实上，许多企业的预算编制不仅编制周期越来越短，及时对预算情况进行修正，而且随着预测手段的提高，预测的精度将会不断提升，这时，BBRT 提出的针对传统预算管理中的预测问题也就自然得到了解决。

另一方面，超越预算模式在具体实施中依然存在着一些不可逾越的障碍：因该模式的业绩目标是相对的，而不是绝对的，这给管理造成了难度；超越预算决策权下放固然可以充分调动内部各业务单元的主观能动性和创造性，有利于组织灵活反应，但可能会导致本位主义的产生，各个部门只注重了本部门绩效而忽视了横向的协作，流程运转的不畅影响整体绩效；权力的下移和自主决策意味着在超越预算下，对预算单位的管理水平和预算能力提出了较高的要求，需要预算单位对经济环境进行准确的预测，不断平衡目标满足资源需求，以达到业绩目标和资源配置的动态平衡。

即使放弃传统预算管理，"超越预算"寻找到了替代传统预算的新机制，这套机制必须能够确保在权限委托的组织框架内，能灵活地应用和整合管理会计工具，提升其中的价值，是分权组织必须具备的内在能力，也是超越预算有效实施的基础。因为"超越预算"本身只是一种原则性的框架，企业组织仍然需要进行预测并据以对资源分配、计量和控制，也需要对成本进行有效控制和管理。超越预算管理（BBM）注重战略性的经营控制，但战术性的经营控制在激烈的国际市场竞争中同样是不可或缺的。预算最突出的优点是系统性，在超越预算的情况下，如何系统地确定、计量、反馈和评价那些没有直接勾稽关系的非预算或非财务的业绩指标，至少在目前还是一个没有明确答案的重大的实务问题，或许这正是它不能被广泛接受原因所在。

从案例分析、问卷调研以及实验研究的结果可以看出，仍存在着大量支持预算管理的证据，即发现预算在战略实施、跨部门沟通、资源配置、经营控制、员工激励等多个方面发挥着积极和正面的作用。现阶段，改革预算制度存在较大的难度，取消预算制度更是不具现实性。事实上，即使从英国特许管理会计师协会（CIMA）与英格兰和威尔士特许会计师协会（ICAEW）（2004）的实地调查结果来看，真正废除预算制度的企业也并不多。虽然大部分公司坚持使用现行预算但仍然保留对现行预算的不满，有的公司则认为滚动预算、平衡计分卡应该能够与现行预算并行，现行预算扮演着支撑内部有效性的角色，起到与外部股东和其他利益相关者沟通信息的作用。

（三）改进预算、超越预算对企业实务发展方向的启示

1. "改进预算"与"超越预算"的融合。

在目前的情况下，实施"超越预算"的模式似乎难度很大，而现行预算、"改进预算"和"超越预算"并不一定是非此即彼的替代关系，"他山之石，可以攻玉"，几种模式之间可以博采众长、相互借鉴补充，例如在"改进预算"中部分地渗透"超越预算"的观点，使两者有机结合。即不再强调以预算管理为中心的经营控制，而是将预算管理的功能按计划制定与业绩评价进行分离，使实务发展中的两种趋势并存。在计划制订层面，随着滚动预算和BSC的灵活应用，采用以战略实施为目的、重视预测和外部导向的"作为目标值的预算"，而在业绩评价上则联合应用各种预算之外的方法。对此，理论界提出了一些看法，具体包括：为了规划资源的需要，继续利用传统的预算管理框架；将预算管理与战略层面的实施项目相结合；将以业绩评价为目的而使用预算的情况仅局限在对实际业绩差异的分析上；采用以BSC等为代表的管理会计工具，应用多元化的业绩评价手段等。可见，这一思路仍沿用了传统预算管理的框架，在原有的体系内做出局部调整，虽能从一定程度上缓解现行预算管理体系与发展变化了的环境的诸多不适应，但也只是权宜之计。

2. 构建先进的预算管理模式。

CAM-Ⅰ以欧洲实务界为核心成立了先进预算系统组织（以下简称"ABSG"），以寻求解决传统预算管理中存在的问题，同时提出了先进预算（AB）的概念，以及该概念的框架。他们在对企业预算管理实践进行调查的基础上提出了新的结论，即"解决传统预算管理实务问题的方法不是对预算管理体系进行修正和改善，也不是将AB以外置的方式进行构建。而是将企业经营管理体系向着先进的管理系统的方向发展"。这个结论对我国企业预算管理制度的改革也有着积极的参考意义。根据ABSG的看法，先进预算的实现是依靠先进的管理系统（AMS）来完成的，这对于企业获

取竞争优势，解决传统预算实务中存在的问题是有利的。这种 AMS 遵循顾客至上的原则，满足了高度竞争的市场需求，是重视价值链和环节视角的经营管理。具体地讲，就是灵活应用业务流程再造、作业成本法、平衡计分卡等各种方法，并在整合企业资源的基础上综合地加以实施。

六、我国企业预算管理的发展

管理会计思想及预算管理的思想在中华人民共和国成立以前就由老一辈会计学家将会计中的管理思想带入中国，并加以推广，如娄尔行等前辈。我国民国时期已有财政预算，在我国抗日战争时期，一些民族企业家如卢作孚，就十分重视、推崇财务与预算管理，"无计划勿行动，无预算勿开支"。他认为："预算本为事业中财务问题之一，但是涉及事业的全部问题。事业所需的一切人力、物力皆以钱为计算的根据，钱的支出必须先有安排，钱的收入尤先有准备。"

比较我国与西方的预算管理制度，存在的一个明显差别是西方企业的预算管理属于企业微观决策的范畴，企业在决定如何开展预算管理方面占有很大的主动权；而我国的情况是由国家有关部门推动企业预算管理制度的建立和实施，这是由我国国有企业特有的制度安排所决定的。我国企业预算管理起步较晚，与我国经济体制转型紧密相连，走过了一段具有中国特色的发展历程。

从 1953 年我国开始实行国民经济的第一个五年计划到 1978 年实行改革开放的时期是计划经济时期。基于我国财政预算制度，企业的生产、销售等全被纳入财政预算。虽然企业的预算管理得到了一定的发展，但也深深地打上了计划经济体制的烙印，企业预算管理只是从属于国家财政，与财政融为一体，成为政府预算的一个组成部分，却迟迟没有按照企业自己的经营需要建立起完整、独立的预算体系。计划经济体制主要采取指令性计划和行政命令的管理手段，企业没有自主经营的权利，企业生产什么、怎样生产和为谁生产，都由政府决定，不受市场影响。企业的财务收支计划代替了预算，生产所需的资源由国家统一调配。在这种背景下，国有企业根据上级主管部门下达的计划指标组织经营活动，首先由计划科、财务科及相关业务科室分别编制生产计划、财务计划及日常运行计划，最后，由综合平衡形成"生产技术财务综合计划"，一是作为组织生产活动的依据，二是上报主管部门作为之后检查的参照（吴敬琏等，1993）。这种

"生产技术财务综合计划"，实质上也是预算的一种形式，但有两个根本性的缺陷：一是预算编制的起点是生产而不是销售。在计划经济体制下，国家计划什么，企业就生产什么，生产决定"销售"。企业追求生产、技术和财务三者之间的平衡，但生产计划是平衡的出发点和落脚点，财务计划只是陪衬。二是企业管理者和劳动者在企业不能真正地按劳分配，预算的执行结果不与执行者的利益挂钩。因而，这种"生产技术财务综合计划"还不属于现代意义上的企业预算的范畴。

1978年，党的十一届三中全会召开，这是我国社会发展的重大转折点，全会确立了以"计划经济为主、市场经济为辅"的新的经济体制。在这种背景下，企业管理的目标从完成上级部门下达的指令性计划，逐渐转移到追求经济效益上来。由此，预算管理开始得到企业的重视，在协助企业实现经营目标方面发挥着越来越重要的作用。1981年，我国开始在公交企业推行经济责任制，1986年发展为所有国有企业的承包责任制，包括企业对国家承包责任制和企业内部承包责任制。国外的一些先进方法如变动成本法、全面质量管理、市场预测、目标管理，在一定范围内的企业得到运用，对强化企业管理都起到了一定的积极作用。我国企业内部承包责任制在借鉴国外成果的基础上，发展成具有我国特色的责任成本管理制度。我国这一时期的责任成本管理与西方的标准成本管理大体上相同，不同之处在于成本的计算过程，责任成本指标是通过产品的价格指标和利润指标而"倒挤"出来的；标准成本则是基于泰勒的科学管理的过程标准化思想，通过对员工的工时研究和动作研究而精确计算出来的。

随着计划经济向市场经济转换，在与世界经济接轨的同时，企业的管理模式也不断地创新与完善。西方先进的预算管理理论被引入国门，作业基础预算、平衡计分卡预算相继在国内企业中应用。此时，在我国企业中，预算管理以全面预算的形式作为管理会计的一个分支在部分企业被采用，中国企业的预算管理正式迈开了加速前进的步伐。为构建科学的预算管理体系，西方国家企业管理实践中发展较为成熟的预算管理模式与方法被引入国内企业的管理实务中。我国部分企业一边积极借鉴西方的先进经验，一边结合我国实际，对过去的预算管理模式进行技术性改良或制度性创新，开始积极探索适合我国国情的预算管理模式。例如，1988年山东华乐集团开始探索以目标利润为导向的企业预算管理模式，1993年上海宝钢开始进行全面预算管理的探索。虽然这个阶段还不能算做完全意义上的全面预算管理，但企业的运行质量明显提高，创造了较好的经济效益。同期，以成本为导向的预算管理模式、以销售为导向的预算管理模式、以利润为导向的预算管理模式相继出现。虽然如此，但是这些预算仅为管理者提供辅助的信息支持，预算管理没有发挥出应有的作用。匈牙利经济学家亚诺什·科尔内在其代表作《短缺经济学》中论述传统的社会主义经济管理体制时就指出：在传统的社会主义经济中，企业的预算约束是软的。

从 20 世纪 90 年代起，全面预算管理在企业制度建设和企业运行中的意义和作用，受到政府和学术界的广泛关注并予以积极推动。2000 年，原国家经贸委在《关于国有大中型企业建立现代企业制度和加强企业管理的规范意见》中明确提出"推行全面预算管理"。2001 年 4 月，财政部发布的《企业国有资本与财务管理暂行办法》，要求企业应当实行财务预算管理制度。2002 年 4 月，财政部发布的《关于企业实行财务预算管理的指导意见》，进一步提出了企业应实行包括财务预算在内的全面预算管理。2006 年 12 月，财政部修订的《企业财务通则》，明确提出企业实施全面预算管理的总体目标。2007 年 5 月，国务院国资委下发《中央企业财务预算管理暂行办法》；2011 年 11 月，国务院国资委又下发《关于进一步深化中央企业全面预算管理工作的通知》，对中央企业开展和深化预算管理提出了系统的要求。无论从理论上还是实践上全面预算管理已经在我国得到广泛的认可。我国一些大中型企业已成功实行全面预算管理，如上海宝钢集团、新兴铸管集团、华润集团、中国五金矿产进出口总公司等企业对企业预算管理进行了一些有益的探索，积累了丰富的经验。

在我国，为了与过去的责任成本预算以及单一的资金预算、费用预算相区别，通常将这一时期企业所实施的预算称为"全面预算"。全面预算（Comprehensive Budget）是总预算，它反映的是企业未来某一特定期间的全部生产经营活动的财务计划。它以实现企业的目标利润为目的，以销售预测为起点，进而对生产、成本及现金收支等进行预测，并编制预计损益表和预计资产负债表，反映企业在未来期间的财务状况和经营成果。不仅编制财务预算，更重要的是编制业务预算和资本预算；建立完善的预算编制、执行、分析、考核等一系列程序。财务预算、业务预算与资本预算共同构成企业的全面预算。

全面预算管理以企业战略规划为依据，以量化的、综合的、涵盖企业经营全过程的全面预算为基础，以全员、全过程、全方位控制为特征的企业内部管理控制系统。全方位控制是指全面预算管理的内容，包括预算口径与核算口径的统一，制度控制与预算控制的统一，战略控制、管理控制、作业控制的统一，目标利润预算、经营财务预算、作业基础预算、资本支出预算、现金流量预算、战略预算的统一。

　　全面预算管理以"权力共享前提下的分权"思想为指导，层层分解企业制定的经营战略及发展目标，下达于企业内部各个经济单位，以预算、控制、协调、考核为内容建立科学完整的指标管理控制系统，将各职能部门的目标与企业经营、战略、发展目标相连接，权责分散，集中监督，有效配置企业资源，对基层部门经营活动进行全过程管理控制，并以其绩效表现作为考评、激励的依据。全面预算管理是将企业的经营目标、战略目标及其资源配置以预算的方式加以量化，并使之得以实现的企业价值活动或过程的总称。它从最初的计划、协调生产发展而成为兼具控制、激励、评价、奖惩激励等功能的一种综合贯彻企业战略方针的管理机制。全面预算管理集系统化、战略化、人本理念于一身，是各种管理工具的融合而非堆砌、前瞻有序而非亡羊补牢、以人为本而非机械的物化，分权集权收放有度。它以市场竞争和战略为导向，以全员、全面、全方位、全过程监控为核心构成了系统管理方法和策略工具。

　　一个完整的全面预算管理体系可以通过静态和动态两种方式加以描述。从静态的角度来看，全面预算管理体系应该包括九个部分：预算目标设定、预算编制、预算执行、预算执行进度跟踪、差异分析、结果反馈、预算调整、绩效考评、审计和技术支持；从动态的角度来看，全面预算管理体系则是由以上九个部分组成以预算管理所需组织体系的构建为依托，围绕公司战略，由预算目标设定开始至绩效考评完成闭环的反馈系统。可见，全面预算管理的关键是将预算指标与战略、生产经营活动与绩效考核结合起来。

　　从全面预算管理内涵的分析中可知，全面预算管理的功能主要体现在战略管理、成本控制、风险控制、绩效考核、价值管理五个方面，只有将预算制定与企业战略紧密结合，才能使公司的战略得以落地，更为清晰地传递企业战略，提高资源分配的效率；预算管理与成本控制紧密结合，才能使预算制定人员得到精准的成本信息，制定出科学合理的预算指标；从风险控制角度而言，预算以计划为基础，全面预算管理能促使企业的各级管理者提前制订计划，预测可能的风险防患于未然，避免企业因盲目发展而遭受不必要的经营风险和财务风险；绩效考核功能则表现为，科学的预算目标值不仅是企业与部门绩效考核指标的参照值，同时也在预算执行中不断修正，从而进一步优化了绩效考核体系；全面预算管理体系中每个调整最终都会体现为对财务指标的影响，因此，全面预算管理的整个过程是进行价值管理的过程。

七、我国预算管理存在的问题

预算工具在我国企业得到广泛运用的同时，也遇到了与西方企业预算管理中遇到的类似问题，很多企业推行预算管理所取得的效果并不理想，人们对预算的作用产生了质疑。有的企业认为，预算带来太多束缚并增加了不必要的环节，使他们不能很好地发挥创造性，还有可能使他们失去一些发展的机会；企业内外部环境的不确定性因素太多、预测难度大，其中，某些因素变化往往会对经营业绩带来相当大的影响，容易与实践脱节；甚至在一些企业里，预算也沦落成为数字游戏、费时耗力的代名词。在这种背景下，"预算无用论"在一定范围内开始蔓延。

近年大量的调查研究结果显示，企业实行全面预算或财务预算对员工薪酬、员工劳动积极性、员工业绩考核具体化和公司收入增长这四项没有明显的作用，而且我国企业虽然都在实行预算管理，但多数运行不到位。表现在：总体目标和工作流程不明确，预算只是作为财务部门的一项例行职责，与企业经营者及与其他职能部门没有直接的关系；就预算论预算，没有将预算与经营活动、与预算执行、预算反馈结合起来；预算管理机构的设置虽然较齐全，但虚有其表并未真正发挥其沟通、协调衔接的作用；预算报表体系设计缺乏系统性，随意性很大，预算报表体系应该是一个有机整体，表格与表格之间存在严格的勾稽关系，但中国大多数企业的表格设计随意性很大。

即使对于实施全面预算的企业，实际的执行效果也与全面预算的设计初衷相去甚远。战略性是全面预算管理的一个显著特征，企业全面预算管理体系的构建必须要以企业战略为导向，将中长期战略目标逐步细化为年度、季度、月度目标，落实于企业的经营预算指标。然而，在全面预算管理实务中，企业的战略目标与预算管理体系严重脱节，部分企业对全面预算管理的战略性要求或是认识不足，架空了战略目标，预算管理中的短视行为不利于企业的长远发展，或是企业发展战略与全面预算管理体系无法有效对接，预算管理难以体现出战略实施的要求，将企业战略落地；重视预算编制、忽视预算执行，未能对预算的执行过程和执行结果进行严格的监督和考核，并把这种预算和考核的结果同员工的切身利益挂起钩来，处理好激励与约束的关系；缺乏预算反馈环节，没有在企业的组织架构中建立起行之有效的信息渠道，从而难以保证事前监控和事中干预的高效运作；集团公司预算管理系统设计不到位，母子公司之间的衔接性差；与预算管理相适应的激励、财务、内审等制度不健全，结果导致企业在实行预算管理的过程中，与作为预算动因的非财务指标相互脱节。

从对国内外预算发展历史的回顾可知，不论是预算管理工具的改进，还是预算管理理念的提升，始终是就预算论预算，对预算工具的整合、优化，对预算管理体系的修正、改善和扩充无不如此。而先进预算系统组织（以下简称"ABSG"），所提出的先进预算（AB）的理念，对我国企业预算管理制度的改革也有着积极的参考意义。先进预算意味着企业经营管理体系应向着先进的管理系统的方向发展，灵活应用业务流程再造、辅以各种先进的预算管理工具、整合企业资源的基础上综合地加以实施。如何在中国企业预算管理现状的基础上，借鉴国外最新理论与实践成果，充分发挥预算管理的作用是摆在面前的课题。

第二章 预算整合与整合预算

一、预算整合：预算的整合作用

20 世纪的管理主要以分工为特征，企业管理分工的结果产生了战略、规划、质量、人事、财务等管理部门，分工越细协同越重要。预算正是呼应这种需要来充当着对分工体系进行整合的功能，称之为预算整合。无论财务预算还是全面预算都具有整合的功能。

事实上，现代公司制企业之所以创造和采用了预算管理，是因为预算管理能够较好地满足现代公司制企业的管理的需要，主要表现在以下方面：

第一，现代企业无不以企业价值最大化（或利润最大化）作为自身的目标，这意味着企业目标的基本属性是价值化的，而预算管理正是以价值化的目标为基础形成预算指标体系。通过预算管理不仅使得企业未来的价值目标得以明确（并且这种价值目标又进一步分解为预算指标体系），而且使得价值目标的实现有了现实的基础。预算指标体系实质上是基于企业为了达成价值目标所必须完成的事件及其这些事件应该达到的与企业价值目标直接相关的子价值目标，只有企业这些子价值目标得以实现，企业预算的总价值目标才能实现。预算不仅确定通过进行哪些事件得以完成预算的各个子目标，而且也通过相应的资源和权力配置保证其子目标的实现。

第二，现代企业不仅以企业价值最大化作为自身的目标，而且为了保证这一目标的实现必须强化内部各部门、各环节以致各岗位的分工责任。而预算管理正是以预算指标分解落实到各责任主体的形式来确保企业价值目标的实现。如果每个部门和岗位都能确保自身所承担的预算责任指标的完成，那么，预算目标就有了实现的主体保证。通过预算指标分解落实到责任主体，使得各责任主体承担了责任，但为了保证这一责任的履行，必须对各责任主体配置相应的权力（主要是各种资源的使用决策权）以及享有相应的利益。

将上述归结起来就是预算管理为了达成企业的价值目标，可以有效地确定靠哪些人来做哪些事达成企业的价值目标，而这些人（预算责任主体）为了做成这些事必须要配置相应的有形资源和无形资源才能最终实现自身的责任目标，从而最终达成企业的价值目标。一旦预算责任主体完成了预算责任目标，形成了企业的收益，这些预算责任主体就可以享有相应的利益分配。由此出发，预算管理之所以成为现代企业管理中最重要的一种形式，是因为它具备整合的属性，而以前的分工和专业化管理的根本缺陷就是难以整体协调管理。所以，预算管理的出现是与预算本身具有整合功能是密切相关的。预算所发挥的这种作用简称为预算整合。预算的整合功能表现在以下方面：

（一）目标整合

通过预算责任目标的逐步分解、并落实到企业的每个部门、每个岗位和每个人员，从而使他们的行为目标与企业的总预算目标有效地协同起来。事实上，在追求企业价值最大化的目标下，企业的每个部门、每个岗位和人员的行为也必须与这一目标有效地连接起来，预算正是实现这种连接的最有效方式。通过预算目标利润及其构成的收入、成本、费用要素在企业内的层层分解，最终将它们落实到每个责任主体上，从而形成基于"人"的预算，也称责任预算。通过预算体系还将预算目标利润的完成落实到企业的各项业务上，使得企业的每一项业务都与预算目标利润相衔接，从而形成基于"事"的预算。不难看出，目标整合就是将企业的每个责任主体的行为和每个责任主体所做的业务的目的整合到完成预算责任目标上。

（二）组织整合

企业内部既存在纵向的科层结构，也存在横向的水平结构或环节结构。这两种结构的本质是一种权利、责任结构，也就是一个企业的所有权利和责任如何科学合理的在组织的每一个层面和每一个环节进行匹配，实现企业内部的权力、责任的有效协同。通过预算体系将预算责任指标分解落实到企业内部的每个部门、每个岗位、每个人员以及每个环节，从而使他们的责任与企业的总预算责任目标协调一致。在此基础上，根据每个部门、每个岗位和每个人员以及每个环节的岗位责任的内容和大小，匹配相应的权利，实现权利与责任的对等。

（三）资源整合

当预算责任目标被分解落实到每个责任主体以及每项业务上之后，为了确保每个责任主体有效地开展每项业务活动，实现预算责任目标，就必须根据每个责任主体所承担的预算责任指标的内容和任务的大小配置相应的资源，也就是要把企业的所有人力、物力和财力资源按照与预算责任指标的内在关系进行配置。如果说在市场经济条件下，整个社会的资源是由市场来匹配的话，那么在企业内部资源的最有效的配置机制就是预算，通过预算把企业的所有资源合理有效地匹配到实现预算责任目标上。

（四）利益整合

企业必须由不同利益主体提供不同的要素才能有效地运转，这些利益主体之所以向企业提供各自的要素是为了谋求自身的利益。企业各利益主体在实现预算目标利润后必然要参与企业收益分配，收益分配最为重要的是要实现收益分配的公平性，预算体系为实现每一个责任主体收益分配的公平性提供了手段。在预算责任目标分解到每个责任主体后，根据每个责任主体的预算责任目标的完成程度和好坏，分别确定各自收益分配的多少，不仅实现了每个责任主体的责任与利益的有效整合，而且也实现了每个责任主体的利益与整个企业的利益的有效协同。

预算经历了财务预算到全面预算的转变，这种转变主要是更好地强化和实现了预算的整合作用，也就是全面预算整合作用发挥的程度要比财务预算更高、更有效。主要表现在：（1）财务预算就是以货币形式表现，反映企业财务目标，控制企业财务活动，保障企业财务目标顺利实现的各种具体预算的有机整体。可见财务预算是以财务活动为中心建立的体系，没有将业务活动有机的协调起来；（2）财务预算是以价值指标作为预算的内容，没有将业务指标作为价值指标的基础，从而没有实现两者的整合；（3）财务预算主要是以责任指标的形式下达，更多地强调责任，没有很好的实现责、权、利的有机结合；（4）财务预算管理主要是由财务部门进行的，没有实现企业的全部门、全岗位的参与；（5）财务预算强调财务指标实行结果及其考核，没有更好地对整个企业的财务活动特别是业务活动过程进行全程控制。

正是财务预算在整合作用上存在的这些缺陷，必须要对其进行改进，由此，就产生了全面预算管理的必要性。全面预算管理不仅要预算财务指标也必须要预算业务指标，并且要把财务指标建立在业务指标的基础上。全面预算管理也要对非定量指标进行规定，具有指标的完整性；全面预算管理强调全员、全要素、全过程管理，必然要求整个企业的各个部门和岗位以及各个层次都要参与预算管理，必然要求对企业的全部要素进行预算，对企业的经营活动和财务活动的全过程进行预算控制；全面预算管理也要求将预算责任主体的权力和利益与预算责任目标的完成程度密切结合起来。如此等等，使得全面预算管理的预算整合作用的发挥程度大大地提高。但是全面预算仍然无法实现预算指标的确定如何更科学有效，如何能够使得各个责任主体所确定的预算指标及其相应的权力和利益相互有效匹配，如何使得预算对资源的配置合理有效。归根到底预算也必须要有自身发挥作用的客观基础，如果这个基础不具备就会使得预算整合的作用大大削弱。

从财务预算向全面预算的过渡提高了预算整合的作用程度，但并没有实质性的改变预算形成基础的可靠性和有效性。尽管全面预算相对于财务预算，其价值指标的形成是以业务指标为基础的，但是，由于业务指标的形成基础并没有改变，使得价值指标的可靠性和有效性就大打折扣，也使得预算的执行受到种种不利影响。实际上，传统的财务预算和全面预算都是在原有的组织、岗位、作业、流程和信息体系不变的条件下进行的，整个业务体系没有实现与预算管理相适应的转型或对接，导致了预算管理的实施效果不尽如人意，以致出现了"改进预算"和"超越预算"，特别是"超越预算"的出现几乎否定了预算管理的作用。

二、整合预算：按预算管理要求再造企业业务体系

目前，各国企业普遍推行的是全面预算管理。就现实执行的结果看，往往是预算与实际执行差异结果较大，以此为背景进行的预算考核也难以实际执行，预算的实际功能作用大打折扣。究其原因，从过去实行的财务预算过渡到现在的全面预算从根本上是就预算论预算，实质上没有按照预算管理的要求对企业业务体系进行再造。财务预算和全面预算都存在明显的缺陷，只有过渡到整合预算，才能真正发挥预算的功能作用。财务预算和全面预算主要强调的是怎样发挥预算的整合作用，称之为预算整合。而整合预算就是强调怎样使预算更好地发挥作用，也就是预算发挥作用的基

础必须要夯实。如果说财务预算和全面预算主要是发挥预算的整合作用，称之为预算整合，那么，整合预算则是为了更好地发挥预算管理的作用，要求对企业的业务体系进行再造，包括战略、组织、作业、岗位、流程和信息体系等应该按照预算管理的要求进行重新设计。从预算整合到整合预算确实存在一个历史的变迁。

早期的预算管理主要是以财务指标为基础进行的管理，称之为财务预算。财务预算是一系列专门反映企业未来一定期限内预计财务状况和经营成果，以及现金收支等价值责任指标的总称。它包括营运收支预算、资本性收支预算、现金流量预算和资产负债预算。营运收支预算综合反映企业生产经营过程和财务成果，包括销售预算、生产费用预算、期间费用预算等。资本性收支预算反映企业统一核算范围的技术改造、小型基建、固定资产及无形资产购置和对外投资、偿还长期负债等的资金筹集和运用情况。现金流量预算反映企业现金收入、支出、余缺和融通情况，是以现金流量方式对营运收支预算、资本性收支预算的综合反映。资产负债预算是对实施营运收支预算、资本性收支预算、现金流量预算后企业资产负债情况的预计和综合反映。这些预算综合的体现在预计资产负债表、预计损益表、预计现金流量表中。正如前面所述，传统的财务预算的特点主要是以价值指标作为预算目标；在确定这些价值指标时，通常是以某一基数（定比或者环比基数）和相应的年增长速度计算而成；由财务部门编制预算；主要由财务部门控制预算的执行。这种财务预算必然存在根本的缺陷：（1）财务预算仅仅是以价值指标作为预算内容，而每一个价值指标的确定是先确定一个基数，在此基础上确定其增减变动的速度，显然是就价值指标预算价值指标，这些指标的确定没有以企业的生产经营指标或业务指标为基础，所以，很难保证这些指标与生产经营活动实际状况的一致性；（2）在进行财务预算时，不仅价值指标没有以业务指标为基础，而且企业的业务指标也没有建立在企业生产经营活动的规范化和流程的标准化的基础上。由于企业生产经营活动没有实现规范化、流程没有实现标准化，就导致预算的业务基础不具备稳定性和确定性，从而使得预算的准确性难以保证；（3）财务预算的管理主体主要是财务部门，而财务预算的执行主体一般就是企业的现设部门和岗位。就前者而言，由于从财务部门的职能（主要是组织现金的流入、流出，进行相关的成本费用控制）看，是无法担当预算管理之责的，企业必须按照预算的要求重新再造进行预算管理的组织体系。就后者而言，预算执行的主体必须要按照预算的要求进行组织再造；

（4）财务预算是在企业原有的业务流程的基础上进行的，原有的业务流程是按照商流、物流、资金流、信息流、技术流等的业务的自然流转过程或环节展开的，并没有考虑到预算管理的内在需要。在预算管理的条件下，所有的业务流程都必须要有助于界定在流程上各环节、各部门、各岗位之间的权、责、利边界，这是实现预算考核的前提，也是预算机制能够发挥作用的基础；（5）财务预算指标的确定、财务预算执行过程的控制、财务预算执行结果的考核都必须要有相应的信息体系的支撑，但在财务预算中，企业的信息体系并没有按照预算管理的要求重新构造，所以企业信息体系不能有效地支持预算管理体系的运转。正由于财务预算的这些缺陷，使得全面预算的出现成为必然。

全面预算是以货币或数量形式明确企业预算期间内的经营成果、财务状况、现金流量状况及实现手段，从而对企业及各业务部门的经济活动进行调整与控制，对各种财务及非财务资源进行配置、控制、对预算执行结果进行反映、分析和评价等的一系列管理活动。全面预算管理是一种全员参与、对全部要素进行预算、并实施全程控制的管理活动。相对于财务预算，全面预算表现为以下几方面的进展：（1）全面预算的指标不再仅仅局限于价值指标，而是扩展到非价值指标，也不仅仅局限于数量指标，而是扩张到定性指标，具有预算内容的全面性；（2）全面预算的价值指标一般都以企业生产经营活动所形成的业务指标为基础确定，这就使得价值指标的形成有了可靠的业务指标的基础：（3）全面预算管理的主体不再局限于财务部门，而是扩展到所有相关的部门、相关的层次、相关的人员；（4）全面预算管理的控制采取了全程控制的方式，而不仅仅局限于强调执行结果的分析考核。

尽管如此，全面预算仍然存在缺陷：（1）全面预算没有对预算赖以形成的生产经营活动进行规范化、流程进行标准化，这仍然使得以生产经营活动为基础的业务指标很难实现可靠性。在现代企业管理中，它们分别称之为作业和岗位设计与流程再造；（2）全面预算没有按照预算管理的要求对预算管理的主体和预算执行的主体进行组织再造，从而难以保证预算管理的主体能够到位并管理有效，也难以保证预算执行的主体的预算责任边界及其相关的权力和利益边界能够界定清晰；（3）全面预算没有按照预算的要求对企业的业务流程进行再造，为了有效的界定业务流程上各环节、各部门、各岗位的权、责、利边界，传统的以业务活动中的各要素的自然流向所形成的流程必须要得以再造；（4）全面预算没有按照预算管理的要求对企业信息体系进行重新设计，称之为信息重构。使得全面预算的指标确定、过程控制和结果考核难以有效进行。总之，全面预算的缺陷就是表现在预算管理的基础并没有形成，企业没有按照预算的要求进行作业和岗位设计、组织和流程再造以及信息重构，也就是全面预算仍然是在原有的作业体系、岗位体系、组织体系、流程环节以及信息体系基础上进行的，这一体系当然很难保证预算管理作用的发挥。

从上面分析可以看出，财务预算和全面预算共有的缺陷是没有按照预算要求，对企业的业务体系进行再造，包括战略、组织、作业、岗位、流程和信息体系等应该按照预算的要求进行重新设计。也就是说，传统的财务预算和全面预算的实施基础仍然并不完备，从而必然要求重塑。实际上进行预算管理必须要回答在什么样的基础上进行预算、谁来管理预算、谁来执行预算。在什么样的基础上进行预算，就是要建立一个使预算客观的基础，这就应按照预算目标、预算岗位的要求对企业的作业进行重新分析、组合，现代管理称之为作业分析。在作业分析的基础上再确定这些作业与哪些成本指标相关称之为作业的成本动因分析，以及这些作业与哪些价值指标（主要是指收益性指标）相关称之为作业的价值分析；同时，也应按照预算责任清晰界定的要求对企业的流程进行分析和理顺，还应按照预算管理的要求对在各项作业和流程各环节产生的信息进行全面整合，以满足预算编制、预算控制、预算考核的需要。谁来管理预算、谁来执行预算应按照预算的要求对企业的组织进行重新设计，使得企业的组织不仅要满足生产经营功能的需要，而且要满足预算管理和预算执行的需要。

所以，就预算论预算的预算管理是难以取得预期的成效的，只有围绕企业预算管理的要求对企业的作业、岗位、组织、流程和信息进行重构后预算才可能达到应有成效。由此形成的预算就成为整合预算，其本质就是企业的一切生产经营活动都是为了实现价值最大化，而价值最大化的目标及其实现是通过预算管理体系达成的，而预算管理体系的有效运转就必须按照预算管理的需要重构企业的作业、岗位、组织、流程和信息等，从而使它们之间形成一种交互式的作用关系。只有这样才能完成由单一的预算整合向预算整合与整合预算有机结合的真正转变。

既然传统上企业的战略、组织、岗位、作业、流程和信息体系等主要是按照完成业务目标的需要进行设计的。在预算管理后，企业的目标更加凸显价值最大化的要求，所以，企业的战略、组织、岗位、作业、流程和信息体系等更需要按照价值或者直接地说是预算目标的要求进行再造。这种再造的主要内容表现在以下方面：

（1）战略重构。

传统的企业着重于业务体系的合理设计和业务功能的有效发挥，在进行战略设计时也主要考虑企业在未来的业务发展战略。进行预算管理后，企业必须制定战略预算，为此就必须把业务发展战略有效地整合到战略预算上，为战略预算的编制提供基础。任何一个企业的业务发展战略最终都要落实在未来的产品开发和生产经营上，为此要为未来产品的开发生产和经营进行战略预算。未来新产品的开发和生产经营一般都是对原产品不断增加附加功能的形式，形成产品的附加功能链。为了实现产品的附加功能的不断创新，必然要有相应的投入预算；而具有新的附加功能的产品也会带来附加收入和附加成本，从而形成附加价值，必然要有相应的收支预算。只有当企业的业务发展战略整合到未来的投入预算和收支预算上，这样的发展战略才具有价值创造的意义。

（2）组织再造。

进行预算管理必须要解决谁来管理预算以及谁来执行预算，谁来管理预算涉及预算管理主体的再造，谁来执行预算涉及预算执行主体的再造。谁来管理预算至少涉及谁提出目标利润、谁确定预算体系、谁分解落实预算、谁监控预算的执行以及执行过程中的预算协调、谁考核和评价预算的执行情况并进行收益分配。谁来执行预算涉及企业内部组织从传统的以执行业务功能为主向以完成预算责任目标为主的转型，也就是企业内部组织的设计不仅要考虑履行业务功能的需要，也要考虑完成预算的需要。为此，企业内部组织设计就必须由过去的功能性单元向价值型单元过渡，企业内部的每个预算责任主体都必须是一个完整的价值单元，也即所谓费用成本中心、销售中心、利润中心或者投资中心。组织设计不仅要关注业务活动的分工与衔接，更要关注每个责任中心的权、责、利边界。

（3）岗位设计。

预算管理必须要将预算责任指标分解落实到每个岗位，也叫预算落地，只有这样才能确保预算责任目标的最终实现。要实现预算责任指标能够分解落实到每个岗位，就必须要对每个岗位的作业进行分析，包括作业的成本分析和作业的价值分析。传统的作业分析主要是基于业务的需要而进行的，实行预算管理后，作业必须为完成预算责任目标而设计。预算责任目标是利润以及利润的构成要素收入、成本和费用等指标，要能科学合理地把这些指标分解落实到每个岗位，就必须要分析每个岗位的作业与这些指标的关系，作业成本分析和作业价值分析正是为了解决这一问题。同时，通过作业分析就能把传统的基于业务需要的作业进一步转化为实现价值目标的作业，对于没有价值的作业就必须进行删除，从而实现作业的优化。岗位设计不仅要实现预算责任目标能够分解落实到每个岗位，而且要在每个岗位根据预算责任目标的大小匹配相应的权利、配置相应的资源，根据预算责任目标完成的多少和好坏确定收益分配的多少。为了实现作业向预算的要求的整合，通常要对作业和流程进行标准化，这样才能确定作业和预算指标之间的数量关系。

（4）流程再造。

预算管理必须要有效地界定企业内部各部门、各岗位、各环节之间的权、责、利边界，这样才能保证各预算责任主体之间不至由于互相推诿而导致考核不了了之。传统的企业流程是按照企业内部的各种经营要素（产品、人、财、物、技术、信息等）的自然流动过程进行设计的，其最终目的就是为了生产出产品以满足顾客的需要。进行预算管理后，企业内部各部门、各岗位和各环节之间都会存在相互的利益关系，为了明确地界定这种利益关系就必须要进行流程再造。一般来说，传统的基于各种要素的自然流动过程所设计的流程可以称之为供应链流程，如产品从原材料采购、生产、储存、销售、售后服务的整个流程就是供应链流程。各种经营要素的流动一方面是体现各相关部门、岗位或环节的技术关系，另一方面体现为利益关系。供应链流程解决的是技术关系，是为了满足产品生产经营的需要而设计的，很难界定流程各部门、岗位或环节的权、责、利边界。为了解决这一问题，企业内部各种经营要素的流动过程必须要按照需求链流程重新设计，需求链流程是建立在顾客需求基础上的流程，而顾客的需求正是企业价值实现的基础，这种价值也是企业内部各部门、岗位和环节的利益的存在基础。通过需求链流程上的各相关部门、岗位或环节之间的讨价还价就能较好地实现他们之间的利益边界的明确界定。

（5）信息重构。

传统的企业信息体系是为满足业务的需求而设计的，进行预算管理后，企业信息体系必须要满足预算制定、预算控制、预算考核的要求。满足三者的要求最关键的是要形成因果关系链的信息结构，以资产负债表作为结果报表，逐步分层衍生出其原因报告体系，其原因的追索必须要直至终极原因，从信息理论来说就是底层信息。企业在制定预算时，预算指标的确定必须要有原因信息的支撑，在进行预算控制时，为了分析预算执行差异也必须要获得原因信息，最后在进行预算考核或评价时，要对预算未完成或者超额完成的主客观原因进行分析，也必须要收集原因信息。

总之，预算一方面对企业管理和生产经营活动发挥着整合的作用，另一方面要使预算的作用得到很好地发挥也必须将企业的业务体系整合到预算管理的需要上来，这正是预算整合与整合预算的形成基础。

三、预算误区：基于我国预算管理实践的经验

预算管理从预算整合到整合预算是一次质的变革，而在我国对这一变革在理论上并没有厘清，从而导致在预算管理实践上也不可能全面、充分、有效地践行。

在我国，预算管理运用于企业实践已有几十年的历史，特别是改革开放以来，许多企业结合我国的市场环境状况和企业自身的特点，创造性地将预算管理运用于企业管理实践中，发挥了重要的作用。尽管如此，预算管理仍然存在三个主要的问题：一是预算责任指标不能反映客观状况从而导致不准确，与实际执行的结果往往存在较大的差距，从而限制了预算作用的发挥；二是预算执行过程的控制力较弱，导致预算目标难以实现，而预算目标不能实现又进一步使得预算作用的发挥受到限制；三是预算考核无法清晰界定预算执行主体的权、责、利，导致互相推诿或者寻找客观因素，使得预算考核流于形式，大大削弱了预算的执行力和约束力。也就是在预算制定、执行与考核的全过程中都存在弱化预算作用的种种缺陷，究其原因，可归之于预算管理的理论认识上和实践运用上还存在种种误区，主要表现在以下八个方面：

（一）预算管理的目的和作用主要定位在责任控制上

企业进行预算管理必然要对预算执行主体下达预算责任指标，从而形成预算责任目标，这种目标层层分解，最终要落实到每个环节、每个部门、每个岗位。确实，预算管理要通过以预算指标所确定的责任目标的分解、落实与执行发挥作用，但是在企业预算管理的实践中却忽略了预算责任目标的完成是以相应的权力和利益为基础的，也就是要实现预算责任与预算权力、预算责任与预算利益的匹配。就企业制度的演变历程看，企业制度可以分为自然人企业和公司制企业，自然人企业的特点是自己的钱自己经营，其权力、责任和利益的边界完全清楚，相互之间也完全匹配。对

于公司制企业而言，大规模的群体劳动模糊了每个责任主体或者岗位之间的责、权、利边界，从而导致吃"大锅饭"和"搭便车"的现象，不仅如此，每个责任主体或者岗位如何实现权、责、利匹配也成为公司制企业必须解决的问题，否则就会产生有责无权、有权无责和责利不匹配的现象。进行预算管理最重要的就是要消除公司制企业的这种通病，其实现形式就是责任预算，通过将预算指标分解落实到每个岗位，使得每个岗位都有明确的责任，并根据其履行责任的内容和履行责任的大小配置相应的权力，以及根据其履行责任的绩效给予相应的利益。也就是说，在公司制企业的大规模群体劳动的条件下，还要使每个责任主体能够像自然人企业一样感受到自身权、责、利的存在性和独立性，这样每个责任主体就会为了自身的利益而拼命努力。

但是，如果把预算管理仅仅作为一种责任控制的手段，任何一个岗位的责任主体只是感受到了责任的压力，从而只是被动服从，无法真正调动责任主体的积极性和主动性。事实上，责任主体的积极性和主动性更多的来自于自身利益的需求和自身权力的实现。一方面，如果责任主体在预算管理的执行过程中没有与其责任行使相匹配的权力，导致权责不对等，就容易造成决策主体与执行主体的脱节，并以决策失误原因推脱预算责任目标不能完成；另一方面，如果责任主体在完成或超额完成预算责任目标时，由于不能分享相应的利益，责任主体的主动性就很难得以发挥，责任主体执行预算就会缺乏内在的驱动力。单纯依靠责任主体的岗位责任和职业精神，而其自身利益难以得到保障和实现，必将导致责任主体的被动服从，甚至消极怠工的现象，有的情况下甚至会对预算责任的执行有抵触情绪。当预算责任目标不能完成时，责任主体又会寻找各种借口推卸责任，从而使预算缺乏硬的约束力。所以，只强调责任的预算管理对预算执行主体的行为而言是逆向选择的，只有将权力和利益与责任匹配的预算管理对预算执行主体的行为才具有正向激励的作用。事实上，我国计划经济时期采取下达计划指标的方式就是一种责任导向的控制机制，通过计划指标的下达强制要求各责任主体完成计划指标。在市场经济条件下，公司制企业之所以要采取预算管理的方式就是为了将责任导向的控制机制向利益导向的诱导机制转变，使得企业的各责任主体从被动工作向主动工作转换。

（二）将预算管理只是作为一种管理方法引入企业

预算管理不仅是一种方法，更为重要的是，预算管理是一种制度和机制，企业引入预算管理意味着企业制度和机制的一次变革。企业之所以形成是为了替代市场，从而减少交易费用。但是一旦企业形成，企业内部各责任主体的关系就不再表现为市场关系，而是表现为行政关系，企业内部各责任主体的利益也不再独立存在。这两者就使得各责任主体之间的利益关系变得模糊，这种模糊性导致了各责任主体行为的主动性和积极性下降。在企业替代市场后，能否实现企业内部市场模拟，以及使每个责任主体也能像独立的市场参与者一样，具备自身的独立的权力和利益，就成为现代企业制度所必须进一步解决的问题，预算管理正是满足这一需要而产生的。首先通过责任预算，使得每个责任主体都有自身的权、责、利，从而在企业内部构成为一个相对独立的利益主体，这就使得其主动性和积极性得以充分发挥；其次，通过市场模拟，使得每个责任主体之间的利益关系必须通过相互之间讨价还价的方式最终确定，从而使各责任主体的权、责、利边界得以有效明确。正由于将预算管理仅作为一种管理方法引入企业，而没有按照预算的要求对企业内部的体制机制进行变革，预算的作用就很难充分发挥。

（三）在进行预算管理时没有对企业的组织、流程、作业和信息体系进行再造

企业进行预算管理是在企业现有的组织、流程、作业和信息体系不变的情况下进行的，所以，预算管理特别是预算目标的确定缺乏现实的基础。就组织再造而言，进行预算管理必然涉及谁来管理预算和谁来执行预算，为此必须按照预算的要求对组织进行再造。谁来管理预算的组织问题是：谁提出预算的目标利润、谁确定完成预算目标利润的预算指标体系、谁分解落实预算指标体系、谁收集进行预算管理所需要的信息、谁控制预算的执行差异、谁考核预算的执行结果等，这些问题并没有形成很好的分工合作体系；谁来执行预算的组织问题是：传统上企业内部的组织是按照职能分工设置的，如供应、储存、生产、销售和售后服务等，各职能部门又设立若干岗位，企业直接将预算指标分解到这些部门和岗位。但由于预算指标都是价值指标，而这些价值指标可能需要若干部门或岗位的协同动作才能完成，这样就必须按照这些价值指标的特性进行组织再造，形成销售中心、成本中心、利润中心和投资中心。正由于企业没有进行这种基于预算管理的组织再造，使得预算指标的分解难以清晰，各责任主体的权、责、利边界的界定十分困难。就流程再造而言，由于预算管理必须要明确

各责任主体的权、责、利边界，传统的以供应链为基础的流程是建立在行政关系上的，各部门和岗位之间的利益关系并不是由相关各方通过讨价还价的方式自行确定，一旦预算指标不能完成，就会相互推诿，甚至将问题归罪于上层管理部门的决策不当。要解决这一问题，就必须将以供应链为基础的流程转化为以需求链为基础的流程，流程中的每一环节中的关联各方都必须形成供求关系。就作业分析而言，传统上企业作业的设置都是为了履行某种业务功能，与价值的关联度相对较小。进行预算管理，以价值为基础的预算指标必须分解落实到每个责任主体，而分解这些指标的依据是哪些作业与收入指标有关、哪些作业与成本指标有关，前者称之为作业的价值分析，后者称之为作业的成本动因分析。正因为企业进行预算管理时没有进行这种作业分析，就导致了预算责任指标的分解无的放矢、畸轻畸重，主观随意性大，而客观性较差。就信息体系而言，传统上企业的信息体系主要是以会计报表体系为主而形成的，会计报表体系所形成的信息是过去的结果信息，而预算管理所需要的信息是预测信息和原因信息。只有了解企业过去经营状况和财务成果的原因信息才能据以预测未来，也只有获得预算执行过程中的执行差异的原因信息才能进行过程控制，最后在预算考评时预算执行结果的差异也需要原因信息予以说明。凡此种种，都要求企业的整个业务体系必须整合到预算管理的要求上去。

（四）预算指标的制定没有以企业各种业务活动的标准化为基础

进行预算管理最为重要的是要确定预算指标，预算指标又分为两类，一类是主要依赖于外部环境所确定的指标，如销售量和销售收入指标，另一类则是主要依赖于内部条件所确定的指标。对于前一类指标的确定主要是采取预测的方法，对后一类指标的确定主要采取标准化的方法。这里的标准化主要是指业务活动的现场环境、流程、使用工具和相关作业等的标准化，通过标准化就可以为预算的各种指标的确定提供技术定额标准，没有这种标准化就没有一个确定的技术定额标准，也使得预算指标的形成没有客观基础，从而很难准确可靠。在历史上，管理学家泰勒进行了有名的铲锹实验，这一实验就是为了确定挖煤工人的挖煤定额，并以挖煤定额为基础确定挖煤工人的人数，在此基础上再确定工资成本的预算指标。为了确定挖煤工人的挖煤定额，就必须对挖煤现场的环境进行固定化，对挖煤工具、挖煤动作和挖煤程序进行标准化，在这种标准化的基础上再选择最能干工人挖煤，以其日挖煤量作为制定定额的基础。可见，进行预算管理离不开对企业生产经营业务的标准化，但企业实践中过分强调预算的责任强制性，而忽视了预算形成基础的可靠性，从而增加完成预算的难度。

（五）预算管理主要依靠财务部门进行

尽管预算管理经历了财务预算到全面预算的历史变迁，但事实上，不少企业借全面预算之壳行财务预算之实，仅仅依靠财务部门搞预算管理，预算的内容或指标也主要是财务的。财务部门作为一个中层职能部门是无法承担预算管理之大任的，主要在于：（1）预算管理必须要进行组织、流程、作业和信息体系的再造，这显然是财务部门力所不能的；（2）预算管理要重构企业内部各部门及岗位的权、责、利体系，这只有在企业的最高层和各部门、岗位的全面参与并通过讨价还价才可以完成；（3）预算管理要进行企业资源的有效配置，这只是最高管理层面才可以确定之事；（4）预算管理要确定预算的各项指标体系，属于重大决策，必须由股东大会、董事会和总经理班子予以决定；（5）预算管理确定的预算责任指标必须以财务指标为基础，这是由相关业务部门预测确定的；（6）预算执行过程的控制和指标的调整，前者涉及企业的各个方面，财务部门不能承担之职，而后者属于重要决策，是高层管理者之权力；（7）预算考核涉及各预算责任主体的切身利益，更是财务部门力所不能及的。事实上，财务部门也是被考核者之一。这些都无不说明预算管理是一种全层次、全环节、全员参加的管理。

（六）预算确定的责任指标必须客观并具有驱动性或激励性

预算责任指标确定的客观性主要是指预期要正确，要有现实基础。但是，预算管理的实践表明预算责任指标的完成结果大都偏差较大。为什么会出现这种情况？要么说明预算责任指标确定不准确，要么是预算责任主体的主观努力的程度不同所导致。既然，预算责任指标的完成涉及主、客观两种因素，就不能认为预算责任指标的确定只以客观条件为基础，更要考虑预算责任主体的主观能动性。主观能动性发挥得好就可以完成更高的指标，否则只能完成更低的指标。从这一视点出发，预算责任主体指标的确定具有主观强制性而不仅只是客观决定性。依此出发再进一步分析预算责任指标的定高或定低。孰是孰非？大多认为预算责任指标要有驱动性或激励性，也就是要让预算责任主体"够得着"，但又必须付出艰辛的努力。

这实际上涉及预算责任指标是从高确定，还是从低确定，抑或居中确定。首先必须明确预算责任指标从高而定的做法是不成立的，理论上说是越高越好，也即从高无极限，而居中确定只是一种理论设想，难以找到合适标准。预算责任指标只能是从低而定，所谓从低而定就是预算责任指标确定的是最低限，是预算责任主体必须完成的目标。这一目标是根据企业在行业中的竞争地位及其提升要求确定，达不成这一目标企业在行业中的竞争地位就会下降，竞争优势就会丧失。确定预算责任指标当然不能让这种可能性出现，而是要不断地提高企业在行业中的竞争优势。实际上，在市场经济条件下，任何企业都必须取得平均利润。如果达不到这一平均利润，市场自由竞争的结果就会将这一类企业淘汰出局，也就是说任何企业应该把市场平均利润作为预算责任指标的最低标准。

（七）预算管理着重于结果考核而非过程控制

在预算管理的实践中，一般在年初确定预算责任指标并分解落实到各责任主体，以年终考核责任指标的完成情况为基础进行奖罚。基于预算管理的有奖有罚、奖罚分明的机制，有助于激励和约束各责任主体切实完成被下达的责任指标。然而事实并非如此，责任主体会寻找各种借口，特别是寻找各种客观原因和外部原因（如相关权力不配套、相关部门不配合等）作为推脱责任指标不能完成的借口。造成这种现象并非没有一定的理由和客观基础，其一是预算责任指标的确定是建立在预期基础上，这种预期很难做到客观正确；其二是预算责任指标是以一定的前提条件为基础的，但这些条件会随时间的变化而改变，预算管理的内外部环境发生变动可能会导致预算指标不能完成；其三是预算责任主体的主观能动性和积极性也是不确定的。如果预算管理着重于结果考核，等到所有的这些因素造成的后果成为既成事实，即使亡羊补牢也已经晚了。这当然不是预算管理之目的，预算管理就是要保证预算责任指标的充分实现。为此，必须要着重过程控制，如果过程控制能自动和必然实现结果，结果考核就变得不再重要。过程控制要自动和必然实现结果，关键就是要不断发现预算执行的差异，找出不利因素，并采取各种措施化不利为有利、化被动为主动（责任主体的主观能动性），尽可能通过重新组配资源或寻找资源保证预算责任指标的最终实现，也就是客观条件变化了，但通过主观努力，没有条件也要千方百计地创造条件实现责任目标。这正是预算管理主观能动性的内核，也是过程控制能够最终实现预算目标的基石。

（八）预算考核主要是分析预算责任指标完成或未完成的原因，从而确定相关责任主体是否应该承担责任

通常的结果是找原因变成了找借口，使得预算考核形同虚设，责任承担不到位。正如误区之七所述，如果过程控制自动实现了结果，预算考核就不再重要，如果过程控制中不断分析预算执行差异的成因，并规避和消除那些不利原因，预算考核结果的原因分析就没有了必要性。现实的状况是，由于轻过程控制重结果考核，使得预算考核的原因分析成为必要，不仅要了解这些原因特别是不利原因（在过程控制中未被分析），而且客观上这些原因确实仍然存在（未在过程控制中规避和消除）。伴随而来的问题是各责任主体借助这种原因分析寻找完不成预算责任指标的口实，预算考核或在一遍争吵声中不了了之（主客观原因难以界定），或在自圆其说的圆满分析中得到本该这样或只能这样的结论。既然这样为何还要进行预算管理、为何还要进行预算考核？预算责任指标是最低标准，就是必须完成，不可争辩。所谓考核不是找寻不能完成责任指标的借口，而是当未能完成责任指标时如何处罚，当完成或超额完成责任指标时如何奖励。只有这样，预算约束才是刚性的，软的预算管理不是真正的预算管理。

正是预算管理的上述误区导致了预算管理的软约束，从而出现了前面的那些预算问题或陷阱，为此，确有必要完善和改进当前的预算管理。为了完善和改进当前的预算管理，一方面要将预算的整合作用充分地发挥出来，另一方面将企业的整个业务体系按照预算的要求进行再造，即实施整合预算。

第三章　基于"事"和"人"的预算整合

预算管理首先是通过预算责任指标（或者目标）的确定、分解、落实和执行得以实现，为此就必须将预算责任指标分解落实到"事"和"人"上。一方面需要确定通过做哪些事才能实现预算责任指标，另一方面，预算责任指标需要通过哪些人做这些事才能最终实现。在此基础上，再针对"事"和"人"进行相应的资源配置，并赋予"人"与承担的责任相适应的权力，以及根据预算责任指标完成的程度确定应分享的利益。

一、预算整合：基于"事"的预算

预算管理首先就是要确定通过做哪些事达成预算目标，通过将所做的这些事与预算目标连接，就实现了把所要做的事情与预算目标进行有效的整合，这样就产生了基于"事"的预算整合。传统的预算体系更强调一套价值指标的组合，甚至只是一套财务指标的组合，事实上，这些价值指标或者财务指标一方面必须要以做哪些事作为支撑，另一方面，价值指标或者财务指标本身就是直接对所做事的反映。或者反过来说，只有做这些事，这些价值指标或者财务指标才能存在，如没有销售就不可能有销售收入和销售成本的价值指标。

预算体系不同于预算管理体系，预算管理体系是预算管理目标、主体、客体、程序、方法、机制及其相互关系的一个有机整体。而预算体系主要是指为实现预算总目标而形成的一个相互联系、相互制约的指标体系，这一指标体系不仅确定了通过做哪些事才能实现预算总目标，而且通过将预算总目标分解落实到人确定了通过哪些人才能实现预算总目标。就后者在下达预算责任指标的同时，还必须明确各责任主体相应的权力和利益，从而成为一个完整的权、责、利主体。一般认为，预算总目标就是在一定时期要实现的目标利润，目标利润主要是站在股东的角度提出的，事实上，企业的目标也可以从企业角度出发提出，称之为企业价值最大化。如果从企业价值最大化的视角出发，以目标利润作为预算的总目标有点失之偏颇，因为企业不仅包括股东，也包括经营者群体和员工群体，如果加上政府行为的作用，也必然包括政府。实际上，只有这四个主体的参与，企业才能创造价值，这一价值就是指企业的全部新增价值，包括股东分享利润（债权人分享的利息）、政府收取的税费、经营者群体取得的薪酬、员工的工资。这样就产生了预算总目标到底是目标利润还是全部新增价值的讨论，在我国，只是编制损益表，最终要披露股东的利润。在欧美发达国家不仅要编制损益表，还需要编制增值表，而增值表恰恰是要披露企业的全部新增价值，并说明参与企业价值创造的四个主体在全部新增价值中的分配份额。尽管如此，欧美发达国家仍然以目标利润作为预算编制的基础，主要在于其他主体参与企业新增价值的分配都是先于股东的，所以，以目标利润作为预算编制的基础就意味着其他主体的收益目标也能够得以实现。同时，在两权分离的条件下，由于所有者和经营者存在委托代理契约关系，为了协调这种关系就必须要借助一种有效的手段，实践证明预算体系就是最为有效的手段，更直接地说，它是一种能够协调委托代理关系的最为完善、合理的契约。一方面，通过目标利润确定了所有者与经营者之间的权责关系，另一方面，通过预算指标的分解落实，为这种权责关系的实现提供了实现基础。

基于"事"的预算体系就是要把目标利润的要求落实到企业的每一项业务活动中去，这里的"事"首先就是指各项业务活动，企业的业务活动包括哪些？资产负债表作为结果报表包含了企业的一切业务活动，在资产负债表的负债与所有者权益一方，一方面，除利润之外的负债及所有者权益是筹资活动的结果，另一方面，利润（未分配利润）是经营活动的结果，在资产负债表的资产一方，企业通过筹资或经营活动取得的资金购买各项资产是投资活动的结果。所以，一个企业的全部业务活动包括筹资活动、投资活动和经营活动，它们的关系是通过筹资取得资金，通过投资将取得的资金购买各项资产，为生产经营活动提供前提条件，最后，通过经营活动取得利润。而从预算体系的角度出发则正好与此相反，就是为了实现预算目标利润企业必须展开各种经营活动，而为了进行这些经营活动必须要进行各种合理有效的投资，伴随投资的增加相应就必须进行筹资。所以，预算目标利润是预算编制的起点，为了实现这一目标利润，企业必须进行经营活动、投资活动和筹资活动，或者说，所有这些活动都必须紧紧

围绕预算目标利润的实现而设立和展开,这就是基于"事"的预算整合的内核。基于"事"的预算整合的框架如下:

(一) 预算体系的起点:确定预算目标利润

预算体系是以预算利润目标利润为起点形成的,预算目标利润的形成具有以下特征:

1. 提出预算目标利润的主体是出资者(股东)。

从理论上讲,任何出资者投出资本都具有其风险偏好及其相应的报酬预期,两权分离后,出资者的风险偏好和报酬预期是通过企业的经营范围的限定和与此相应的利润预期得以体现。只有当经营者按照出资者所规定的经营范围进行经营并实现其预期利润时,经营者才会被聘用或续聘。显然,出资者是两权分离的公司制企业的预算目标利润的提出者。这不仅反映了出资者进行投资的目的,也体现了出资者的基本权益以及对经营者的约束,同时,也表明了经营者对出资者的责任。在直接实物投资时,出资者直接给经营者提出应达到的投资报酬率;在采用间接证券投资时,出资者通过对证券的买卖间接限制经营者必须达到的最低投资报酬率。高于该报酬率时就长期持有;否则将证券出售。

2. 预算目标利润是资本净利润率或每股净收益。

从长远来看,出资者追求自身财富的最大化,表现为企业的市场价值最大化。但就每一个预算期而言,则必须在保证资本保值的基础上,资本净利润率或每股净收益尽可能最大化。如果持续看,每一期的资本净利润率和每股净收益最大,则企业的市场价值最大。

3. 预算目标提出的依据是市场平均利润。

在市场经济条件下,由于竞争规律的作用形成平均利润,企业不能获得平均利润就会被市场淘汰。就一个具体企业而言,由于所处的行业和地区不同,所应达到的资本净利润率和每股净收益应与相应行业和地区的平均净利润率相一致,这主要是考虑不同地区和行业的资源和环境差异所形成的垄断利润。平均资本净利润率和每股净收益是确定预算的基本标准,由于每个企业在行业中的竞争地位不同,为了维持自身的竞争地位或者提高自身的竞争优势,每个企业在确定预算目标利润时,就必须以不同地区和行业的平均资本净利润率和每股净收益为基础,根据自身在行业中的竞争地位和预期需要达到的竞争优势确定自身的这一目标。如企业在整个行业中处于龙头地位,在确定自身的预算目标利润时,平均资本净利润率和每股净收益就必须要高于所有其他企业，而不仅仅只是高于行业的平均数。

（二）预算体系的循环：基于"事"的预算体系

在确定了企业的预算目标利润的基础上，就必须紧紧围绕这一目标的实现整合所有必须要展开的预算事项，也就是要确定通过做哪些事才能实现预算目标。实现预算目标利润所要做的这些事之间也存在一个内在的逻辑，正是这种内在逻辑就构成了预算体系循环的基础。预算体系循环过程如下：

1. 以预期资本净利润率（每股净收益）为基础确定目标利润。

出资者确定并提出预算年度资本净利润率，以此为基本依据，经过与经营者的讨价还价最终确定企业的预算期资本净利润率。以该净利润率乘以预算年度的期初所有者权益，得到预算目标利润。如果预算期追加了资本金或者增加了所有者权益，应按投入时间折算列入预算年度的所有者权益总额之中。对于高额负债经营的企业，资本金极少，则可以采用总资产息税前利润率指标，以息税前利润总额作为目标利润。

2. 以预算目标利润为起点确定销售预算（或者经营预算）。

目标利润的实现直接依赖于企业的经营活动，企业的经营活动广义地讲包括利润表中的主营业务、其他业务、投资业务和营业外业务。每一项业务活动的进行一方面会形成收入，另一方面也会发生成本费用，这些收入和成本费用是利润的形成基础，要保证预算目标利润的实现就必须要对每一项业务活动进行收入和成本费用的预算，这四项业务活动的收入和成本费用预算必须确保预算目标利润的实现。四项业务活动又分别是由若干细分业务活动所组成，经营预算必须根据这些细分的业务活动进一步预算相应的收入和发生的成本费用，这些收入和成本费用必须与每项业务活动的收入和成本费用相衔接。

企业的经营活动主要是销售活动，就以销售预算即主营业务预算为例进行说明，首先必须确定主营业务的总收入和总成本费用，主营业务的收入预算就是销售预算，销售预算必须以市场需求为基础进行编制。销售预算的编制是以销售成本和相应的税费率不变为前提的，这一预算的关键是确定已经营的产品的市场销量和售价。销售预算应该确保在成本和税费率不变的情况下，如何通过扩大销量，争取价格优势，以最大限度地保证预算目标利润的实现。销售预算确定后，应按不变成本和不变税费率计算预期可能实现的税后净利润。在与所要求实现的预算目标利润比较后，其差额就是成本费用应该降低的最低目标值。如果销售预算的结果能够达成目标利润，成本费用的降低就不是按目标值被迫降低的过程，而是主动挖掘降低成本潜力的过程。编制销售预算就是使目标利润转化为市场可实现过程，销售预算可以进一步细分为按每一种商品或者服务活动予以编制。

在销售预算编制的基础上必须确定生产预算，生产预算应该与销售预算进行衔接，其衔接公式是：

$$生产量 = 销售量 + 期末库存量 - 期初库存量$$

在生产预算编制的基础上还要编制采购预算，采购预算应该与生产预算相衔接，其衔接公式是：

$$原材料采购量 = 原材料生产需要量 + 原材料期末必要库存量$$
$$- 原材料期初库存量$$

不难看出，销售预算基于"事"的整合体系的逻辑结构按照两个方面衍生：一是按照构成销售的业务活动由顶层到底层逐步细化，形成一个金字塔状的纵向业务体系，这一体系具有因果关系的特征，结果就是目标利润，原因就是分层的实现目标利润所做"事"的体系；二是按照与销售有关的各环节的业务活动，环环紧扣，逐步延展，形成横向的业务体系，这一体系具有条件和结果的关系特征，结果就是为实现目标利润必须达到的销售量，以销售量为结果要求每一个上一环节为这一结果的实现提供条件，这样就形成了按环节为实现目标利润所做"事"的体系。

3. 以销售预算（或者经营预算）为基础制订成本费用预算。

销售预算的制订是以假定成本费用不变为前提的，事实上，成本费用必然会发生变化，市场变化和企业内部管理的改善都会导致成本费用的变动。确定成本费用预算有两种可能前提：

（1）销售预算无法实现目标利润，其差额成为成本费用预算所必需的最低降低目标，降低后的成本费用也称为目标成本费用，或者成本费用的最低预算目标。在成本费用预算中，通过对市场变化的预期和企业内部管理的改善，尽可能确保目标成本费用的实现。

（2）销售预算已实现目标利润，相应成本费用预算不存在一个目标降低值。尽管如此，成本费用预算仍必须尽可能挖掘降低成本费用的潜力。

在销售预算的基础上必须进一步确定成本费用预算，成本费用预算的目标必须以上述两个方面所确定的数额作为基础，它通常是以单位产品成本费用的降低额作为标准，这就要求针对每一种销售的产品确定单位产品的成本费用的降低额。每一种产品的单位产品成本费用又是由若干成本费用项目构成，有必要将单位产品成本费用降低额分摊到每一项成本费用项目上，以此细分到每一项作业上，这样，就产生了构成成本形成原因的金字塔状纵向业务体系，这一体系的塔座就是各项作业，显然，这就是形成成本费用预算的"事"的体系。每一项产品的成本费用又是由企业业务活动的各个环节逐步转移累积形成的，所以，单位产品成本费用预算目标的实现还有赖于业务活动的各个环节对成本费用的预算控制，为此，必须确定各个环节的预算目标。如每一种销售产品的原材料成本，是经由生产、储存、采购各上游环节逐步累积形成的，为此就必须把成本费用的预算降低额分配到各个环节中去，借此就形成了按环节实现成本费用预算目标所做"事"的体系。

以上只是以主营业务进行说明，除此而外还包括其他业务、投资业务和营业外业务，这些业务活动的收入和成本费用预算也必然按照上述逻辑结构形成基于"事"的预算体系。在对每一项业务活动的收入和成本费用进行预算的基础上还必须进行期间费用的预算，期间费用的预算都可以按照金字塔状的纵向因果关系追溯至各项作业上，也可以按业务环节追溯至每个业务环节的相关作业上，从而形成一个纵横交错的基于"事"的费用预算体系。在此基础上形成预计利润表。

4. 以销售和成本费用预算为基础确定投资预算。

销售预算有可能涉及销售量的增加或者新的销售业务的拓展，而成本费用预算要求降低成本费用，这些预算目标的实现都必然会涉及增加投资，由此就产生了投资预算。广义的投资预算不仅包括资本预算，还包括资产负债表资产一方所有增加资产的预算。投资预算涉及两个方面：一是扩大生产经营规模增加销售额（规模经济），或扩大经营范围增加销售额（范围经济）；二是增加投资以降低成本费用，有的成本费用的降低项目必须要进行投入从而形成投资预算。由于投资预算涉及资产负债表的资产一方的各项资产在预算期的预算数额的确定，所以，必须分别每一个资产项目进行预算。由于每一个资产项目变动的业务原因不同，所以，必须根据每一个资产项目所形成的业务原因构成一个金字塔状的业务预算体系。同时，有的资产项目还涉及企业经营活动的若干业务环节，也有必要按环节形成相应的预算体系，如存货资产的预算体系不仅涉及每一个环节存货资产的预算数额，而且，每一个环节的存货资产预算数的增加或减少又与这一环节的业务活动密切相关；固定资产投资预算也具有类似的特征，在每个业务环节都可能涉及固定资产投资,所以按环节编制固定资产投资预算,而在每一个环节的固定资产投资预算又是由许多要素构成的,相应就按要素编制固定资产投资预算。

5. 以寻求现金收支平衡为基础制订筹资预算和现金流量预算。

销售预算、成本费用预算、投资预算必然带来现金的流出流入,它成为编制现金流量预算的基础。当企业现金流入量小于现金流出量时,企业需要通过筹资以弥补现金短缺。在企业的资金需要中,有的资金需要是长期的、稳定的,如整个资产负债表中的资产平均占用量增加就意味着增加的资金必须是长期的;有的资金需要是短期的、临时的,如资产负债表中的存货、应收账款可能会因季节变化而变化,这就意味着增加的资金具有短期性和临时性。就前一种资金需要,通常要列入筹资预算之中,而后一种资金需要因其临时性而无法列入年度预算,而是通过动态的现金流入流出匹配的理财活动予以实现,可以通过短期的现金流入流出预算实现平衡。

此外,企业也可能出现现金盈余,这样,既可以将盈余的现金进行保留,也可以通过投资避免现金沉淀,如现金盈余也可能是长期的、固定的,对于这种现金盈余就可以进行长期投资,这种投资就应该纳入投资预算之中;如果现金盈余是短期的、临时的,对于这种现金盈余有可能进行保留,也可能进行流动性、变现性较强的投资,这种投资属于日常经营活动的范畴,不列入投资预算。

现金流量预算把一个企业的目标利润及其相应的经营预算与筹资或投资预算衔接起来。通过经营预算会形成相应的现金流入或现金流出,而投资预算必然引起现金流出,如果经营预算中的现金流入与经营预算中的现金流出和投资活动的现金流出能够实现时间和数量上的匹配,这时,就无须筹资预算。当不能实现时间和数量上的匹配时则必须进行筹资,从而形成了现金流量中来自于筹资活动的现金流入。这种通过现金流量预算而使起点的目标利润和终点的投资或筹资预算相衔接的预算的内在关系可称为预算循环,现金流量预算是循环的终点又是循环的起点(见图3-1)。

从图3-1中可以看出,在现金流量预算(也就是预计现金流量表)的基础上最终形成预计资产负债表,一方面是由于资产负债表所涉及的筹资活动、投资活动和经营活动与现金流量表中的来自于经营活动、投资活动和筹资活动的现金在结构上完全匹配;另一方面,只有在确定现金流量表的基础上才能确定资产负债表中的货币资金的期末余额和有关筹资活动

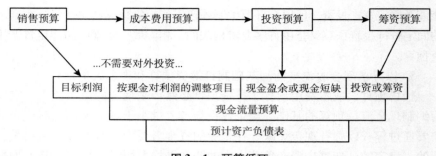

图 3 - 1　预算循环

的预算数。事实上，资产负债表是结果报表，企业的经营活动、投资活动和筹资活动的结果最终都要归集到资产负债表中，在预算体系的循环中，预计资产负债表也具有结果的特征。

从上面的分析可以看出要形成整个预算体系，必须解决三个方面的问题：一是整个预算循环体系按照什么样的路径形成；二是每一项预算包括经营预算、投资预算和筹资预算（现金流量预算）必须按业务环节形成预算体系；三是每一项预算包括经营预算、投资预算和筹资预算（现金流量预算）在每一个业务环节都必须按其形成的业务原因构成金字塔状的业务预算体系。这样才能构成基于"事"的预算整合体系。

二、预算体系：基于"人"的预算整合

预算体系要说明靠做哪些事才能完成预算目标利润，这样就形成了基于"事"的预算体系。通过这一体系，把企业所有要做的事与预算利润目标连接起来，从而形成了基于事的预算整合；预算体系要说明靠哪些人才能完成预算目标利润，这样就形成了基于"人"的预算体系。任何事都必须依靠人去做，在企业中先确定要做哪些事，然后再决定由哪些人去做，预算体系也不例外，先确定做哪些事完成预算目标利润，然后再决定由哪些人去完成这些事，才能确保预算目标利润的最终实现，这种基于"人"的预算也称之为责任预算。通过基于"人"的责任预算体系，把每个人所要做的事与预算目标利润连接起来，从而形成了基于"人"的预算整合。基于"人"的预算整合首先必须把实现预算目标利润所要做的事分解落实到企业中的每一个"人"身上，从而形成了每一个"人"所要完成的预算责任指标，当每一个"人"都能完成预算责任指标时，预算目标利润就

能最终得以实现。这里每一个"人"事实上就是指企业内部为完成预算责任指标所形成的一个组织单元，这种组织单元是以价值目标为基础所形成的责任中心，它可以是指，一个部门、一个岗位或者一个人。基于"人"的预算整合必须要实现三个目标：

（一）基于"人"的预算整合必须把企业中所有"人"的行为目标与预算目标利润有机地协调起来

既然企业的目标是通过预算目标利润的形式得以表现，那么，企业中的每一个"人"都必须为实现这一目标而协同动作。达成这一要求必须将预算目标利润分解落实到企业中每一个"人"身上，一方面，使得企业预算目标利润通过分解形成了一个预算责任指标体系，每一个预算责任指标就是预算总目标的一个分目标，所有的分目标的有机结合就能最终构成预算总目标，或者说，就能保证预算目标利润的最终实现；另一方面，使得企业中的每一个"人"的行为目标有了更加明确的方向，如果说预算目标利润是整个企业努力的方向，那么，这一方向要转化为企业中每一个"人"的方向，就必须更加具体，这一具体性体现在必须与每一个"人"所做的事密切相关。出纳的业务是组织现金收支、进行现金账务处理，而业务目标是保证现金的安全和现金账处理的数量和质量，同时，要控制安全成本、记账成本；清洁工的业务是清洁卫生，而业务目标是清洁面积和清洁质量，同时，必须控制清洁成本；销售员的业务是销售，就是必须把商品出售给顾客，而业务目标自然就是要完成销售量，同时，要实现销售收入，控制销售费用和坏账损失。不难看出，把企业的预算目标利润分解落实到企业中的每一个"人"身上实际上是按照两个路径展开的：其一是价值路径，就是把预算目标利润的各构成要素，通常包括收入、成本、费用分解落实到企业中的每一个"人"（责任人）身上，形成每一个人的预算责任指标（或预算责任指标）；其二是业务路径，就是企业中的每一个人要实现预算责任指标必须要开展哪些业务活动，以及这些业务活动所要实现的业务目标。由于企业中每一个"人"所要完成的业务存在质的差异，从而导致每一个"人"的业务活动目标也存在根本的不同。尽管如此，通过预算体系将企业中的每一个"人"的不同质的业务活动及业务活动目标与同质的预算责任指标有机地连接起来，就能使得每个企业中的每一个人不仅有事做，并且做这些事就能够实现所分解的预算责任指标，从而保证预算目标利润的最终实现。这正是预算体系能够把企业中所有"人"所做的事进行有机整合的本质所在。

（二）基于"人"的预算整合必须把企业中每个"人"的利益与企业的整体利益，或者更直接地说与出资者的利益有效地协同起来

如果说预算目标利润是出资者提出从而反映了出资者的利益，那么，基于"人"的预算体系就是要把出资者的利益与企业中每个"人"的利益以及企业中每个"人"之间的利益有效协同起来。实际上，参与企业价值创造的主体包括政府、出资者、经营者和员工，由于每一个主体提供的创造价值的要素都是不可或缺，并具有不同质性，这就意味着所有的主体都必须分享企业的收益，但由于提供要素的不同质性使得这种分享难以找到统一的分配标准。

基于"人"的预算体系就是要把提供不同质要素的各利益分配主体的利益有效地协同起来，其中，政府的利益是通过税收强制得以分享，是事先的税法规定，在预算中，必须根据税法的有关要求直接进行确定。而对于出资者、经营者和员工就必须通过基于"人"的预算体系协调、确定各自的利益分配关系。在预算体系中，这种关系是按照什么样的路径形成的？

出资者通过提出目标利润，成为预算体系形成的起点，这一起点不仅成为企业所有人的行为目标，也成为出资者收益分享的要求；通过基于"事"的预算体系，将这一目标利润的实现落实到企业中每一项"事"（或者业务）上；又将每一项事分解落实到企业中的每一个"人"身上，每一个"人"完成这些"事"既会带来收入，也会发生成本费用。收入是出资者目标利润实现的基础，而成本费用是实现收入的必要前提。其中，成本费用包括物料消耗而转移的成本，也包括新创造的价值中的人工成本，这一人工成本就是企业中的每一个"人"所应分享的收益。站在出资者的角度是成本，站在经营者和员工的角度是收益。出资者、经营者和员工必然会为自己所分享的收益进行讨价还价，并最终在基于"人"的预算体系中确定这种收益分配关系。

简单地讲，这种收益分配关系包括两个方面，一是经营者和员工为出资者带来多大的收入时相应就应该分享多少作为成本的工资以及其他相应的费用开支。所以，在基于"人"的预算体系中，企业中的每一个"人"必须根据其所做的业务确定业务量目标，并根据业务量目标的完成程度确定相应的收入预算和成本费用预算。对于不能直接取得收入的业务则直接根据业务量目标的完成程度确定相应的成本费用预算，如清洁工清洁卫生

的业务就没有相应的收入而只有相关的成本费用，这时就必须将相关的成本费用与业务量目标的完成程度直接挂钩。其中，成本费用与相关收入或业务量目标挂钩的利益分享部分是每个"人"所要分享的工资和相应的费用开支额度。这正是基于"人"的预算所必须也能够解决的问题。二是企业中的每一个"人"之间，主要是指企业内部各环节、各部门、各岗位之间的收入或成本费用的转移关系的协调。在理论分析中已经提出，之所以要进行基于"人"的预算，就是要在大规模的群体劳动的公司制企业中，让每个员工还能感觉到为自己而工作，这样每个员工就必然为了自己能够分享更多的收益而辛勤劳作。既然每个员工都是一个利益相对独立的预算责任主体，他们必然为了自身的利益对上下游所形成的内部转移价格（上游的内部转移价格即为成本费用，下游的内部转移价格即为收入）斤斤计较，并通过讨价还价的方式形成均衡价格。所以，在基于"人"的预算体系中，合理地确定这种内部转移价格不仅成为预算责任指标确定的前提，也成为企业中每一个"人"收益分享的基础。

（三）基于"人"的预算整合必须把企业中每个"人"的权力与所承担的责任有效地协同起来

预算责任的完成必须拥有相应的预算权力，也就是必须实现权力与责任的对称。这包含了两层意思：一是本着干什么就管什么，管什么就给予什么权力，从而实现权力与责任的一致性，这主要是就权力与责任的内容的一致性而言；二是责任越大赋予的权力必须越大，这就是在权力与责任的内容相称的条件下，还必须实现权力大小与责任大小的匹配。

在基于"人"的预算中，首先必须要弄清楚一个企业为了完成预算目标到底有哪些权力，这些权力应该怎样被分配到每一个预算责任主体上。一个企业为完成预算责任指标所需要的基本权力包括事权、人事权、财权、物权、信息权等。

事权是指做事的权力，也可以称之为业务权。企业及其企业内部的每个环节、每个部门和每个岗位的设置就是为了履行某种业务功能或完成某项作业，也就是说，它们是为了做事或者为了开展某种业务而设置的。在基于"人"的预算中，每个"人"不仅要承担预算责任，更需要通过做事或者开展业务才能完成预算责任指标，为此就必须要享有与预算责任相称的事权。这种事权包括做哪些事、怎么做事的权力。

人事权是指对人员的进出和使用考核的权力，要做事必须有相应的人员、必须要确定人员的使用和考核规则、必须要建立对人员的奖罚机制。在基于"人"的预算中，每个"人"不仅要承担预算责任并通过做事以完成预算责任指标，而要做事必须要有人来担当，要发挥人的积极性就必须要建立一整套人事管理规则和激励约束管理机制。为此，就必须享有与预算责任相称的人事权。这种人事权包括用什么人、用多少人、怎么用人的权力。

财权是指投融资权、成本费用开支权和现金使用权，要做事必须要有资金，也必须要发生成本费用，也就是必须要有财权。在基于"人"的预算中，每个"人"不仅要为完成预算责任指标做事，而且要做事必然要具备一定的现金收支和成本费用权限。人们做事的过程也就是开展业务活动的过程，在这个过程中必然伴随着资金的运动和成本费用的发生，没有资金作为基础业务活动就无法展开，没有成本费用的支出就不可能取得收入，为此，就必须享有与预算责任相称的财权。这种财权包括是否拥有投融资权、成本费用开支权和现金支配权及其权限的大小。

物权是指资产占有、使用和处置的权力，要做事必须要有资产基础，也就是必须要有生产经营的手段和对象，前者一般称之为固定资产，后者一般称之为流动资产，没有这些资产巧妇也难为无米之炊。在基于"人"的预算中，每个"人"不仅要为完成预算责任指标做事，而且要做事必然要具备物资条件。人们做事的过程也就是进行生产经营活动的过程，任何生产经营活动都必须具备物资基础，必须要有生产经营的土地、厂房、设备，也必须要有作为生产经营对象的原材料，没有这些物资基础，人们从事生产经营活动就失去了手段和对象，为此，必须享有与预算责任相称的物权。这种物权包括是否应该占用资产、占用什么类型的资产、占用多少资产。

信息权主要是指知情权，要做事就必然要掌握与此相关的信息，这种信息包括在做事的过程中所产生的与做事有关的信息以及为做事而必须事先了解的信息，前者是做事的必然结果，后者是做事的必然前提。在基于"人"的预算中，每个"人"不仅要为完成预算责任指标做事，而且要做事必然要具备信息条件。人们做事的过程也就是进行生产经营活动的过程，进行生产经营活动必然会产生各种各样的信息，这些信息归结起来就是生产经营活动的结果信息以及形成这种结果的原因信息，每个"人"必然要了解预算责任指标执行的结果及其形成原因的信息，特别是导致预算执行偏差的原因信息，这种信息必然为纠偏决策提供支持。进行生产经营活动也必须要有前提信息，如国家宏观经济走势、产业政策、市场供求状况等信息，知晓这些信息是开展生产经营活动的前提条件，为此，必须享有与预算责任、权力相称的信息权。这种信息权包括是否应该知晓信息、知晓什么类型的信息、知晓多少信息、怎么知晓信息（如何获得信息）。

基于"人"的预算，不仅要把整个企业的各种权力根据每个责任人所承担的预算责任的内容进行分解，即实现干什么就管什么，管什么就给予什么权力，实现权责内容上的匹配。如果有责任而没有权力，责任很难履行，并且由于权力边界不清有可能导致责任边界也不明，也就是说责任人的责任不能履行是由于他人行权或者侵权的结果，从而导致责任推诿现象的发生。从某种意义上说权力就是责任，没有权力的责任，责任的履行就没有保障，而没有权力也必将成为不履行责任的托词。所以，在基于"人"的预算中，必须要实现每一个"人"的权力与责任相匹配，做到有责有权。尽管如此，每一个"人"并非可以获得无限的权力，在分权而治和分层分权管理的条件下，每一个"人"所获得的权力都是有限的，有限的权力与有限的责任相称，也就是要实现权力大小与责任大小的匹配。如在公司制企业中，投资权就会在股东大会、董事会甚至总经理班子之间进行分割，而销售定价权也可能在总经理班子、主管销售的副总经理、销售部和销售人员之间进行分割。这里最为重要的是不仅要在各个层级之间进行权力分割，而且必须要实现各个层级上的权责对等。所以基于"人"的预算的根本目标就是要在确定每个"人"的预算责任指标的基础上，分别落实每个"人"必须享有的基本权力。

怎样才能实现基于"人"的预算所要达成的三个目标？基于"人"的预算所要实现的三个目标之间存在内在的关系，把预算目标利润分解落实到每个"人"从而形成责任预算，同时把每个"人"的责任预算与预算目标利润有效的协同起来；为了使每个"人"都能有内在的动力去完成预算责任指标必须使每个"人"都能够从责任指标的履行中分享收益，从而实现预算责任与分享收益的有机结合，也就是把责任与利益有效地协同起来。与此同时，还必须实现企业中每个"人"的利益之间的均衡以及每个"人"的利益与企业整体利益的均衡；为了使每个"人"能够完成预算责任指标还必须使每个"人"都能够享有基本的权力，这种权力不仅要能保证预算责任指标的完成，还必须有助于清晰的界定预算责任履行的边界。简而言之，三者的联系是预算中的每个"人"为了获得自身的利益而履行预算责任，要履行预算责任还必须要享有相称的预算权力，这里，预算责任的确定是预算利益和预算权力确定的前提，所以，基于"人"的预算要达成上述三个目标需要按照以下路径展开：

1. 确定预算中的每个"人"所必须要做的事。

预算中的每个"人"就是预算责任人，包括企业内部的各个环节、各个部门和各个岗位，企业设立这些环节、部门和岗位首先就是要使他们能够履行某种生产经营功能以致实施某种作业，这些功能或者作业就称之为所要做的事。只有预算中的每个"人"都能够各行其是、各履其职，预算目标利润的实现才有基础。做到这一点就是要把企业的整个生产经营活动逐一分解落实到企业内部的各个环节、部门和岗位上去，并将这些活动全部转化成作业，由此就产生了作业分析。作业分析至少包括以下环节：一是确定某项作业存在的必要性，就是要分析此项作业对生产经营活动的不可或缺性，如果缺少此项作业生产经营活动就不可能正常进行或者生产经营活动就会产生质量瑕疵；二是分析某项作业的运行有效性，不仅包括设计某项作业所要完成的动作，每个动作需要经过的程序，而且也要设计相关作业的协作关系。为了提高某项作业的运行效率，进行作业分析的根本目标就是要实现动作和流程的标准化；三是将若干相关的作业有效的组合在一起形成岗位，将若干关联的岗位配置在一起形成部门，这样就使得企业所有的生产经营业务有了实施的主体。

2. 确定预算中的每个"人"所做事与哪些预算责任指标相关。

预算中的每个"人"做事也就是作业必然会产生相应的收入或者成本费用，而预算目标利润的实现是以这些收入和成本费用为基础的。为了保证预算目标利润的实现，就必须将形成预算目标利润的各项收入和成本费用指标与相关的作业有效地连接起来，或者必须分析每项作业可能形成哪些收入和哪些成本费用项目，这是实现作业与预算指标对接的前提。做到这一点，必须进行作业的价值分析和作业的成本分析，它们是西方管理会计中普遍采用的方法，其目的就是为了理清作业与价值、作业与成本的关系。它不仅为会计核算提供了新的基础，更为预算管理提供了重要前提。没有这两种分析方法，就很难找出每一种作业与相关的价值和成本项目之间的关系，也就很难对预算中的每个"人"进行预算指标的分解。如果我们把路径一和路径二联系起来就能找到一种内在的逻辑关系，在作业分析的基础上形成岗位和部门，它们成为预算中的责任人；再根据作业与相关收入和成本费用项目的关系，将预算责任指标分解落实到相应的岗位和部门也就是预算中的责任人上。这样，预算中的责任人就成为预算的一个责任单元即预算责任主体，只有当预算责任指标落实到企业的岗位和部门，它们才能成为"预算责任"主体，否则只是一个业务主体。

3. 确定预算中的每个"人"所做事与相关预算责任指标的数量关系。

如果说路径二是确定预算中的每个"人"所要分解落实或者考核哪些预算责任指标，那么路径三则是要确定这些预算责任指标所要分解落实的具体数量，这是基于"人"的预算的最难点。为了将预算责任指标分解落实到每个"人"，必须要解决两个基本问题：

（1）必须根据每个"人"所做"事"的数量多少和难易程度分解落实相关的预算收入和成本费用指标，如销售岗位就必须对其进行销售收入、成本费用的预算指标的分解。在进行分解时，不仅要考虑每个销售岗位完成销售业务量的数量大小和难易程度分解销售收入预算指标，如区分不同地区的销售难度，对相应地区的销售岗位所要完成的销售收入预算指标进行差别化分解；而且要考虑每个销售岗位为完成销售收入预算指标所必须要开支的成本费用，分解成本费用预算指标。如为完成销售收入预算指标必然要发生招待费用，由于不同地区的销售难度不同，就应该对相应地区的销售岗位为完成销售收入预算指标而开支的招待费用进行差别化分解。通过这两个方面的分解就是要实现收入和成本费用预算指标与每个岗位的业务量之间的衔接，在这里，最为重要的是要确定每个岗位的业务量以及单位业务量所带来的收入和必须开支的成本费用。如何确定每个岗位的业务量，大体上可以分为以下三种方法：

①业务量是由企业的外部市场决定时，则可以以市场的平均标准结合企业的市场地位进行确定。如销售岗位的销售量必须要以行业每一个销售人员的平均销售水平为参照，结合本企业在行业中的竞争力排位予以确定。如果本企业在行业中的排位靠前，每个销售人员的销售量就必须要高于平均水平；如果本企业在行业中的排位是第一，每个销售人员的销售量比之于其他企业销售人员的销售量也必须处于第一的水平。

②业务量是由企业自身的生产经营条件所决定时，则可以参照这些条件的优劣予以确定。如生产岗位的生产量往往受制于生产设备的技术性约束，则可以以生产设备所确定的技术上的业务量指标为基础予以确定。

③业务量必须通过作业标准化后予以确定，正如泰勒所进行的铲锹实验就是通过挖煤现场的标准化和挖煤作业的标准化，以确定每一个工人每一天的标准挖煤定额，进而就可以确定工人每一年的挖煤业务量。

对于不能由这三种方法确定的业务量则一般采取以经验数据为基础进

行测算的方法。在确定每个岗位业务量的基础上必须进一步确定相应的收入和成本费用的预算指标，这里最为关键的是要确定收入和成本费用与业务量的关系，就收入而言，就是要确定单位业务量的收入价格，则可以是预期的市场价格或通过企业内部各部门、各岗位讨价还价而形成的内部转移价格；就成本费用而言，必须把它们区分为固定成本费用和变动成本费用，固定成本费用主要是确定成本费用的预算总额，如固定资产折旧。变动成本费用主要是确定单位业务量的费率，如销售招待费用率，单位业务量原材料和人工耗量，这两者应尽可能通过作业环境和作业流程标准化使得成本费用额和成本费用率的确定有一个客观的标准。

（2）必须在每个"人"之间进行预算责任指标分解的有效均衡，更直接地说就是要在作为预算责任主体的各部门、各岗位之间实现所担当的预算责任的有效均衡，防止出现每个"人"所承担的预算责任畸轻畸重。从实践上说，如果预算责任指标分解的结果导致有的部门和岗位人人都趋之若鹜，而有的部门和岗位则无人问津或退避三舍，这就说明预算责任指标的分解没有实现均衡效应。如销售收入指标在不同地区的销售岗位的分解不考虑不同地区的销售难度，就会使得易销的地区的销售岗位人人都争抢，而难销的地区的销售岗位无人问津。不仅要在同类岗位之间进行预算责任指标分解的有效均衡，而且在不同类岗位之间也要进行预算责任指标分解的有效均衡。如清洁岗位打扫清洁的面积指标和相应的成本费用预算指标与保安岗位保安区域指标和相应的成本费用预算指标应该相互平衡。

（3）确定每个"人"的权力、利益与预算责任指标之间的关系，本着干什么管什么就给予什么权力的原则确定每个"人"的权力范围和权力大小，权力范围包括业务权、现金收支权、资产占用权和成本费用开支权，每个"人"所承担的预算责任不同，所享有的权力范围也不尽相同，如销售岗位必须对销售收入的收款承担责任，那么销售岗位就有一定限度的赊销权。权力大小则必须以承担预算责任的大小予以确定，如销售岗位承担的销售收入越多，销售岗位的赊销权限就应该相对较大。此外，还必须本着干什么以及干到什么程度就分享什么利益的原则确定每个"人"的收益分配范围和收益分配大小。收益分配范围以每个"人"所承担的预算责任指标的内容为基础进行确定，如销售岗位要承担销售收入、现金收回、销售费用等预算责任指标，则每一个预算责任指标的完成都可以分享收益；收益分配的大小以每一个预算责任指标完成程度为基础，通过确定相应的收入分配标准最终确定收入分配的数额，这里最为关键是要确定每一项预算责任指标完成后所应该分享的收入分配额，这一收入分配额不仅要考虑与预算责任指标完成程度的关系，即预算责任指标完成的越多，难度越大，分享的收益就应该越高；也必须考虑每个"人"之间包括各部门和各岗位之间的收益分配的均衡性，不能造成多劳者不能多得，少劳者反而多得的不均衡状态。

基于"人"的预算，一方面必须把企业内部所有人的行为都整合到预算的要求上来，使人人为完成预算责任指标承担责任，进行作业；另一方面必须实现每一个"人"的权力、利益与相关责任指标之间的相互匹配，同时，还要实现每个"人"之间的权力、利益和责任的相互均衡。通过基于"人"的预算不仅形成了企业内部组织体系的权、责、利的合理有效整合，也实现了企业内部资源的合理有效配置。

第四章 预算管理体系与预算管理思想

　　传统上大多认为预算是一种管理的方法和工具，实际上，预算作为一种管理体系和管理机制有着赖以形成的思想基础。这些思想不仅为预算管理体系的形成和有效运行提供了前提，同时也贯穿于预算管理体系的整个过程和所有方面，而使得预算管理体系具有了精神内涵或者灵魂显现。正是通过预算管理体系将这些思想有效地、系统地协同在一起，也正是通过预算管理体系将这些思想深深地植根和运用于企业管理的方方面面，直接地对人们的行为产生诱导作用，成为人们行为的价值准则，最终形成企业的文化体系。必须说明的是，没有什么能比思想更能支配和协同人们的行为，也没有一种比预算更好的体系能将众多的预算管理思想有效地整合在一起，并以系统和机制的方式直接影响人们的行为。

　　思想是客观存在反映在人的意识中经过思维活动而产生的结果。思想一旦产生就成为人们实践的指导。预算管理思想是从预算实践中产生的，并用以指导预算实践的一系列基本理论和基本原则的集合。预算管理思想具有以下特征：全面性，是指预算管理思想来自并体现在预算管理体系的各个方面和各个环节。任何把预算管理体系隔离开来判断、理解预算管理思想的做法都会导致形而上学。凝练性，是指预算管理思想是对预算行为、预算过程规律的高度抽象，揭示了预算的本质。但任何以预算行为和预算过程来直接理解或解释预算管理思想的做法都只会导致片面和机械主义。预算管理思想与预算管理机制有着必然的联系，预算管理思想是预算管理机制作用的必然结果，而预算管理机制的作用过程也必然体现预算管理思想，离开了预算管理思想作指导所构造的预算管理机制是难以充分发挥作用的。

　　在预算管理体系中所体现和贯穿的预算管理思想主要包括以下方面：

一、基于人本思想的预算管理体系

人本思想是预算管理最为基本和最为重要的思想。人类发展的历史就是一个不断凸显人的重要性的历史，一方面人类的发展促进了人类文明的进步，正是这种进步使得人的重要性不断被加强；另一方面人类社会的进步也集中表现为整个人类社会都把满足人自身的需要作为起点和归属点。当今社会维护人、尊重人和发展人成为社会的根本目标。

(一) 人本思想的本质

在早期的哲学中，以费尔巴哈为主要代表，提出了人本主义的哲学思想，主张以人作为一切社会活动的出发点，把人放在第一位。但该思想由于脱离具体历史和社会关系去理解人，把人仅仅看成是生物上的人，所以它在解释社会历史现象时陷入了唯心主义。人本思想不同于人本主义，在企业管理中，人本思想是指在企业经营管理活动中应把人放在第一位，人是决定和执行经营管理活动的主体因素。为了调动人的积极性和主动性，必须满足人的需要，把个人需要与企业需要结合起来。在管理决策中强调人人参与的重要性，让人们自己决定自己的行为，确立其主人翁意识。在管理领域，人本思想并不是与生俱来的，它经历了一个历史的发展变迁过程。

早期的管理思想源于科学管理学派。以泰勒为代表的科学管理学派强调人服从于标准的重要性，为了提高劳动生产率，在科学试验的基础上，制定出标准的操作方法，并用这种标准的操作方法训练全体成员，在此基础上制定出较高的标准。为了使成员完成这一标准，除了让成员掌握标准的操作方法以外，还需对所使用的工具、机械、材料以及作业环境予以标准化。这与流水作业的机械化生产是相联系的。在这里，人成为机器及其相应的标准的奴隶和附属物。泰勒也提出了实行一种有差别的、有刺激性的计件工资制度；同时也提出了要提高劳动生产率必须取得雇主和工人两方面的合作。这两个方面，前者意味着承认人的工作潜力是具有弹性的，后者强调人与人沟通的重要性。这含有承认成员主体地位的意义，这可以视之为人本思想的最早萌芽。

继科学管理学派之后产生了管理科学学派。科学管理学派主要研究管理对象行为的科学性问题，而管理科学学派则主要研究管理主体行为的科学性问题。法国的法约尔提出了职能管理学说，指出管理活动是由计划、组织、指挥、协调、控制五大职能形成的，进行管理活动应遵循十四条原则。而韦伯的理论主要集中在组织方面，一个组织必须要有明确的目标，完成这一目标必须要有相应的活动及其与此相匹配的作业，这些作业要在各种职位中进行有效的分配，各种职位要按照职权等级原则组织起来形成阶层体系。从本质上讲，管理科学只是改变了管理的科学化，而被管理主体行为从属于"物"的性质并未改变。而且，由于管理科学更强调科学分工、职权等级和统一性，这就不仅使得被管理主体的行为从属于"物"，而且也受制于"人"，人们行为的主动性、创造性被他人的统一指标所代替和抑制。

20 世纪 20 年代以后，出现了"行为科学"理论。行为科学就是对成员在生产中的行为产生的原因进行分析研究，以便调节企业中的人际关系，提高生产效率。它研究的内容包括：人的本性和需要，行为和动机，尤其是生产中的人际关系。所以，在早期叫人际关系理论。行为科学把社会学和心理学等引入企业管理的研究领域，提出用调节人际关系，改善劳动条件等办法来提高劳动效率。其中主要的理论有：马斯洛的"需求层次理论"、"人性"理论包括 X 理论和 Y 理论、布雷德福的"敏感性训练"理论、布莱克和穆顿两人提出的管理方法理论。

上述理论都说明，管理理论已从把人的四肢如何与机器或流水线匹配的研究，转到了对人的心理需要和行为动机方式的研究，意味着人的工作效率不仅与"物"的关系有关，更与人的自身需要和满足有关。相应管理方式也由单纯的服从型管理，走向了满足型管理。这里，我们不难发现，以物为本的管理思想和方式，开始向以人为本的管理思想和方式转变。其特征是：①从单纯规范和标准四肢动作提高生产效率，走向激发人的内在积极性提高生产效率；②从单纯满足与"物"的匹配性需要，走向了满足人自身的需要；③从单纯以层阶体系与统一领导的方式协调生产活动，走向了通过协调人际关系来协调生产活动；④从单纯关心生产，走向了关心成员以提高生产效率，从而人在管理中的地位得以突出。尽管如此，这些理论在人本思想的贯彻上还存在很多缺陷。成员只是被动地接受刺激和诱导，他们并未成为企业管理的主体角色之一。

现代管理理论包括巴纳德的社会系统学派、西蒙的决策理论学派、卡斯特和罗林茨韦克等人的系统管理学派和权变理论学派等理论。

这些理论实质上强调决策、系统管理、应时管理的重要性，强调人在组织中的地位和作用，它们之间存在有机的联系。现代企业管理本身就是决策，在分工负责的条件下，各人员应根据岗位特点和环境的变化进行决策，决策不仅是高层的行为也是每个分工岗位的事情。决策也必须根据变化了的环境应时进行，这就要求决策行为的分散化和过程化。现代管理是一种决策管理，它具有分权决策和过程决策的特征。正因为这样的背景，才出现了工人参加管理，以及西方学习我国的群众核算，两参一改三结合的鞍钢宪法的事实。在组织中全体成员参加管理、进行决策的条件下，管理主体多元化，成员不再单纯地去执行决策，而是自己对自己所做的事情做出决策，这样，成员由单纯的被管理者走向了管理者；由单纯的执行者走向决策者，从而也由单纯的雇工走向了主人。在组织中，人们不仅不再单纯的服从于"物"，也不再单纯的服务于他人，他们开始在组织的统一目标下确立自己的目标，为了这一目标的实现做出自己的决策判断。这无疑是人本思想的本质体现，在自己的工作职责范围内，人们可以自己主宰自己。

（二）人本思想在企业管理中的意义

一旦将人本思想导入企业管理中，必然会引起企业管理的原则、方法的重大变革。人本思想在企业管理中有着重要的意义，主要表现在以下方面：

1. 人本思想确立了人是生产力中最基本、最主要、最活跃的因素，也即人是决定的因素。企业生产效率的提高，最终取决于人的工作效率或主观能动性和积极性的发挥。在企业管理中，只要能充分调动人的积极性，确立人在企业中的主体地位和主体意识，生产力的提高就会变成一个永无止境的过程。

2. 人本思想表明企业管理的对象不是单纯物的要素，人是其根本的要素，物的要素不仅需要人来使用，更需要人来创造，离开了人，物的要素的创造只能是纸上谈兵。由此，在管理中，必须把物变成人来使用和创造的要素，而不是把人变成物的奴隶。从投资发展的历史也不难看出，人类已从对物的投资转向了对人的投资，无不说明人的主导性。

3. 人本思想要求企业管理不是单纯对物的直接管理，也不是单纯对人的管理，而是通过人来对物进行管理。由此，在企业管理中如何赋予人的管理权力，培养人的管理能力，形成人的管理主体意识，是人本管理的本质要求。

4. 人本思想意味着企业管理不仅在整体上应以人为出发点和归宿，而且在个体上应明确各成员在组织中的地位，充分考虑各成员的利益或需要，使各成员在精神上和物质上都能得到有效满足。我们完全可以说，以人为本的企业管理所形成的企业文化，实质是"企业是我的"，而非"我是企业的"，这种主体换位，是人本思想的体现。

（三）人本思想与预算管理体系的关系

如果把预算管理体系仅仅理解为一个指标体系，或者一个被分解到各责任部门和岗位的分指标体系，那么预算管理体系就只会被认为是要求人们强制履行责任的手段，预算责任主体就成为预算的附属物，这显然是与人本思想大相径庭的。实际上，预算管理体系作为一种现代管理体系和运行机制远比作为一种责任管理的内涵和外延要丰富得多，预算管理体系在更大意义上是为了更加全面、更加深入、更加有效地实现人本思想的管理要求。在这一点上，它有着其他管理体系不可替代的作用，具体表现在以下方面：

1. 预算管理体系是一个模拟市场的体系，通过这个体系使得企业中的每个人都能对事关自身利益的事情进行决策。

正如邯钢经验，在预算管理中采用了"成本否决、市场模拟"的方式，其中市场模拟就是要在企业内部形成一个模拟的市场。企业替代市场可以节约交易费用，但是由于企业内部采取科层组织依靠行政权力进行调节，往往导致效率低下。主要表现在企业内部各部门、各岗位、各人员之间的权、责、利边界不清，从而产生了"吃大锅饭"、"搭便车"的现象。为了解决这一问题关键是要在企业内部模拟市场，通过上层与下层之间、平行层次各部门、各岗位、各人员之间相互讨价还价，界定各自的权、责、利边界。这里关键是权、责、利边界的界定是由当事人自身决定的，因而是清晰的，而依靠行政权力进行界定就必然会产生界定不清和相互推诿的问题。预算管理体系的运转就是要在企业内部模拟市场机制的作用，主要表现在两个方面：

一是透过预算指标由上至下进行分解并相互讨价还价的过程，实现每个预算责任主体的权、责、利的确定是上下讨价还价，进而由预算责任主体自身确定的结果。这里预算责任的确定不是行政强制的结果，而是利益当事人自身决策的结果，所以预算管理体系的运转凸显了企业每个成员就是自身利益的决策主体。

二是透过不同部门、不同岗位和不同人员之间的相互讨价还价确定彼此之间的权、责、利边界，如内部转移价格、转移质量、转移时间和地点、转移方式等，进而实现各预算责任主体之间的利益关系也是由当事人进行决策。即使在当事人双方无法达成一致时，也不采取行政方法强制达成一致，而是通过所设立的仲裁委员会（模拟市场的调节机构）按照市场法则进行调节，调节的结果仍然必须遵从当事人双方的意愿。

由于在预算管理体系的运转中，采取模拟市场讨价还价的方式，使得各预算责任主体的行为具有了以下特点：其一，各预算责任主体不再被动地接受预算任务，他们要根据自己的判断做出是否能接受预算任务，因而各预算责任主体不是被动接受任务，而是自己在确定自己的任务。与其说他们是预算任务的接受者，倒不如说是预算任务的确定者；其二，各预算责任主体在进行预算任务的讨价还价过程中，在考虑环境因素的基础上，必然分析自身的能力能够达到的任务目标，他考虑了各自的能力因素和自身的需要；其三，各预算责任主体在进行预算任务的讨价还价过程中，其讨价还价的依据必然是市场环境和内部条件。各利益主体通过对市场预期和内部条件的分析，做出相关决策。所以，各预算责任主体不仅是决策的执行者，也是决策的确定者。总之，进行预算管理就必须模拟市场，通过模拟市场让每个预算责任主体成为自身利益的决策人。

2. 预算管理体系是一个确定和实现每个人在企业中地位的管理系统。

预算管理体系实质是以定岗、定责、分权和分利为基础而形成的，预算指标是这四方面的综合体现。一旦企业中的每个预算责任主体被分解某些指标，也就意味着他在企业中的地位已定，它无非表明这样的事实：

（1）一个企业的预算目标是由无数分目标组成的，这些分目标完成，总目标才能达成。只有每个预算责任主体的工作任务完成，企业的总目标才能达成。只有每个预算责任主体的工作努力，才有企业的经营佳绩。预算管理体系正是把企业每个预算责任主体的这种地位以预算指标的方式显示出来，反映了企业是我的、企业由我创造的人本思想，也说明，没有我的努力，也就不会有企业的成功。

（2）一个企业的预算管理体系也表明了企业每个预算责任主体的地位及其选择。预算指标是分层、分部门、分岗分解确定的，每个层次、每个部门、每个岗位都意味着在企业组织体系中的一种地位定位。一旦人们选择了某一层次或岗位，也就确定了自身的地位。一旦人们认为现有的选择和定位不恰当，他们又会做出新的选择，直到符合他们的自身需要和能力为止。所以，预算管理体系是以指标来表达成员的自身需要和能力。预算选择的过程，就是充分满足人们个性需要和适用自身能力的过程。

（3）预算管理体系全面展现了每个岗位与其他岗位的密切关系。它以指标的形式表明了各层次、各部门、各人员之间的相互工作联系和利益关系，从而使每个预算责任主体能感受自身工作对他人工作的重要性，也能感受他人工作对自身工作的影响。这无疑是有利于人际关系的协调并树立合作精神。这使人们在对物关心的基础上，更能唤醒其对人的关心。从而有助于营造一种以人为本的文化氛围。

（4）预算管理体系不仅以指标形式确定了企业每个预算责任主体的责任，也确定了其相应的权力和利益，这是对每个预算责任主体地位的实质规定。每个预算责任主体在预算规定的范围内，可以独立行使权利，享有自身利益，这不仅肯定了人的主观能动性和主体性，也充分承认了人的自身利益本性。总之，预算管理体系充分考虑了人的个性需要，做到人尽其才；充分显示了人们在企业中的地位，使人的主体意识增强；充分注意了人的独立意识，使人能自我管理。

3. 预算管理的过程也是预算责任指标的执行过程，在这一过程中预算执行主体必须按照预算责任指标要求，自行做出各种决策，确保预算责任指标的实现。

这表现在两个方面：一是预算责任主体根据自己面临的市场环境和拥有的资源确定实现预算责任指标的途径；二是当市场环境和拥有的资源变动时，预算责任主体可以要求修改预算责任指标，并重新通过讨价还价的方式予以确定。

可以看出，在整个预算的执行过程中，预算责任主体不再是受制于物或事的因素，而是主动的管理物或事的主体。预算责任主体也不再只是听命于上层的指挥，而是应根据自身所面临的环境以及所进行的事项的性质进行自主决策。现代管理的根本特征之一就是组织的扁平化以及把权力下放到最基层，预算管理体系的运转能够有效地保证这一目标的实现。预算管理体系有效运转遵循本着干什么就管什么，管什么就决策什么的原则，如果销售人员的主要预算责任指标就是销售收入，实现销售收入必然要与客户进行联系，这种联系可能要支付招待费用，因此在不超过规定提取的招待费用总额的前提下，招待费用开支的多少就由销售人员决定，这就是把权力下放到最基层。

4. 预算管理表现为一个全面考核的过程，由于考核的标准是事先通过讨价还价的方式确定，每一个预算责任指标的执行主体在企业整个利益中应分得的份额是完全明确的。这就使得预算责任主体可以感到：

（1）预算考核和利益分配标准不是雇主或经营者单向决定的，而是通过自身与其讨价还价形成的结果，预算责任主体不再是单纯的预算考核和利益分配标准的被动接受主体，而是其决策主体。

（2）利益分配不再是雇主或经营者的恩赐，而是自己劳动的结果。如果自身完成预算责任指标的程度越高，所分享的利益就会越多，反之亦然。

（3）利益分享的多少不取决于雇主或经营者对自己的好恶，而取决于自己劳动成果的多少。

（4）最终利益分享的多少不是雇主或经营者单向决定，而是预算责任主体根据已经制定的标准就可以自行确认。

总之，预算责任主体真正独立为一个利益主体，不是他人在确定其利益分享，而是自己在确定利益分享，利益的多少不是他人的恩赐，而是自身努力的结果，要想分享更多的利益，只有付出更多的代价。

二、基于系统思想的预算管理体系

20世纪哲学思想的重要成果之一是系统论、控制论和信息论的提出。系统一词，来源于古希腊语，是由部分构成整体的意思。一般系统论给出的定义是系统是由若干要素以一定结构形式联结构成的具有某种功能的有机整体。在这个定义中包括了系统、要素、结构、功能四个概念，表明了要素与要素、要素与系统、系统与环境三方面的关系。开放性、自组织性、复杂性、整体性、关联性、等级结构性、动态平衡性、时序性等，是所有系统的共同特征。系统论的提出开启了人们认知世界的一扇新的大门，同时也为人们的社会实践提供了新的思想指导，在管理学领域也必然如此。

（一）系统思想的产生

系统论原理引入管理学只是在20世纪五六十年代的事情。在传统管理中，企业管理经历了由集权统一管理到分权分散管理的转变。在早期的企业，由于市场范围狭小，市场变动不频繁，其规模较小，经营范围稳定，经营种类和形式单一。这时，企业内部一般采取集权统一管理模式，企业内部不存在各部门、各环节、各层次、各岗位的协调问题。但是，随着市场范围由一区、一国到世界的扩展，市场需求的多样化和多变化，企业经营规模不断扩大，经营趋于多角化、多样化。为了适应这种变化，企业内部管理方式开始向分权制过渡，企业内部的组织构造也按分权要求设计。企业内部各部门、环节、层次以至岗位逐渐成为具有相对独立的责、权、利的主体，他们各自在授权范围内，根据不断变化的市场环境和自身拥有的资源独立开展生产经营活动，并享有相应的利益。这种组织构造的典型形式如分公司、事业部以至成员集团中的一个真正的子公司。

由于分权分散管理，必然产生协调问题。它涉及企业或集团内部的纵向和横向协调。纵向协调是指如何通过各分权组织的行为及其目标与企业或集团的整体行为及其总目标保持一致，以最终实现企业或集团的整体利益；横向协调是指各分权组织之间的行为能协调进行，责、权、利关系能处于均衡状态。为了解决企业或集团因分权分散管理而带来的协调问题，西方一些管理学家将系统论原理引进到管理科学内，形成系统管理思想或学派。所以，这里的系统思想，从管理学角度看，就是系统管理思想。

按照系统管理的思想，认为任何企业或集团都可以看成是一个人为的系统，而系统是一个有一定目的，由相互联系和相互作用的各个部分所组成的复杂整体。因此，管理人员在执行各项管理职能时，绝不能从局部的个体最优出发，即所谓"头痛医头，脚痛医脚"，而应从全局、从经营管理的各个组成要素的总体出发，来实现对经营活动进行规制与控制的最优化，实现系统总利益最大化。

（二）系统思想在企业管理中的意义

一旦系统思想引入企业管理中，就必然对企业管理的理论和方法产生重大的指导作用，甚至改变了传统的企业管理的基本模式。在企业管理中，系统思想有着重要的意义：

1. 系统管理强调了合力大于分力的原理。一个企业或集团的总效益不仅取决于各分权组织效益的好坏，而且取决于各分权组织因相互合作、协调运营所带来的整体效益的提高；为此，企业管理必须加强系统管理或协调管理，否则，必然造成整体效益下降，各分权组织的效益也下降。

2. 为了保证系统的协调运转，必须对分权组织进行合理划定。在现实生活中，可以按功能关系、环节关系、地域关系、资产关系或产权关系、利益关系等划定分权组织，并相应确定各分权组织之间的内在联系。

划定分权组织的合理性表现在：①分权组织对自身的业务是可控的。②各分权组织之间的业务界定是清晰的。③各分权组织之间的业务联系非常明确和有序。

3. 为了实现系统的协调一致，必须通过系统的目标体系予以实现。系统的目标体系是由总目标和分目标所组成的有机整体，分目标的实现是总目标实现的基础，而总目标是协调分目标的手段，通过总目标的协调有助于产生协同效益，从而整体效益提高。确定总目标与分目标的关系时，必须遵循分目标的确定有助于总目标的实现，而总目标的确定能够引导协同分目标并能确保其实现的原则。

4. 为了保证系统的有效运行，必须保证系统各层次、各平行子系统之间的信息畅通，尤其是反馈信息的及时处理与传送。没有信息的准确及时传递的系统，不可能协调有效运转，企业内部管理当然如此。

5. 为保证系统适应环境的变化，系统必须有自行调整功能。也就是在企业管理中，如果由于环境变化要调整总目标，或某一分权组织的环境变化要调整分目标时，都会引起整个系统的联动。作为一个有效的管理系统不仅能灵敏地对环境作出反应，而且，能根据这种反应迅速调整系统的目标和结构，即调整企业目标，以及各分权组织之间的相互联系。一句话，系统思想使企业管理摆脱了分权分散管理所带来的企业运行无序的困境，使企业管理走上了协同管理的轨道，可以说，这是一次管理革命。

（三）系统思想与预算管理体系的关系

系统思想与预算管理体系关系密切。在系统管理的长期实践中，如何才能将各种分权组织的业务活动以及各种性质的业务活动协同起来，形成一个密切关联的系统，一直是一个首要解决的问题。它面临的难题是：第一，在分权分散管理的条件下，各个分权组织实质都是一个相对独立的利益主体，有自身独立的责、权、利。用什么方式来反映这种责、权、利关系，并使三者形成一种有机联系，是难题之一。显然，如果仅用工作职责和实物量来揭示这种关系，不仅不具有综合性也难以找到它们之间的对称性；第二，在分权分散管理的条件下，各个分权组织之间都是一种经济利益关系。虽然这种关系是通过经济业务关系连接的，但仅仅依靠这种关系，是无法明确界定各自的经济责任和经济利益。而且，各分权组织之间的讨价还价最终都不是集中在业务关系上，而是价格关系上；第三，在系统管理的条件下，要协调系统的运转，必须保证总目标与分目标的衔接性，这种衔接性不可能通过工作职责和实物量来达成。

可以看出，要使系统思想在企业管理中全面贯彻，必须要采用有效的手段才能达成。预算管理体系就是有效地实现形式。

1. 预算管理体系本身就是一个有效的管理系统，它是系统思想在企业管理中的一种具体实现形式。

预算管理体系首先对企业内的各分权组织或岗位进行有效划分、定编、定岗，以此为基础，定责、定权、定利，形成一个有机联系的分工而又协作的体系；其次，预算管理体系以确定的总目标为基础，将其分解落实到各分权组织或岗位，形成了一个完整的目标体系，并通过该目标体系协调各分权组织或岗位的动作；第三，预算管理体系规定了各分权组织或岗位之间的联结关系，通过价格或价值手段，使各分权组织或岗位的行为结合成一个完整的体系；第四，预算管理体系规定了一整套预算制订、执行和调整的程序，它使得预算管理体系的运行成为一个有序的整体；第五，预算管理体系规定了各上下层次之间和各平行分权组织或岗位之间的信息收集和传播方式和时间，相应构成为一个完整的信息系统；第六，预算管理体系规定预算执行结果的考核体系，它是一个协调各分权组织或岗位利益的平衡系统，如此等等。不难看出，预算管理体系无不充满系统思想之光。

2. 预算管理体系是一个把各种分散的管理活动抑或决策活动，通过价值手段将其连接和揭示出来的系统。

在企业管理中，任何决策活动都是一种单一分散的管理活动，如何将这些决策活动的总量及相互关系揭示出来，是经营管理者实现系统决策和系统把握的内在要求。只有如此，经营管理者才能做到对全局心中有数，否则，必然顾此失彼，导致全局性的决策失误。预算管理体系，用价值形式把各种不可直接综合的决策活动组合在一起，就能全面展示决策活动及其结果，全面展示各决策活动的相互关系，从而用于指导企业的经营管理活动。

3. 预算管理体系是一个把各种分散的经营业务活动（包括财务活动），通过价值手段全面、连续反映出来的系统。

在企业管理中，随着各项决策的执行，各种经营业务都在分散的进行，如何将这些分散的经营业务活动的进展状况揭示出来，并说明决策的执行情况，是经营管理者全面了解经营业务活动进展情况，进行系统控制的内在要求。通过预算执行情况的信息反馈系统，分时段揭示预算执行的阶段性结果，就可以使经营管理者了解企业整个经营业务的进程和预算总目标的实现程度，也可以了解各分权组织或岗位预算分目标的实现程度，从而利于进行动态控制。

4. 预算管理体系是一个把各分权组织或岗位的管理和经营活动，通过价值手段连接起来的系统。

在预算执行中，任何分权组织或岗位不能按预算管理体系的要求及时履行职责，都会造成系统运行的困难。所以，预算管理体系是一个自动检测运行缺陷的系统。在企业管理中，管理者如何及时发现决策执行中存在的缺陷，是一个十分重要的问题。由于预算管理体系是一个严密的协同体系，任何分权组织或岗位在执行预算中存在的问题都会造成系统的连动作用，从而有利于揭示企业经营管理中存在的问题。从这个意义出发，预算管理体系是一个经营业务运行缺陷的自检系统。

5. 预算管理体系是一个均衡各分权组织或岗位利益的系统。

在企业管理中，利益分配的失衡是阻碍劳动积极性的关键因素，为此，不仅要使每个分权组织或岗位的劳动报酬与其劳动成果相一致，而且，必须使每个分权组织或岗位之间的利益相称或均衡。预算管理体系以预算指标的形式规定了各分权组织或岗位的经营责任，相应也确定其经济利益。由于预算管理体系以全面系统的方式规定各分权组织或岗位的利益，当然具有均衡各主体利益的作用，而且，它把一种潜在的利益关系用指标和数值明确地展示出来，具有使各利益主体能预知和控制自身所能获得利益多少的作用。

总之，预算管理体系本身是系统思想的结晶，而系统管理必然借助预算管理体系来实现。或者说，预算管理体系本身就是系统管理。

三、基于民主思想的预算管理体系

民主的提出是与国家制度相联系的，民主是与专制相对立的一种政体形式，指的是政府的权力源于被统治者的认可，而且公民有权以一种有意义的方式参与决策的过程。在我国，民主的本质是人民当家做主，行使管理国家、社会的权力，并在这一过程中表达自己的意志和维护自己的利益。其核心是"权力"，是公民的社会地位，是"人权"的社会化的"实现方式"。它体现的是一种价值观：公民不是国家机器的支配对象，而是它的主人。民主引入企业管理是与分权的企业管理体制相联系的，企业中的民主管理从本质上说就是要尊重企业成员的主观能动性和首创精神，充分调动企业成员的积极性，让企业成员成为企业的主人翁；同时企业成员对自身的利益有着自己的决定权，企业成员不仅是自身利益的分享主体也是自身利益的决策主体。

（一）管理发展历程与民主思想的产生

按照美国学者黑兹的观点，认为经营管理的发展可以分为三个阶段：即非组织的管理、组织管理和科学管理。非组织管理是主观的、放任的和非合理要素较多情况下的管理。在这种管理下，经营的全过程由一个或极少数经营者独揽，经营指挥的完成全靠个人能力。所以这种管理也可以称为集权型管理。随着经济的发展，企业的市场扩大，市场需求也不断变动，导致企业规模扩大，经营管理趋于复杂。企业管理如果继续采取非组织管理，会产生以下矛盾：其一，少数经营者个人能力所限与企业经营规模扩展，企业经营复杂化的矛盾；其二，少数经营者个人集权与快速变化的市场的矛盾；其三，少数经营者个人的随意管理与大规模企业要求规范运作的矛盾；其四，少数经营者主观决策与企业决策科学化、客观化的矛盾。正是这些矛盾，要求有组织的进行管理，因而，组织管理形成。

组织管理的特征是：首先管理过程是一个有组织的过程，而不是主观、放任的非规范化管理。在这里，强调集体决策的重要性，强调按程序进行决策的重要性；其次，组织管理要求在企业内部建立分工负责的组织体系，强调企业内各组织在分工负责基础上进行分权管理的重要性，分权管理实质是民主管理的形式。

科学管理是在组织管理的基础上进一步发展的结果。在分权管理的条件下：一方面，决策如何科学化的问题表现突出，由于分权，参与管理的主体增加，如何使这些管理主体的管理科学化必须得到充分重视；另一方面，分权管理导致了整体协调问题。分权是以协调为前提的，否则，只能导致管理的混乱。正因为此，导致了系统决策和系统管理理论的产生。

从上述管理的历程不难看出，第一，管理发展的历史实际是一个由集权到分权，由独裁到民主管理的历史；第二，管理发展的历史也是一个由主观、随意到客观、规范管理的历史，它是伴随分权管理和民主管理的必然结果；第三，管理发展的历史经历了由集权到分权而后协调统一管理的过程，这是一个否定之否定的过程，分权抑或民主管理并不是否定统一管理的重要性，恰恰相反，越是分权越需要强调统一性，这种统一是通过系统协调达成的。

正如前面所述，在企业管理中，民主思想的导入是与分权管理相联系的，在分权管理的基础上相应形成民主管理。其特征：一是，集体和分散决策，管理的核心体现的是决策，民主管理自然要进行集体和分散决策；二是，分工负责，民主管理必须以企业内有明确的分工为前提，只有明确分工，才能各负其责，只有各负其责，才能民主管理；三是，民主监督，民主管理必须以企业各成员都有监督权为前提，离开监督易于走向独裁；四是，人人参与，本着干什么、管什么的原则，企业各成员都就自己分管的事项进行管理；五是，协调统一，民主是相对集权而言的，实行民主管理更强调系统的协调统一，或者说，协调统一是民主管理的前提。

（二）民主思想在企业管理中的意义

在企业管理中，民主思想有着重要的意义，一是因为民主意味着要充分调动和发挥大家的积极性。从理论上讲，众人的积极性总比一个人的积极性要强，也就是众人拾柴火焰高；二是因为民主意味着尊重大家的首创精神，发挥群众的智慧。表现在民主管理就是大家对自己所管的工作具有决策权，大家对集体的事情具有参与决策的权力和监督权力；三是因为民主意味着尊重大家的个性特点和主体意识，有利于实现大家的主人翁地位和因人适用，从而增强大家的归宿感；四是因为民主意味着分工负责，从而有利于强化大家的责任意识。民主进程中的主体意识的确立是以责任意识的形成为基础的，很难想象，一个没有责任感的群体，在发扬民主的过程中会产生强烈的主体意识，有可能只是形成自由主义和唯我独尊的思潮。民主思想表明你有权力，但你也有相应的责任，你只有站在集体的角度，站在对集体负责的高度发扬民主，才是真正的民主；五是因为民主意味着形成一个有效的自我约束系统，有助于防止集权管理可能常带来的各种弊端。民主管理的特征之一就是民主监督，通过大家之间、上下级之间的相互监督，确保决策的正确性，以及防止滥用权力确保决策的有效实现；六是因为民主适应了市场环境复杂多变的要求，有助于企业在各个方面能迅速对复杂多变的市场作出反应。由于分权决策，企业各个基层组织以至每个成员都能根据自身面临的市场环境以及所担负的工作责任，相机决策并调整其行为方式，从而增强整个企业对市场反应的灵敏性和提高相机调整的速度。事实上企业越来越出现扁平化的趋势就是为了适应这一要求。

（三）民主思想与预算管理体系的关系

民主思想与预算管理体系存在必然联系。在企业民主化的进程中，始终存在这样的矛盾：集中决策与个人负责的矛盾，分散决策与整体协调的矛盾，统一领导与分级管理的矛盾，尊重个性与服从集体的矛盾，个人利益与全局利益的矛盾，如此等等。在企业管理上我们必须找到一个集中与民主的对接形式。离开集中的民主只会导致自由主义，离开民主的集中只会导致独裁主义，两者不可偏废。

在前面的系统思想与预算管理体系的论述中，已经看到，预算管理体系在实现企业管理的统一性和协调性方面有着重要的作用，在此不再赘述。在此，主要就预算管理体系在实现企业管理的民主性方面进行说明：

1. 预算总目标的形成是一个集体决策的过程。

在预算管理体系的运转中，预算总目标是由股东大会提出的，这显然表达了股东大会的集体意志，是股东大会集体决策的结果；预算总目标的确定也需要经由股东与经营者的讨价还价，这种讨价还价仍然表明了经营者与股东对预算总目标集体确定的过程。

2. 预算总目标的分解是一个讨价还价的平等决策过程。

预算总目标的分解，就是确定各预算责任主体应完成的预算任务。它密切关系到各预算责任主体应履行的预算责任，以及履行预算责任后应分享的利益，也关系到企业预算的总目标能否完成。正因为事关重大，企业经营者与各预算责任主体之间必然要讨价还价，以使预算的分解能建立在各预算责任主体的预算责任与相应的利益能基本均衡的基础上。为此，经营者和各预算责任主体都必须充分预期市场，分析内部资源的可利用程度和技术与管理改进的可能性，然后，提出可望实现的预算目标。在这个过程中，由于存在立场不同的双方的决策行为，而且以讨价还价的方式实现决策对接，这不仅意味着决策的民主化，也意味着决策的平等化。决策平等是民主化的实质体现。这种平等只有在讨价还价双方的决策符合客观实际或接近客观实际时，才能真正为双方所接受，预算指标的分解才能真正实现。所以，平等决策又有助于实现科学决策。

3. 预算实行过程是预算责任主体自主管理，分散决策的过程。

在这个过程中，预算责任主体为达成预算责任目标，根据市场状况，内部资源情况作出决策，并自行组织决策的实施。预算管理体系实质是一个分权体系，它划定了各预算责任主体在预算规定的范围内所拥有的决策权力，也就是所谓自主权。只要能如期完成责任目标，预算责任主体的行为就应受到保护。由此可见，在预算管理体系所议定的范围内，各预算责任主体的决策是自主分散进行的，它是民主管理的实现形式。我们可以说，不对各预算责任主体划定权力、责任和利益，它们就不可能有相对独立的行为，也就不可能有民主管理可谈。

4. 预算分解和实行过程也是预算责任主体自我控制或约束的过程。

由于预算指标的分解，使得各预算责任主体受到强有力的责任约束，如果完成或超额完成责任指标，预算责任主体就可以获利，否则，丧失利益。正因为此，各预算主体必然进行自我约束，自我监督，力求决策正确，执行有效。从这个意义上讲，预算管理体系是一个民主监督的体系。而且，由于界定了各自的预算责任及相应的权力，这就为拒绝越权管理，防止侵权行为提供了依据。当然，有利于各预算责任层次和预算责任主体相互制约，相互监督，这无疑更有助于民主监督的实现。

5. 预算责任目标履行结果考核的过程，也是预算责任主体自我评价的过程。

由于预算管理体系规定了各预算责任层次和预算责任主体应达成的预算目标，以及相应的奖罚规定，所以，各预算责任层次和预算责任主体就可以依此考核自身的工作进度和工作业绩，提出并决定改进和加速工作进程的措施。可以看出，正是预算管理体系，把过去那种上对下的考核过程，转化为既上对下考核，又自主评价的过程，这当然是民主管理的重要体现。

从上述预算过程的民主特征可以看出，预算管理体系一方面通过预算总目标及其分解达成各预算责任主体和各项活动的协调统一，另一方面通过界定各预算责任主体或层次的责、权、利，使其能相对独立自主经营，自主管理，从而使企业管理活动具有民主性的特点。

四、基于战略思想的预算管理体系

战略一词最早是在军事领域中提出来的，指军事将领指挥军队作战的谋略。在中国，战略一词历史久远，"战"指战争，"略"指谋略。《孙子兵法》被认为是我国最早对战略进行全局筹划的著作。在现代"战略"一词被引申至政治和经济等各个领域，也从宏观引入微观，其含义演变为泛指统领性、全局性、左右胜败的谋略、方案和对策。不难看出，战略是重大的、全局的、长期的、概括的行动纲领。

（一） 战略思想的形成

在企业管理中，战略就是为了使企业在长期的生存和发展中、在充分估计影响企业长期发展的内外环境各种因素的基础上，对企业长远发展所作出的总体筹划和部署。可以看出，企业的长期战略所要解决的问题是有效地利用人力、物力、财力，合理地、科学地配置企业生产要素，以确保企业面对未来急剧变化的环境，能保持旺盛的生机与活力。

在企业管理中之所以会形成战略思想，与企业所面临的市场环境的变化分不开。企业早期面临的市场范围比较狭小，需求规模相对稳定，需求结构变化较小，市场竞争程度较弱，每个企业可以在一个较长的时期内以相对稳定的规模和品类形成市场供应，企业面临的市场风险较小。

但是，在现代市场竞争中，企业面临的市场环境急剧变化，任何企业面临的市场范围已由一城一池走向全国乃至世界，这种国家市场或世界市场与企业经营规模的急剧扩大密切相连。企业经营规模的扩大使其调转船头绝非易事，而市场的国家化或国际化，使市场需求呈现多样化和多变化的特点，这不仅表现在需求的规模上，也表现在需求的结构上。加之，市场竞争的加剧，使得企业面临极大的市场风险，企业随时有可能被淘汰出局。

面对这种变幻莫测的市场环境，每个企业都有一种前途未卜之感。企业普遍感到，要使自身在市场竞争中立于不败之地，不仅要组织好现在，更要筹划好未来。通过预测、决策确定企业的发展战略，力求做到有计划、有步骤、有预期地组织企业的生产经营，以迎接市场的挑战。

正是在这种背景下，管理学家们纷纷提出了战略管理的思想。它要求一个企业应确定自身的战略思想、战略目标和战略计划。战略思想是制定企业发展战略的指导原则，如企业投资战略中的基本投资方向、经营战略中的基本经营方向；战略目标是企业在较长时期内的发展规模、水平、能力、效益等综合的具体的定量目标。如企业投资战略中的投资规模、水平、能力和报酬等。企业经营战略中的经营规模、水平、结构和效益等；战略计划是将战略目标系统化、整体化，用来指导企业在一定期间的各种生产经营活动，以达到预定战略目标的纲领性文件。值得说明的是这种战略思想与我们所要讨论的战略思想内容不尽相同。这种战略思想是作为战略管理中的一项内容，体现为制定企业发展战略的指导原则。我们所要讨论的战略思想是指在企业管理中应保持一种战略眼光，不仅要组织好现在，更要预期和筹划好未来。这是对企业管理人员从事管理活动的要求。

（二）战略思想在企业管理中的意义

在现代管理中，树立战略思想具有重要意义。主要体现在以下方面：

1. 有助于把握企业的发展方向。

战略是对企业长远发展所作出的总体筹划和部署，树立战略思想就要求在企业管理中应预期未来，制定发展规划，确定实施步骤和方法。这样，可以明确企业的发展轨道，避免企业生产经营无的放矢，瞎马盲闯，及至全局失败。

2. 有助于保持企业的持续发展。

设立企业都期望能稳定持久的发展，企业规模由此而不断扩大，收益水平由此而不断提高。但是，由于现代市场竞争激烈，优胜劣汰成为一种常态形象。要使企业持续发展，就必须在市场竞争中处于不败之地，为此在企业管理中必须要立足现在，展望未来。它要求在现在的生产经营中必须考虑对未来的发展要求，而未来的发展也必须以现在的经营为基础。这就可以保持企业发展的连续性、稳定性，避免大起大落而使企业大伤元气，甚至使企业陷入失败。

3. 有助于预期风险、规避风险，寻找发展机会和优势。

战略是以现在为基础面对未来的思考和展望，在这一过程中，企业必然要预期未来市场的风险，分析这些风险将给企业带来的影响和机会，相继制定企业的发展规划。从这点出发，战略目标和战略计划是预期企业未来市场风险，避免和消除市场风险，争取最大市场收益的一个有机系统。

4. 有助于抓住重点，把握纲领，达到纲举目张。

战略思想要求在企业发展中把握那些影响企业全局的、重大的生产经营活动，把这些生产经营活动安排好了，就能牵一发而带全身，达到统驭全局的效果。所以，企业的战略思想、战略目标、战略计划是企业对未来全局和重大事件的安排，是企业行为的思想指南。

5. 有助于确立企业成员对企业未来的信念和信心树立战略思想。

要求企业制定其战略发展的指导原则，战略目标和战略计划，这一方面有助于统一企业成员的思想，指明成员行动方向。另一方面向企业成员描述了企业发展的未来前景，赋予了成员对企业的坚定信念和对未来的憧憬。同时，也易于激发成员为实现企业宏伟战略目标而不懈努力，踏实工作的激情。

（三） 战略思想与预算管理体系的关系

战略思想与预算管理体系存在有机的联系。从整体上看，预算管理体系是企业战略思想的具体实现和体现形式，战略思想贯穿在整个预算管理体系之中。

1. 战略思想为预算提供依据和基础，而预算则把战略思想予以贯彻和实现。

预算是企业及其内部各部门、岗位未来的行动纲领，是对未来的打算。而企业的战略思想、战略目标和战略计划也是企业未来的行动纲领。只是后者是重大的、全局的、长期的、概括的行动纲领，而前者则是全面的、详细的、近期或较长期的行动纲领，并且，它采取价值形式。由此出发，预算不仅体现了企业的战略思想，更是把企业战略目标和战略计划予以延伸、拓展、细化和可操作、可实施的有效形式。可以说，离开预算，战略目标和战略计划只能是一种设想，只能停留在一种概念的状态。当然离开了战略思想，战略目标和战略计划，预算就会失去方向，就难以确保其全局和长期指导性。

更进一步说，当预算采取滚动预算形式时，预算就能有效地与战略目标和战略计划进行衔接，使预算更好地体现两者的要求。

2. 预算既使得战略思想得以贯彻和实现，也会对战略目标和战略计划提出调整的要求，预算有助于战略目标和战略计划更加符合实际。

基本战略目标和战略计划具有全局性、长期性、概括性，易于产生预期不确定、具体操作困难的缺陷。通过预算的编制和实行过程，一是可以发现市场变化与战略目标和战略计划之间的矛盾。二是企业现有能力特别是财力与实现战略目标和战略计划的愿望之间的矛盾。三是企业现实需要和现有条件与战略目标和战略计划的实施步骤和实现时期的矛盾。通过预算的编制和执行就可以发现这些矛盾，以此为基础，可以提出战略目标、战略计划的调整建议。从这个意义上讲，预算管理体系是企业战略目标和战略计划的实施反馈系统。

3. 预算管理体系本身也隐含着深刻的战略思想。

在预算管理中，为建立健全预算管理体系，必须要树立全局的、长远的思想，贯彻主要矛盾，牵住牛鼻子原则。首先，预算是面向未来的，是对企业未来各种行动的财务安排。这必然要求企业从长期发展的战略角度安排预算，也就使预算由主要为年度预算和年度内各月、季预算，向长期预算转变；由主要是分期或分段预算，向滚动预算转变。从而预算具有了长期、连续的特征，预算形式具有了体现战略思想的内在要求；其次，预算是面向未来市场价值变动的，是对企业未来各种行动的价值安排。企业生产经营的发展战略是否能最终实现，不仅取决于生产经营战略目标是否符合市场演变规律，而且取决于生产经营战略目标实施所应进行的价值或资产投入是否存在客观可能，生产经营战略目标实施后所取得的价值收入能否抵偿价值投入。为此，必须以战略的眼光，预期未来市场价值的变动趋势。否则，企业生产经营战略目标最终难以实现和见效；再次，预算是面向重点和全局的，在企业的发展战略中，大量发生的是有效的资产投入与实际资产需要之间的矛盾，这样，就产生了保证重点的问题。而在预算管理体系中，由于预算分解也导致了如何面向全局，确保整个预算目标实现的问题。面对这些矛盾和问题，在预算编制和执行中，必须优先保证那些具有牵动全局，影响重大的预算项目的资金需要，这些预算项目的目标达成了，企业总预算目标的实现就有了基础和保障。第四，投资预算以及由此而形成的相关预算，直接与企业的发展战略相关，企业发展战略的主要表现形式之一是投资战略，或者说，企业发展战略中所提出的各项战略目标和战略计划最终都必须依靠投资才能达成。在企业预算中，进行投资预算，必须要先进行投资战略分析，要以长远和全局眼光确定投资预算，包括要区别轻重缓急安排投资预算，要保持投资项目之间的联系性和投资在时间上的连续性等。可见，投资预算过程就是一种战略分析与决算的过程。

4. 预算管理体系的运转将使战略思想在企业各层次、各部门以至各岗位得以树立。

预算管理体系的运转表现为一个责、权、利落实到各层次、各部门和各岗位的过程，也是各层次、各部门和各岗位履行预算责任目标的过程。在这个过程中，各层次、各部门和各岗位要预期市场变化以及自身资源的可利用性，来确定是否接受预算责任目标。为了确保预算总目标的实现，要求各层次、各部门和各岗位能顾全大局、服从全局，当然，要求其具有全局眼光。为了更好地实现各自的预算责任目标，各层次、各部门以至各岗位必然要从长计议，安排好自身的生产经营活动，保证生产经营活动持续、稳定发展，经济效益不断提高。为此，也要求其围绕预算责任目标确定长期发展战略。

总之，预算管理体系不仅能够体现企业发展战略的要求，是其实现形式之一，而且预算管理体系自身就含着深刻的战略思想。

第五章 预算管理体系与预算机制

由于传统上一般认为预算是一种管理的方法和工具，使得预算作为一种激励和约束的机制也称之为预算机制的作用远远没有发挥应有的程度。实际上，预算之所以能够在很早就被广泛地采用，是因为预算具有较强的机制作用。进行预算管理的早期，预算作为一种机制大多认为它主要表现在责任控制上，通过预算责任指标的分解、落实、执行、控制和考核评价，要求预算责任主体完成预算责任目标，并且根据预算责任指标完成的程度和好坏进行业绩评价、决定奖罚。

从一般意义上讲，机制是指有机体的构造、功能及其相互关系，正是这种机制不仅使得有机体形成了自身的生命特征，并且与外部发生关系。在社会学中机制则是指在正视事物各个部分存在的前提下，协调各个部分之间关系以更好地发挥作用的具体运行方式。在管理学中，机制首先是针对如何调动被管理者的积极性和控制消极性而言的，它又区分为激励机制和约束机制：激励机制是指通过特定的方法与管理体系，将组织中的成员及工作的承诺最大化的作用过程；约束机制则是指通过法定程序制定和颁布规范性的要求、标准的规章制度并采取各种有效的手段规范组织成员行为、充分发挥其作用，以确保组织有序运转的作用过程。任何一个企业都必须要建立有效的激励和约束机制，问题在于这种激励和约束机制通过怎样的方式和体系才能最终得以实现，这不仅是一个理论问题，也是一个实践问题。在长期的管理理论研究和管理实践中，人们已经逐步认识到了预算管理体系在构造企业激励机制和约束机制中的不可替代作用。一方面，预算整合使得企业的各种管理机制可以被有效地整合在预算管理体系中，从而使得预算本身就具有了激励机制和约束机制的双重作用。预算是一种目标协同机制，也是一种通过目标控制执行差异的控制机制；预算是一种责任约束机制，每一个责任主体都必须要尽可能地按照预算指标的要求履行责任；预算是一种利益分配机制，完成和超额完成预算者奖，没有完成者罚。通过预算体系还可以实现企业内部收益分配的均衡性。如此等等，预算的机制作用无疑十分明显。另一方面，整合预算也要求把企业的各种管理机制嵌入到预算管理体系中，从而整合预算不仅能够通过企业的战略设计、组织和流程再造、作业分析和信息体系重构以满足预算管理的要求，而且也能够通过各种管理机制的有效嵌入使得预算的机制作用能够充分实现。

一、从责任导向到利益导向的预算管理体系

在理论和实践中，一般把预算管理作为责任管理的一种有效手段，通过确定预算责任目标，分解预算责任目标，执行预算责任目标，考核预算责任目标的执行情况，形成一个完整的预算责任管理体系，把这种基于责任管理的预算管理体系称为责任导向的预算管理。责任导向的预算管理所发挥的机制作用主要是约束机制作用，或称之为责任约束。事实上，之所以进行预算管理，无论从理论还是实践的角度来说，都是基于利益导向的。所谓预算管理的利益导向，就是要通过预算管理体系使每一个预算责任主体成为企业内部的一个相对独立的利益主体，每一个预算责任主体为了追求自身的利益的最大化而积极主动地履行预算责任目标。这里，追求自身利益是履行预算责任目标的原动力，这样就把预算管理建立在人性化的管理上，人们完成预算责任目标是一种基于自身利益的内在行为，而不是一种外在的责任强制。如果说责任导向的预算是强调预算的约束机制，那么利益导向的预算则是强调预算的激励机制。总体上说，利益导向的预算更能体现预算的机制作用，如果企业内部的预算责任主体只有责任而没有利益，预算责任主体的行为就失去了动力源，也就失去了目标；如果企业内部的预算责任主体为了实现自身的利益，就必然要完成预算责任指标，这就意味着完成责任是实现利益的手段，从而预算责任主体就会积极主动地去履行责任，这种机制就具有了激励性和约束性相结合的特征。

（一）从责任导向到利益导向的理论基础

企业制度经历了由自然人企业向公司制企业的过渡。自然人企业的基本特征是自己的钱自己经营，其结果是所有的收益都归自己，其激励效应最大；所有的亏损也要自身承担，其约束效应最大。也就是说，自然人企业盈亏刚性，这种盈亏刚性表明自然人企业的盈亏边界是完全清晰的，不可能出现"吃大锅饭"和"搭便车"现象，是一个完整的独立的利益主

体。自然人企业的所有经营活动都是基于自身利益最大化的目标而发生的，具有完全的利益导向性，其激励效应和约束效应也最大化。尽管自然人企业的激励效应和约束效应最大化，但由于其特征是自己的钱自己经营，从而受制于自身的资本规模，无法实现规模效应；也受制于自身的能力而无法实现能力效应。

公司制企业的基本特点是两权分离，从而把整个社会的资本交由最优秀的经营者经营，这样既可以实现规模效应，也可以实现能力效应。事实上，大规模的资本集中于一个公司不仅使得公司实现规模化经营，也必须要有很高经营能力的人才才能进行规模化经营，两者是相辅相成的。一旦大规模经营，在公司内部就会形成从上至下的科层结构，上一层次必须对下属层次下达责任目标，下属层次必须对上一层次履行责任目标。所以，在大规模公司化经营的条件下，自然就形成了责任导向的管理体系。事实上，责任导向的管理体系使得责任主体的行为具有外生性和强制性。外生性是指责任主体的行为是由外部决定的，不具有自主性的特征；强制性是指责任主体的行为是被迫的，不具有自愿性的特征。由此就无法形成责任主体的主观能动性。所以，在建立公司制企业后所面临的基本问题是，如何使企业内部的每个责任主体都有自身独立的利益，如果每个责任主体都有自身的利益追求，那么，为了追求这种利益的最大化，每个责任主体就会心甘情愿地履行责任，并且，履行的越多越好。这时，履行责任是为了追求利益，从而就形成了利益导向的管理体系。

事实上，在我国计划经济体制下，国有企业的责任导向的管理体系进一步扩展至国家计划责任的管理体系，国家通过行政计划并以行政命令的方式向国有企业下达计划责任指标，各个国有企业按照国家计划责任指标展开生产经营活动。国有企业是国家计划责任指标的被动执行者，国有企业计划责任指标完成的好坏一般不与企业责任主体的报酬直接挂钩。这种管理体系所造成的结果就是在企业内部各责任主体相互"吃大锅饭"、"搭便车"现象十分严重。

其实，这种现象不仅存在于计划经济体制下的国有企业，而且，在大规模的公司制企业中，此类现象也比比皆是。所以，我国在经历了将国有独资企业转化为公司制企业后，仍然需要解决的问题是，如何在公司制企业内部使每个责任主体能够成为一个相对独立的利益主体。每个责任主体收益的多少取决于对企业提供的价值贡献的多少，每个责任主体为追求自身的利益必须为企业创造价值，为企业创造了价值才可以通过分享创造价值的形式取得收益。这样，企业就由过去的责任导向管理体系转向利益导向管理体系。在这种利益导向管理体系下，公司制企业不仅可以实现规模效应和能力效应，而且，由于内部每个责任主体是一个相对独立的利益主体，也就可以较好地实现激励效应和约束效应。

在经济学里，"合乎理性的人"的假设通常简称为"理性人"或"经济人"的假设。"经济人"假设是对从事经济活动的所有人的基本特征的一般性描述。它指每一个从事经济活动的人都是利己的，也就是说，每一个从事经济活动的人所采取的经济行为都是力图以自己的最小经济代价去获得自己的最大经济利益，即人们的经济行为是利益导向的。在公司中，第一个层次的为公司创造价值并分享创造价值的经济人包括政府、所有者（全体股东和债权人）、经营者（团队）、员工（整体），他们分别为公司创造价值提供了不可或缺的要素，即政府为公司创造价值提供了环境要素，所有者为公司运行提供了物质要素，经营者为公司运行提供了决策要素，员工为公司运行提供了执行要素。他们所提供的这些要素既具有不可或缺性，又具有共同结合才能创造价值的逻辑属性。正由于每一个要素提供主体所提供的要素是不可或缺的，所以，他们必须分享公司创造的价值。哪一个主体如果并非不可或缺，他就不可能分享公司创造的价值。不仅如此，哪一个主体分享公司创造的价值的多少也是由这一主体所提供的要素的稀缺程度所决定，越是供不应求的要素所分享的公司创造的价值就会越多。从这种分析不难看出，所有的要素提供主体作为经济人，之所以提供要素就是为了实现自身利益的最大化，之所以每一个要素提供主体都能在公司中分享利益，是因为所提供的要素对公司价值形成不可或缺。这都无不表明了公司的任何一个经济人的行为都是利益导向的。除了第一层次的经济人的行为是利益导向的，在每一个为公司提供要素的经济人内部又存在更小单元的经济人，及至每一个自然人。这些经济人也存在上述特征，他们的行为也是利益导向的。如经营者团队内部每一个高管人员都是为了追求自身利益而参与到公司中来，员工整体内部每一个人也是为了追求自身利益而参与到公司中来，而所有者中的任何一个出资人都无不为了获取报酬而参与到公司中来。正由于公司中每一个经济人都是为了追求自身利益而参与到公司中来，所以，他们履行责任是为了获取利益，更直接地说，他们既是自身利益的提供者，也是自身利益的分享者。从这一点出发，履行责任本身就是为了为自身提供收益，两者须臾不可分离。

公司制企业是一种现代企业制度，这一制度发展至今虽然很好地建立了责任导向的管理体系，但是，仍不能有效地发挥企业内部每个责任主体的主观能动性。要做到这一点，必须让每一个责任主体感觉到为自己而干，这正是经济人假设所要求的。实现这一要求，就必须在大规模经营的公司制企业内部让每一个责任主体成为一个相对独立的利益主体。这样，就使得公司制企业一方面可以实现规模效应和能力效应，也能够使得每一个责任主体为实现自身的利益而发挥最大的主观能动性。

在上面的分析中，把公司内部的每一个责任主体假定为一个纯粹的经济人，所以其行为目的就是要实现自身的收益最大化。但是，按照马斯洛的需求层次理论，个体成长发展的内在力量是动机。而动机是由多种不同性质的需要所组成，各种需要之间，有先后顺序与高低层次之分；每一层次的需要与满足，将决定个体人格发展的境界或程度。马斯洛认为，人类的需要是分层次的，由低到高。它们是：生理需求、安全需求、社交需求、尊重需求和自我实现。这些需求中，有的必须要借助金钱才能满足，有的是不需要借助金钱就可以得到满足。如尊重需求和自我实现的需求就不一定与金钱有直接的关系，这说明经济人假设仍然存在一定的缺陷。既然人们的需求并不仅仅只是金钱，那么基于利益导向的管理体系也不仅仅只是以人们获取收益作为其行为的动机，同时也必须满足人们精神感受的需要。所以从广义的角度讲，"利益导向"中的"利益"主要是指满足自身的需要。在公司中，一个员工受到尊重、与周围关系融洽、能够得到升迁等，都属于员工所需要获得的"利益"，正是为了得到这些利益，公司所有的要素提供者才履行各自的有关责任，人们不是为了责任而是为了利益才集合到公司中，但为了获取利益就必须要履行责任。

（二）预算管理的利益导向特征

从形式上看，预算管理具有责任导向的特征，但从本质上看，预算管理确实是具有利益导向的特征，主要表现在以下方面：

1. 预算是以目标利润作为其制定起点，而从所有者的角度出发，目标利润就是其所获得的收益，所以预算具有直接的利益导向性。

两权分离的公司制企业一般借助预算协调所有者与经营者、经营者与员工之间的权利义务关系。就所有者与经营者的权利义务关系而言，就是所有者提出经营者必须实现的目标利润，而经营者必须向所有者承诺完成目标利润。怎样才能保证目标利润的实现，为了使所有者确信经营者的承诺，经营者通过确定预算体系表明了这种承诺的可实现性，这是建立在各预算事项可实现性的基础上的，经营者所编制的预算表明了在预算年度主要依靠做哪些预算事项确保目标利润的实现。由于有了这种预算体系所表达的承诺，经营者才可以被聘任，才能够得到相应的年薪收入。经营者正是基于这样的利益动机，才接受了所有者提出的完成目标利润的责任要求。

就经营者与员工的权利义务关系而言，就是经营者将预算指标分解落实到每个员工，只有每个员工保证完成经营者分解落实的预算指标，经营者才能完成所有者的目标利润，经营者的利益才可能最终实现。每个员工之所以接受分解落实的预算指标是因为每一个员工在完成相应的预算指标后会得到相应的利益，如果没有这种利益，任何一个员工也不会无端地去接受经营者分解落实的预算指标。在预算管理体系中，每一个员工就是一个预算责任主体，而预算责任主体不仅仅是承担预算责任，而是必须享有相应的预算权利和预算收益，正是基于这种预算权利的使用和预算收益的取得，预算责任主体才承担相应的责任。任何员工不会为单纯的履行责任而工作，而是为了获取相应的利益才履行责任。

2. 预算管理指标所要达到的标准是最低标准，必须完成，因而具有强制的责任性。而最高标准是越高越好，没有极限，只能靠激励，而激励本身就是预算责任主体所要追求的利益目标。预算指标所确立的最低标准确实是指预算责任主体所必须履行的最低责任目标，确实具有责任导向性。而预算责任主体若不能完成，就势必受到相应的处罚。尽管如此，预算责任主体完成了这一最低责任目标，必然会获得相应的利益，只是因为有了这种利益，预算责任主体才去履行这一最低责任目标，否则预算责任主体就没有了履行责任的动力源泉，甚至，预算责任主体将离开企业。更为重要的是预算管理的根本目的不只是仅仅完成最低标准的预算指标，而是要通过有效的激励机制，使预算责任主体不断地发挥主观能动性，预算责任主体在激励机制的作用下，为了追求自身利益的最大化，不断地超越预算指标的最低标准。显然，预算责任主体之所以使预算指标的实现不断地超越新的高度，是利益诱导，而不是责任强制的结果。

3. 预算管理是以责任中心作为预算执行的主体，责任中心可以大到是一个企业，小到是一个岗位，每一个责任中心就是一个相对独立的利益主体。公司制企业采取大规模群体劳动的形式，每个部门、每个岗位、每个员工之间的权利边界、责任边界和利益边界往往模糊不清，从而造成了"吃大锅饭""搭便车"的现象。公司制企业的体制进一步完善就是要实现在大规模群体劳动的前提下，还能让每个部门、每个岗位、每个员工感觉为自己而工作，这是利益导向的管理体系的关键点，怎么才能做到这一点？在预算管理体系中采取了责任中心（或责任岗位）的组织形式，以强化企业内部各部门、岗位、员工的利益的相对独立性。责任中心（或责任岗位）的形成原则就是必须明确地界定各责任中心（或责任岗位）之间的权利、责任和利益边界，使每一个责任中心（或责任岗位）能够成为一个相对独立的利益单元。为了实现这一原则，就必须对每一个责任中心（或责任岗位）下达预算指标，称之为责任预算；对每一个责任中心（或责任岗位）履行预算责任的情况进行单独核算，称之为责任会计；对每一个责任中心（或责任岗位）履行责任的结果进行考核，称之为责任考核；根据每一个责任中心（或责任岗位）完成预算的好坏进行奖惩，称之为责任报酬。这样，尽管在公司制企业内部采取大规模群体劳动的形式，但每个责任中心（或责任岗位）都有权、责、利的相对独立性，各责任中心（或责任岗位）之间就很难相互"搭便车"，相互"吃大锅饭"，各责任中心（或责任岗位）都能感觉到为自己而干，预算责任指标完成的好坏就决定了各责任中心（或责任岗位）的收益的高低，为了得到更多的收益，各责任中心（或责任岗位）就必须更好地完成预算责任指标，正是基于自身利益的需要，各责任中心（或责任岗位）才持续不断地努力工作。

4. 预算管理采取市场模拟的方式，实现公司制企业内部上下之间、不同部门、不同岗位、不同环节之间的利益界定。按照科斯的交易费用理论，企业之所以存在是为了节约交易费用，通过企业内部的行政协调，可以减少因市场讨价还价而产生的交易费用。但是，由于企业内部采取行政协调的方式，使得企业内部各部门、各岗位、各环节之间的关系不再是市场讨价还价的关系，从而容易导致各自的权责利边界的模糊。为了解决这一问题，就必须在企业内部模拟市场，建立相互讨价还价的机制，这种讨价还价的机制包含了两个方面：一是在企业的纵向体系中，通过预算责任指标分解的上下之间的讨价还价，实现权利与责任的匹配以及利益与责任的匹配。表面上看，预算责任指标的分解过程只是落实预算责任的过程，它要求每一个下属层次都必须要承担一定的预算责任。但本质上看，在落实预算责任指标的同时，只有配置相应的权利才能确保预算责任指标的完成，也只有建立一种合理的收益分配机制才能使人们有动力完成预算责任指标。所以，上下之间就预算而进行的讨价还价是要更好地实现权利在上下之间的合理配置，以及利益与责任、利益在企业内部各部门、各岗位、各环节的均衡。二是在企业的横向体系中，通过建立需求链（或供应链）关系，实现企业内部各部门、各岗位、各环节之间的权责利的明确界定，为此就形成了内部合约，在内部合约中会明确规定内部转移价格、转移质量、转移时间、转移地点等条款。所有这些条款都是企业内部各部门、各岗位、各环节之间相互讨价还价的结果，由于这种结果不是通过行政裁决而是通过讨价还价实现的，各部门、各岗位、各环节之间必然相互认可，从而使得各自的权、责、利能够得到有效界定。即便是相互讨价还价难以达成一致时，也模拟市场、设立仲裁机构进行调解。所以不难看出在预算管理体系中，模拟市场是其重要的特征，透过模拟市场的方式，就能比较好地使得每个责任中心（或责任岗位）成为一个权、责、利边界明确的利益主体。

二、责、权、利有效配置的预算机制

从责任导向到利益导向的预算管理体系更加强调了预算机制的激励性作用，但这并不否认预算作为一种责任机制的约束性作用。企业中每一个预算责任主体要想获得自身的利益，就必须要履行相应的预算责任，为了完成这种责任，当然也必须享有相应的权利。从这个意义出发，预算管理体系是一种责任、权力、利益的合理配置体系。

（一）企业契约理论及其对公司制企业的实质的诠释

根据企业契约理论，企业是一系列相关契约的组合，而任何一个契约都表明了契约相关各方的权利义务关系。设立公司制企业是由政府、所有者、经营者和员工之间形成的一种契约组合，这种契约组合规定了形成公司有效运转的必不可少的四个要素（政府提供环境要素、所有者提供物质要素、经营者提供决策要素、员工提供执行要素）的提供主体的各自的权利义务，这种权利义务关系主要在公司章程中得以载明。

这组契约是公司运行的前提，一旦公司制企业设立后就将进行运行，在运行过程中必与外部相关利益关系人发生权利义务关系，从而形成相应的一组外部契约，这组契约是公司进行运行的标志，也是公司与外部相关利益关系人进行协调的保证。为了保证公司与外部相关利益关系人的契约能够有效履行，必须将这组契约对公司的要求转化为对公司内部各分工主体的要求，从而在公司内部形成了一组契约。这组契约主要规定了公司内部各分工主体所应该承担的责任，履行责任所必须要享有的权利以及履行责任后所应该分享的利益，在公司内部形成的这组契约是公司目标得以实现的基础。

公司设立也可以认为是以市场讨价还价的方式形成公司章程，以及作为公司章程形成基础的各相关协议的契约组合，它明确各要素提供主体的权利义务关系；在公司运行中，一般也是通过市场讨价还价的方式形成标准契约，明确公司与外部相关关系的人的权利义务关系；在公司内部各分工主体的关系中，要比上面两种关系更为复杂，主要表现在两个方面：

1. 公司内部各分工主体的关系不是简单的权利义务关系。

首先，公司与外部相关关系人的关系是一种典型的权利义务关系，在市场经济条件下就是一种供求关系。但在企业内部各分工主体之间的关系首先是一种分工协作关系，其次，在企业内部还存在上下级的科层组织，科层组织之间的上下级关系是一种领导与服从、决策与执行的关系。

就公司内部各分工主体的协作关系而言，最关键的就是要明确界定各分工主体之间的责、权、利边界，从而表现为责、权、利关系。就科层组织的上下级关系而言，最重要的就是上级对下级下达责任目标，并进行授权。下级利用授权履行责任目标，在履行责任目标的基础上，上级对下级进行考核，确定下级应该分享的利益，从而也表现为责、权、利关系。

所以，在企业内部存在的基本关系就是责、权、利关系。事实上，企业替代市场从而节约交易费用，由此使得企业内部分层、分工管理形成了责、权、利关系，它替代了市场由供求形成的权利义务关系。

2. 责、权、利关系是以责任履行为基础、权力行使为保证、利益分配为目标，三者缺一不可。

在权利义务关系中，更加强调契约当事人双方的权利与义务的对称，或者更准确地说，一方的权利恰好是另一方的义务，一方想要得到权利就必须履行义务，权利与义务的内容因契约的标的不同而有差异。

而在责、权、利关系中，各分工主体的责任目标必须和公司的目标一致，只有公司的目标得以实现，各分工主体的责任目标的实现才有意义，也才能分享相应的收益；为了保证各分工主体的责任目标的实现，必须赋予相应的权力，如果权力与责任不对称就会导致权责不明而推诿责任，推诿责任也就必然导致收益分配的不公平。

不难看出，在公司内部的责、权、利关系体系中，一方面，必须将公司内部各分工主体的责任与公司目标联系起来，另一方面，每一个责任主体的权力和利益必须与责任联系起来。这样，就使得每一个责任主体的责任目标的完成有了利益动机和权力保证，而每个责任主体的责任目标的完成又为整个公司目标的实现提供基础。

传统上，公司制企业更强调科层组织结构，通过利用上下级关系中的下级服从上级确保公司目标的实现。所以，在公司组织中，主要采取责任契约的方式将公司的目标分解落实到各分工主体上，而对权力和利益与责任的匹配的关注度相对较弱。由此就导致了以下问题：

（1）将公司目标转化为分工主体的责任目标时，难以实现各分工主体的责任目标与公司目标的无缝衔接。过去公司制企业在确定公司内部分工主体的责任目标时，虽然也以公司的目标作为基础，但存在三个缺陷而导致难以实现两者的无缝衔接：

①在将公司内部分工主体责任目标与公司目标挂钩时，只是进行整体挂钩，也就是只强调每个分工主体的责任目标与公司目标有关。但无法做到将各分工主体的责任目标与公司总目标中的哪一个分目标直接衔接，其数量关系是什么，从而无法形成一个公司的目标体系，并将这一目标体系落实到公司内部各分工主体的责任目标上。其直接结果是，公司内部各分工主体的责任目标完成，但公司的目标却无法实现，甚至出现两者背道而驰的状况。

②在将公司内部分工主体责任目标与公司目标挂钩时，只是更多地关注业务方面，也就是更多地强调每个分工主体所要履行的功能或者作业目标。由于每个分工主体在企业业务体系中的业务性质不同，因而其责任目标各不相同，就难以与企业的总目标之间实现数量上的无缝衔接。

③由于强调各分工主体责任目标的业务方面，导致各分工主体更加关注各业务目标的完成，而往往忽略为实现这一业务目标所进行的投入，从而使得某一业务目标的实现相对于所进行的投入是不值得的，以至整体上使得企业的业务目标得以完成但价值目标却无法实现。必须说明的是，在市场经济条件下，企业的最终目标是企业价值最大化，一切业务目标的完成都是为价值目标的实现奠定基础。但在传统的以业务责任目标完成为重心的公司制企业中，业务责任目标的完成与价值目标的实现是不匹配甚至"两张皮"。

不难看出，在市场经济条件下，公司的目标是价值属性的，也必然要求各分工主体的责任目标是价值属性的。只有两者都是价值属性，才能实现它们之间的数量衔接；也不可否认，各分工主体的价值属性的责任目标必须通过相关的业务（作业）活动才能完成，所以，在各分工主体的价值属性的责任目标之下，可以进一步确定其业务责任目标。

（2）各分工主体承担责任目标却没有享有相应的权力和分享相应的利益，也就是责、权、利不对称，以至分工主体缺乏履行责任目标的权力保证和利益动力。在强调科层结构的公司制企业中，往往通过责任目标的下达，要求各责任主体履行责任目标，各责任主体处于被动的执行状态，主观能动性的发挥受到了很大的制约。更大的问题是，只有责任没有相应的权力和利益匹配，会导致对责任目标完成情况的考核无法科学合理，利益的分配难以公平公正，公司内部吃"大锅饭""搭便车"的现象严重，以至责任目标完成情况的考核不了了之。主要的缺陷表现在以下两个方面：

①权力与责任不匹配必然导致责任难以有效地履行，责任边界也难以清晰地划分，权力与责任不匹配存在有责无权，有权无责的两种状态。但是，在强调科层结构的公司制企业中，更易出现的情况是有责无权。在强调科层结构的公司制企业中，权力更多地集中于较高的层次，企业内部各较低层次的分工主体主要是以责任主体的形式出现，更多的是承担履行责任的职责。由于有责无权，使得各分工主体不能机动灵活有效地根据自身所履行责任及其环境的需要做出决策，从而容易造成决策的时过境迁，也容易造成各分工主体消极被动等待上层决策指令，无法形成积极主动的基本态势。

现代公司制企业特别强调扁平化管理，把权力下放到最需要的基层，就是为了改变传统科层结构下公司制企业管理的缺陷，所谓把权力下放到基层，更准确地讲就是下放到最需要、最能够有效做出决策的分工主体。由于权力与责任不匹配，使得决策主体与履责主体不一致，结果也可能导致责任的不能履行是由于决策的不及时和决策的错误所致。由于决策主体并不是履责主体，因此，在评价和考核各分工主体的责任履行情况时，必然导致无法明确的界定决策主体和履责主体的责任边界，有可能使业绩评价和考核不了了之。

②责任与利益不匹配必然导致责任主体缺乏内在的动力，从而不能积极主动地履行责任，甚至导致"搭便车"和"吃大锅饭"的现象。公司内各分工主体之所以愿意承担和履行责任，甚至超越责任目标的要求，从根本上是基于自身利益的需要，正是自身利益的需要使得各分工主体愿意多干、愿意干好。从这个意义出发，各分工主体不是为了履行责任而分享收益，而是为了分享收益而履行责任。如果各分工主体的利益分配的多少

与履行责任的多少和好坏之间不能有效地匹配，简单地说就是干多干少、干好干坏，收入分配都一样，那么谁还有履行责任的主动性和积极性，结果是好的不好，坏的不坏，甚至是好的也向坏的看齐。

所以，现代公司制企业所要解决的基本问题就是让每一个分工主体都能有着自己相对独立的利益边界，并且这种利益边界与其责任完成的多少和好坏密切相关，否则，就可能导致各分工主体的利益边界不清，并致使对分工主体的责任履行的考核也不了了之。

归结起来，在现代公司制企业中，最为重要的不是简单的对各分工主体下达责任目标，并强制其履行，也不在于下达的责任目标越高分工主体履行的程度就越高。最为重要的是，无论下达的责任目标是高是低，关键是必须配置以相应的权力和分享相应的收益，只要三者实现了有效的均衡，各分工主体的责、权、利边界就非常清晰，各分工主体的积极性和主动性就必然大大发挥。因为，分工主体实实在在地成为一个相对独立的利益主体，分工主体利用其权力履行职责就是为了实现自身的利益目标。

（3）为了解决在科层结构下公司制企业上述问题，现代公司制企业引入了预算管理。预算管理经历了财务预算、全面预算的历史变迁，事实上，这些预算管理方式仍然强调了预算作为责任管理的属性，而没有很好地实现责、权、利有机结合的管理属性。正因为这样，就必须将强调责任属性的传统预算管理体系向强调责、权、利结合属性的预算管理体系转变。这种转变所遵循的基本思想是：在公司制企业组织结构中，为了协调各分工主体的行为，既不能采取完全集权的方式，也不能采取完全分权的方式。事实上，在这种协调中，既没有最好的集权也没有最好的分权，有效的分权就是最好的集权。

有效的分权表现在三个方面：一是分权权力的大小必须与接受权力者的能力相称；二是分权权力的大小必须与接受权力者所承担的责任大小相称；三是接受权力者所分享的利益必须与其所履行的责任大小和好坏相称。

从发达国家企业管理发展的趋势看，目前正经历由集权向分权、分散向集中的模式转换。之所以必须由集权向分权的方式转换，主要在于伴随人类文明的进步，企业内部各分工主体的行权能力越来越强，从而人们可以有效地应用赋予的权力；同时，由于市场越来越复杂，变化速度越来越快，也必须将权力下放到直面市场的基层主体；信息技术水平的不断提高使得企业组织可以扁平化，信息的处理和传播越来越不依靠组织的层级予以实现，而是依靠技术的手段就可以有效解决。

正由于此，"有效分权就是最好的集权"的基本理论就产生了，也就是说，分权是现代公司制企业管理体制的基本特征。在分权的管理体制下，必然产生如何将整个企业的权力体系系统协调的配置到各分工主体的问题。由于各分工主体的权力配置是与各分工主体所承担的责任密切相关的，所以，系统配置权力的前提是系统的分解落实责任。预算管理以目标利润的总责任为起点，将其分解落实到各分工主体。在此基础上，配置相应的权力和分享相应的利益，从而实现预算管理对责、权、利的整合功能。在现代公司制企业的管理体制中，由集权到分权转换的同时又出现了由分散向集中的趋势，产生这种趋势是基于越是规模大的企业越需要产生协同效应，正是通过各种资源的集中使用使得协同效应得以有效发挥。这样，现代公司制企业的管理体制就形成了两个特征，一是集中而不集权，二是分权而不分散。预算管理体系究竟是怎样实现现代公司制企业的责、权、利有效配置的？

（二）预算管理体系与其公司制企业的责、权、利有效配置

预算管理体系的形成最早是为了进行责任控制，要求各预算责任主体完成责任指标。各预算主体为了完成预算责任指标必然要享有相应的权力，完成或超额完成了预算责任指标也必然要分享相应的收益。由此就产生了各个预算责任主体的责、权、利之间的关系，预算在合理有效配置协调这三者关系上有着无可替代的作用。

1. 预算管理体系将目标利润分解落实到各业务事项和各分工主体，实现了目标利润与业务事项或分工主体的密切联结，从而使得目标利润的实现有了业务和主体保证。

（1）预算是以目标利润作为其编制起点，通过逐渐的分解形成了预算收入、预算支出，而预算收入和预算支出又进一步分解，形成各种明细项目的收入和支出，以至无穷到不能再进行细分，这样就形成了一个完整的以价值形式表现的预算收支体系，这一收支体系是以目标利润为起点进行分解的，这就使得所有的收支整合在目标利润之下；预算目标利润不仅要以所有的预算收支实现为基础，而且所有的预算收支也必须以相关的业务活动为基础。这样，企业的预算体系不仅形成了相应的收支体系，而且，这些收支都必须落实到相关的业务活动上。

如销售收入预算必须落实到各种产品的销售量上，各种产品的销售量

又必须落实到生产量和储存量上，生产量和储存量还必须落实到采购量上，生产量常常又与固定资产的规模直接相关。又如销售成本预算必须落实到单位产品成本上，单位产品成本又分解落实到材料成本、人工成本和制造费用，这三种成本前两者必须落实到耗量和单价上，后者则必须落实到固定资产的规模上。如此等等，不难看出预算收支最终都和业务事项直接关联，为了达成这一要求，现代管理就产生了作业成本法和作业的价值分析，传统预算的最大缺陷就是未能有效地实现这两者的衔接。实现这两者的衔接必须解决两个问题：

①必须将企业的业务进行标准化，从而使得业务与某项预算收支存在稳定的数量关系。

②必须找出各预算收支分解落实到各项业务上的分解比例，这些比例所形成的体系就使得整个预算收支体系与利润目标有机地整合在一起，使得整个业务体系与预算收支体系有机地整合在一起。

（2）预算的目标利润不仅通过预算收支的细分落实到各项具体业务上，而且也必须落实到各分工主体上，这种预算称之为责任预算。责任预算实际上就是要把企业内部各分工主体的行为整合到完成目标利润上来。在预算管理中，各分工主体称之为责任主体，这些责任主体有的只对某项收入或某项成本负责，有的则必须对利润或者投资报酬负责。但不管怎样，正是通过每个责任主体完成某项预算收支，从而保证目标利润的充分实现。为了使每个分工主体所承担的责任目标均衡合理，最为关键的是要形成按照责任主体分解落实预算收支责任的各种比例。这种比例关系均衡合理主要表现在两个方面：

①每个责任主体所承担的责任目标与其自身的能力必须相当，只有这样才能保证所下达的责任目标的最终实现。为此，在进行责任主体的能力标准设计中，必须考虑能够实现相关责任目标的基本要求，也就是业务管理必须满足预算管理的要求（这里是选聘的人必须与责任目标的完成相称）。

②每个责任主体所承担的责任必须与其他责任主体承担的责任相协调，这主要在于企业的业务活动之间存在相互的关联性，这种关联性表现在业务活动的前后顺序和数量关系上。在预算分解体系中，必须考虑各责任主体的这种业务相关性，使得各业务主体的业务行为能够通过预算指标的合理分解实现整体协调。最为显著的例证是，企业的购、销、产、存之间不仅存在时间上的顺序关系，而且存在业务上的数量关系。由于购、

销、产、存各环节也是责任主体，因此，通过预算责任指标下达到各责任主体，必须有效地整合购、销、产、存各环节的业务关系。

2. 预算管理体系在责任目标分解落实到各责任主体的基础上，必须匹配相应的权力，并确定分享利益的标准。预算管理体系不仅实现了预算收支与业务的一体性，也实现了总目标利润与各责任主体的预算收支责任目标的一体性，预算管理体系还必须实现各责任主体的责任与权力、利益的一体性，只有实现三者的有效整合，预算收支责任才能被责任主体有效地履行。怎样才能实现责任与权力、利益的匹配？

（1）总的原则是本着干什么就管什么确定各责任主体的权力；也本着干什么、干到什么程度确定各责任主体的利益。预算管理体系在将企业的目标利润通过预算收支分解落实到各责任主体的基础上，必须将企业的全部权力分解落实到各责任主体上，权、责对等是分解落实权力的基本要求。通过权、责对等使权力落实到各责任主体上，并必须实现自己的责任和自己承担的最终要求。正如前面所述，如果权、责不对等就很难明确界定各责任主体的责任边界，也就无法准确地考核各责任主体责任目标的完成情况。如销售人员必须对销售收入承担责任，那么销售人员就必须拥有一定的签订合同和确定招待费用额的权力，销售人员必须对应收账款的收回承担责任，那么，销售人员就必须拥有一定的确定赊销的权力。如此等等，权、责对等是其内核，如果实现了权、责对等，那么整个企业的权力就被有效地配置到各责任主体的各项责任的履行上，这不仅实现了每个主体的权、责协调，而且实现了整个企业的权力与各项预算收支责任履行的协调。

（2）预算管理体系在权、责对等的基础上还必须实现责任与利益的匹配。各责任主体之所以履行预算责任就是为了谋求自身利益的最大化，实现各责任主体的责任与利益的匹配也包括两个方面：

①各责任主体完成责任目标的大小和好坏必须与相应的利益挂钩，也就是各责任主体分享什么利益必须与预算收支责任指标直接挂钩，而收支责任指标又直接与相关的业务指标相衔接，这就要求如果不能直接与预算收支责任指标挂钩的，也必须与相关的业务指标挂钩。同时，各责任主体分享利益的多少必须与预算责任指标完成的大小和好坏挂钩，实现多劳多得、优劳优得。只有这样才能防止"吃大锅饭"、"搭便车"的现象。在预算管理中，实现这一目标采取的主要方式是进行岗位预算、岗位核算和岗位考核，最终形成岗位薪酬。

②各责任主体所分享的利益必须与企业分配的总收入衔接一致。在一定期间内，企业会根据其目标利润的完成程度确定相应的收入分配总额，这一收入分配总额又必须依照每个责任主体完成责任目标的大小和好坏进行再分配。实现收入分配总额与各责任主体的收入分配额的整体协调的关键是必须保证各责任主体的收入分配的均衡性，在企业内部进行收入分配根本问题不在于收入分配的高低，而在于收入分配的均衡性。收入分配的均衡性不仅在于多劳者多得，优劳者优得，更在于企业内部没有一个责任主体更享有收入分配的特殊性，其基本表征是某一分工岗位如果被所有的其他岗位的员工趋之若鹜，就意味着这个岗位在收入分配上具有优势于其承担的责任的特殊性，这时，必须对这一责任主体的收入分配进行调整。为了实现整个企业的所有责任主体的收益分配的均衡性，在预算管理中，必须要对每个责任主体特别是岗位进行责任的履行难度进行评价，从而形成一个以每个责任主体的难度系数所构成的责任履行难度体系，并以难度系数确定每个责任主体在总收益中的分配地位，预算正是通过难度系数体系实现每个责任主体的收入分配与企业总收入的整体协调，实现每个责任主体的收入分配与其他责任主体的收入分配的均衡协调。

不难看出，预算管理体系能够有效地将企业的责、权、利体系实施整合，这正是预算管理体系内在功能所致，也是预算管理体系不断演变发展的结果。

三、企业资源有效配置的预算机制

为了实现企业的目标利润，企业必须开展各种经营管理活动。进行任何经营管理活动一方面有助于保证企业目标利润的实现，另一方面必须要耗费企业的资源。为了有效地组织和分配资源于各项经营管理活动之中，企业必须要选择一种科学合理的资源配置机制。

（一）企业资源配置的机制选择

从宏观经济层面看，全世界已采用过两种主要的资源配置机制：一是计划机制，在新中国成立初始以至之后的近30年主要采用的就是这种资源配置机制，这种机制主要采用行政手段，依靠政府的国民经济计划组织和配置全社会的资源，具有极强的行政性；二是市场机制，这种机制主要存在于市场经济国家，我国在改革开放后也采用了这种机制。市场机制主要是利用市场供求关系的变动，自发的调节全社会的资源的配置方向和配置结构，市场是一只无形的手，可以根据供求关系的变动有效地配置全社会的资源，具有极强的自发性。

在微观经济层面，也就是企业层面，为了实现目标利润也需要有效地组织和配置资源。根据科斯的企业理论，企业的存在就是为了节约交易费用而替代市场。当企业替代市场后，企业内部的资源一般就不再通过市场讨价还价、签订合约的方式进行配置，而是利用企业所形成的科层组织、采用行政手段进行配置。尽管如此，随着现代企业组织的集团化以及分支机构的膨胀化，企业内部开始模拟外部市场进行资源配置。当今企业的资源最终都能体现为货币的形式，为了能够有效地配置这种资源就形成了内部资本市场。也就是说，在企业内部配置资源也有两种机制即行政机制和市场机制。

但是必须看到，行政机制仍然是最主要的机制，而市场机制是作为补充，否则，企业替代市场从而节约交易费用的优势就不可能得以真正体现。即便是市场机制，也只是具有模拟的特征，而不是真正像外部市场一样完全依靠供求规律调节资源的配置，在企业内部无法完全形成像外部市场一样的供求关系。事实上，许多企业在内部模拟市场，内部各部门、各环节之间形成供求关系、签订内部合约，界定各自的责、权、利边界，具有内部市场化的特征。但是，由于内部各部门、各环节作为供求双方并不像企业与企业之间是一种完全独立的利益关系，所以，供求双方的权力与义务的界定不可能完全清晰。签订的内部合约也不具有真正的法定属性，包括履行的强制性和违约的法律制裁性。它主要是按照企业的最高管理当局的要求所形成的一种责、权、利关系，这种关系更具行政特征，表现在企业的最高管理当局向各部门、各环节下达责任目标，并配置相应的权力，根据完成责任目标的好坏分享利益。所以，企业内部配置资源的主要机制是行政机制。

为了使配置资源的行政机制更加有效，企业一直在探索这种机制的实现方式，经过长期的实践后，企业发现预算管理体系对有效配置企业的所有资源有着不可替代的作用，或者说，预算管理体系具有对资源进行有效整合的作用。一方面，预算责任目标的完成离不开现有的资源基础；另一方面，预算管理体系又将已有的资源进行有效的配置，从而使得现有资源能够切实地整合到预算责任目标上，也就是资源的使用有了目标。目标的实现有了资源的基础，这种对接就能够充分地调动企业的一切资源，为企业目标的实现所用，而企业目标的实现由于有了充足的资源基础也不至于成为空洞的口号。不仅如此，预算管理体系对已有资源的有效配置还表现在将所有的资源按照预算责任目标分解体系（或者分目标体系）进行再分配，实现资源配置结构体系与预算责任目标分解结构体系的有机整合，这就使得任何一个预算分责任目标的实现有了资源基础。

（二）预算管理体系与企业资源配置

那么，预算管理体系是怎样实现企业资源与预算责任目标之间的有效整合的？

整体上说，企业的主要资源是人、财、物，而整个企业要完成预算责任目标也必须要有相应的人、财、物等资源作为基础；企业内部的任何部门和岗位要实现被分解落实的预算责任分目标，都必须要有相应的人、财、物等资源作为基础。显然，预算管理体系对资源的整合作用就表现在总量和结构两个方面。

1. 预算管理体系对资源总量的配置作用。

预算管理体系对资源总量的配置作用就是要确定企业在一定时期要完成预算责任目标必须配置多少人、财、物等资源。这里显然要确定企业各种投入资源与企业预算责任目标之间的关系，由于，企业投入的资源类型不同，所以，在确定总量关系时，就是要分别各种类型的资源确定与企业预算责任目标之间的数量关系。

（1）就人力资源与预算责任目标之间的关系而言，就是要根据企业现实的劳动生产率的高低以及提高的要求，确定所需要的预计员工总数。在确定预计员工总数时，并不考虑员工的职业技术结构和等级结构。事实上，企业在确定劳动生产率时一般采用的指标是全员人均生产产量，或全员人均销售收入（销售量），或直接采用人均利税额。当预算责任目标中确定了目标利润，就可以以目标利润推算出销售收入，继而以销售收入推算销售量和生产量，这样就可以结合全员人均生产产量、人均销售收入（销售量），或人均利税额确定所需要的预计员工总量。

（2）就财力资源与预算责任目标之间的关系而言，由于企业任何收入的取得都必须要进行相应的投入，在市场经济条件下，企业的收入最终都以现金流入的形式表现，而任何收入的取得最终都必然发生支出，这些支出主要是指成本费用支出，成本费用支出最终都以现金流出形式表现。

①一方面，企业形成收入必须要花费成本费用，换句话说，成本费用

支出是取得收入的前提，也是取得收入的资源。企业在预算期为了取得一定的收入（利润或者销售收入）就必须要在预算中确定相应的支出（或者成本费用），也就是要进行成本费用预算。为此，必须确定成本费用支出与销售收入或利润之间的比例关系，并通过这一关系推算出成本费用的预算额。

②另一方面，伴随企业收入的取得和支出的发生也会产生现金的流入和流出。现金流出作为企业的财力资源支撑着企业的生产经营活动，而生产经营活动的结果又会产生现金流入，现金流入流出周而复始使得经营活动能够循环往复地进行下去。由于企业的收入和支出迟早会形成企业的现金流入和流出，企业就必须要根据收支预算（还包括投资预算）确定预算期现金流入流出的总量及其差额。当差额为逆差时还需要确定筹资预算，当差额为顺差时就需要进一步确定投资预算。伴随企业生产经营业务的进行，必然需要有相应的资金与之匹配，资金短缺会导致企业的预算责任目标无法实现，资金盈余会导致资金不能有效使用而形成沉淀，相应会发生机会成本，或者直接导致资金成本的增加，也使得目标利润难以实现。在预算管理体系中，主要是通过现金流量预算，或者预计现金流量表确定企业所需要的资金量，以及从何渠道筹措相应的资金。

（3）就物力资源与预算责任目标之间的关系而言，企业生产经营活动的展开必须要具备一定的生产经营条件，如产房、设备、存货等所有这些生产经营条件都称之为物力资源，物力资源的使用和耗费的部分会通过成本费用的提取予以补偿，从而使得物力资源能够得到不断的补充，周而复始循环使用。简单地说，物力资源就是企业的全部占用资产，这些资产要被不断的周转使用，每一次资产的周转都会形成相应的收入，而预算期资产可以被多次周转使用，这样就形成了资产的周转速度。所谓物力资源与预算责任目标之间的关系就是要确定预算期总资产的周转速度，通过预算期的预算收入与这一总资产的周转速度相比较，就可以得到预算期所需要的资产占用总额。

归结上述三个方面可以看出它们与预算责任目标的总关系是：为了预算责任目标的完成，必须要以人力资源和物力资源作为保证，人和物是我们进行任何生产经营活动的基础。在市场经济条件下人和物都可以通过货币资金取得，但货币资金并不能直接作为生产经营活动的基础，它必须转化为人和物才能为生产经营活动所使用，所以，间接地说货币资金也就是人力资源和物力资源。人力资源和物力资源在使用的过程中必然会形成各种成本费用支出，这些成本费用支出有的直接表现为现金支出，有的表现为资产的耗费，无论以何种形式出现，成本费用的支出都必须要形成相应的收入，成本费用就构成收入形成的资源。

2. 预算管理体系对资源结构的配置作用。

如果说预算管理体系对资源总量的配置作用主要是表现为合理确定投入产出的总量关系，那么，预算管理体系对资源结构的配置作用则表现为投入产出结构的合理配置，这种投入产出结构可以按照不同的标志分类，从而形成不同的配置结构。

（1）按照产出要素进行配置。

整体上说，企业的投入也就是人、财、物的投入，人、财、物的投入目的就是为了形成相应的产出。企业的产出可以按照业务活动进行分类，形成相应的业务收入，这些业务收入既是企业销售收入形成的基础，也是企业利润的形成基础。因此，这些企业业务收入的完成情况就决定了企业预算责任目标的实现程度，而企业业务收入的完成情况最终又取决于人、财、物的投入多少。

这里的多少包含了两种关系：关系之一是同一业务收入与投入的人、财、物之间的比例关系，这种关系称之为纵向关系，纵向关系是一种投入产出关系。投入产出关系不合理会导致或者投入过剩，或者产出不足；关系之二是不同业务收入投入的人、财、物之间的比例关系，这种关系称之为横向关系，横向关系是一种投入结构的关系。投入结构不合理会形成顾此失彼，或者某种投入短缺形成瓶颈效应，或者某种投入过剩形成沉淀效应，两者既可能导致某种产出不能实现，也最终必然导致总产出不能实现。

企业的业务活动分为主营业务、其他业务、对外投资业务和营业外业务，每一种业务又可以进一步细化，如主营业务又可以细分为各种商品（服务）的销售业务，对外投资业务可以细分为有形资产投资和无形资产投资、实体投资和金融投资，如此等等。通过预算管理体系就是要将企业的全部人、财、物分别配置到各类业务上，各类业务分拆越细，确定各类业务的投入产出关系就更容易准确。每一类细分的业务既会产生收入也需要投入人、财、物，为此，就必须科学合理地确定两者的关系。在西方的发达企业，为了科学合理地确定这两者关系，通常会要对生产经营业务活动进行标准化，包括组织再造、作业和岗位设计、流程再造，通过这种标准化使得两者之间的关系能够相对稳定，从而便于确定取得一定收入所必须要确定的人、财、物。

实现预算责任目标不仅要求科学合理地确定人、财、物投入与相应业务收入之间的合理比例关系，而且，由于不同业务之间也存在相互的关联关系，还必须保证不同业务之间所投入的人、财、物保持合理的比例关系，只有这种不同业务之间的投入结构合理，整个企业的预算目标才能有效实现。通过基于事项的预算管理体系，就是要将企业的全部资源科学合理地配置到企业的各项业务上，既能保证各项业务的投入资源与相应的业务产出之间形成合理的配比关系，也使得各项业务之间的投入资源形成合理的结构关系。

（2）按照责任主体进行配置。

为了保证预算责任目标的实现，企业必然将预算责任目标分解落实到各预算责任主体，包括各责任中心以至每个岗位。伴随预算责任目标的分解，每个责任主体为了实现责任目标必须要拥有相应的人、财、物等资源。每个责任主体的产出并不相同，为了将整个企业的资源有效的配置到每个责任主体，就必须科学合理地确定每一个责任主体的产出与相应投入资源之间的关系，这种关系也称之为纵向关系。

通过各责任主体的产出与相应投入资源之间关系的确定，不仅能够通过各责任主体的预算责任目标推算相应的投入资源，而且要求所有责任主体所分配的资源总量不得突破完成预算责任目标所确定的全部投入资源，如招待费用作为财务资源要分解配置到相应的责任中心（或岗位），就必须合理确定每个责任中心（或岗位）的招待费用与相应产出之间的数量关系，并根据预算责任目标所确定的产出数量计算出相应的招待费用额，不仅如此，每个责任中心（或岗位）的招待费用之和不能突破企业招待费用的总预算额。

在将资源配置到每个责任中心（或岗位）时，不仅要考虑每个责任中心或岗位的投入资源或产出之间的关系，而且必须考虑相关中心或岗位之间的投入资源的结构关系，使得各责任中心（或岗位）之间的业务能够协调，在投入资源的配置中不能顾此失彼，有可能导致一个责任中心（或岗位）的业务不能有效进行，而影响到另一个责任中心（或岗位）的业务。通过基于主体的责任预算体系，就是要将企业的全部资源科学合理的配置到每个责任主体（或岗位）上，既能保证各责任主体的投入资源与相应的产出之间形成合理的配比关系，也使得各责任主体（或岗位）之间的投入资源形成合理的结构关系。

（3）按照环节进行配置。

企业生产经营活动是按照环节进行的，整个生产经营活动过程必须环环相扣才能顺利地进行，而要保证生产经营活动环环相扣就必须使每一个上一环节的结果与下一环节的开始无缝衔接。为此，必须要将企业的资源合理地配置到企业生产经营活动的每一个环节，使得生产经营活动的各个环节协同运转。企业的生产经营活动过程一般包括购进、储存、生产、销售等环节，每一个上一环节为下一环节提供前提和准备。如果上一个环节的资源配置不足，不仅会导致本环节不能完成预算责任目标，而且会直接影响下一环节的预算责任目标的完成。

要使每一个环节的预算责任目标得以有效完成，就必须按照一定的时间和地点配置相应的资源。如为了保证生产顺利进行就必须要求购进环节能够按照生产的时间或地点供应原材料，而满足这一需要就必须在购进环节配置相应的人、财、物等资源。按照环节进行资源配置就是要根据需求链管理原理，从顾客的需要出发反推至销售、生产、储存以至购进环节，并与供应商之间形成相应的合约关系。

在这一需求链关系中，根据顾客的需要确定企业的销售量，依据销售量确定生产量，又以生产量和现有的储存量确定必要的采购量，以此为基础与供应商之间签订相应的采购合约。在这个需求链中，每个上一环节的业务量的完成是下一环节的业务量完成的基础。这里最为重要的是，在确定了每个环节的业务量的基础上，必须合理为每个环节业务量的完成，配置必要的人、财、物等资源。为了使这种资源配置合理有效，关键是要确定每个环节的业务量与相应的人、财、物等资源之间的关系。

通过基于环节的预算管理体系，就是要将企业的全部资源科学合理的配置到每个环节上，既能保证各环节投入资源与相应的业务量之间形成合理的配比关系，也使得各环节之间的投入资源形成合理的结构关系。

（4）资源内部结构的配置。

企业投入资源不仅要与产出总量和产出结构之间进行合理配置，而且，资源内部的结构也要进行合理地配置，这种配置主要表现在人力资源与物力资源的比例关系的确定。企业的物力资源必须要依靠人来使用，所以，人和物之间会存在一定的比例关系。

在预算管理体系中，要以这种比例关系为基础，合理确定人工成本预算和投资预算。反过来说，通过预算所确定的人工成本和投资就能很好地整合人类资源与物力资源的相应关系；物力资源内部的结构关系，这种关系包括流动资产与固定资产、有形资产与无形资产、长期资产与短期资产、现金资产与非现金资产等结构关系。合理确定这些关系是保证物力资源充分有效使用的前提。在预算管理体系中，为了保证这些关系的有效实现就必须将企业的资金按照相应的比例关系投放到这些资产上，以达成这些资产的结构配置合理。

总之，预算管理体系是一种能够将企业的全部资源进行合理有效配置的手段，为了实现这种合理有效配置，一方面，必须对企业的生产经营业务活动进行规范化和标准化，另一方面，必须科学合理地确定企业资源与生产经营业务活动所形成的产出之间的比例关系。以此为基础，利用预算管理体系对企业全部资源的配置就能达到合理有效的程度。

四、收益分配的预算机制

预算管理是利益导向的，正是这种利益导向性决定了每个责任主体履行预算责任目标的起点和归宿都是为了追求自身利益的最大化。为了实现自身利益最大化，每个责任主体会自愿的履行预算责任目标，只有履行了预算责任目标，每个责任主体的利益才能最终得以实现。这里，每个责任主体履行预算责任目标成为一种内在的自愿，而不是一种外在的强制。显然，在预算管理中如何设计收益分配机制，凸显每个责任主体的自身利益就变得尤为重要。

（一）预算管理体系与收益分配机制的关系

在预算管理中，收益分配机制的设计首先必须解决收益分配的均衡性，从根本上说，这种均衡性就是要实现多劳多得、少劳少得、不劳不得。这实质上是每个责任主体之间收益分配份额的比较问题，通过这一比较使得每个责任主体所分享的收益与所承担的预算责任目标是相称的。也就是每个责任主体所承担的预算责任目标的难易程度不同，分享的收益也必须有所差异，一般采取难度系数的形式对不同质的预算责任目标完成的难易程度进行区分，从而形成了不同责任主体履行责任的难度差异，也就为收益分配的差别化提供了基础。

不仅如此，每个责任主体之间可能还存在着相互的利益转移关系，这种利益转移是否公正合理也会直接影响各责任主体之间收益分配的均衡性。所以，在预算管理中，要实现各责任主体之间收益分配的均衡性，还必须使各责任主体之间的利益转移公正合理，达成这一目标就是要使相关责任主体按照模拟市场的原则，通过自愿、公平的讨价还价确定利益转移关系。

通过这两个方面，就能比较有效地实现了收益分配在各个责任主体之间的整体均衡性。均衡性主要解决不同责任主体之间的收益比较问题，每一个责任主体通过收益比较，就能感觉到自身收益分配的公平合理性。不仅如此，每一个责任主体也希望通过自身的努力能够实现收益分配的最大化，当然，达成这一目标每个责任主体必须不断地超越预算责任目标的要求，他们只想做得更多，只想做得更好，也可以称之为超越无限。

从根本上说，在预算管理中，如何激发每一个责任主体的内在潜能和活力，就成为收益分配机制设计的关键点。因此，在预算管理中，收益分配机制的设计涉及两个最为重要的方面：一是在各责任主体之间如何科学合理地实现收益分配的均衡性，可以简称为均衡机制；二是如何使每一个责任主体能够无穷无尽的发挥主观能动性，实现自身收益的最大化，也可以称之为激励机制。

（二）预算管理体系与激励机制

激励机制的构建首先就是要使责任主体完成或者超额完成预算责任目标，站在整个企业的角度（或者站在出资者的角度）完成或者超额完成预算责任目标包含了三个层面的内容：

1. 第一个层面是在特定的预算期间内，责任主体不仅完成了预算责任目标，并且超额完成预算责任目标，超额的数量越大越好。责任主体只想做得更多，只想做得更好。一个企业的竞争力是由其在行业中的排位决定的，如果每一个责任主体都做得更多，做得更好，那么企业在行业中的排位就会不断提升，其竞争力就会不断提高。所以，企业在行业中的排位无不与每个责任主体的努力程度密切相关。

2. 第二个层面是责任主体不仅在一个特定的预算期间内，并且在数个相互连接的预算期或者更准确地说长时期都想超额完成预算责任目标。一个企业的生命力是由其可持续发展性所决定，要保证每一个企业可持续发展，就必然要求企业内部的每一个责任主体的行为都具有长期性。企业内每一个责任主体的行为的长期化意味着不仅仅只是在一个预算期内超额完成预算责任目标，而是要持续不断的超额完成预算责任目标。如果每一个责任主体都做到了这一点，企业的竞争力的提升就不仅仅只是一个某一特定预算期的提升，而是长期的可持续性的提升。企业也可能在某一特定预算期具有很强的竞争优势，但如果不能长期持续的保持这种优势，企业就可能功亏一篑。对企业来说，其生命力的根本特征在于其可持续发展性，而不只是某一特定预算期的短期竞争优势。

3. 第三个层面是责任主体在完成或超额完成预算责任目标时不是简单重复，而是通过不断创新予以实现。要保证企业可持续发展并在行业的竞争过程中一直处于优势地位，唯一的方式就是不断地创新。

创新可以存在于战略层面，通常是指企业的战略转型；也可以存在于战术层面，通常是指企业在原有战略的前提下的各种革新、发现、发明等创新性活动。创新也可以存在于整体层面，通常是指企业的系统性的创新性活动；也可以存在于细节层面，通常是指企业内部各责任主体以自身的工作环境和工作内容为背景所进行的局部的、具有针对性的大小各异的创新性活动。战略的和整体的创新一般都在企业层面上发生，其周期性较长。而战术的和细节的创新发生在企业内部的各个层次，各个环节，也就是发生在每一个责任主体的身上，它具有持续性、经常性。

企业经常发生的创新性活动必须也必然是由企业内部每个责任主体进行的，只有当每个责任主体持续不断地进行创新活动，才能使企业充满创新活力，也才能使企业与行业中的其他竞争对手形成差别化的竞争优势，并使这种竞争优势具有长期持续性。

综合上述三个方面，不难发现，在预算管理中，建立激励机制的目标就是使责任主体追求长期的超越预算，并且这种超越不是简单的重复，而是在持续不断的创新中超越。一旦企业对每个责任主体建立这种激励机制，企业就可以获得长期持续的竞争优势。

（三）预算管理体系中激励机制的有效构建

问题的关键是在预算管理体系中，怎样才能构建合理有效的激励机制实现上述目标。由于激励机制所要实现的目标存在三个层面，所以，激励机制的构建也涉及三个方面：

1. 构建责任主体超越预算的激励机制。

在利益导向的预算激励机制下，要求每一个责任主体有一种内在的自愿就是希望做得更多、做得更好，以至超越无限。实现这一要求所要构建激励机制就是累进分配制，简而言之，累进分配制就是工资的增长必须超越效益的增长。

　　历史地看，我们一直强调工资的增长不得超过效益的增长，也就是当效益增长百分之一时，工资的增长不得超过百分之一，效益增长得越快工资增长得越慢，这称之为"鞭打快牛"现象。在这种分配机制下，它不仅不能带来激励效应，相反，所带来的是当效益增长到一定水平时，人们就不再持续提高效益水平，甚至，为了防止加责任而不加薪酬，人们将已经实现的收益予以隐瞒，造成了主观作假的内在冲动。

　　党的十七大后，中央提出工资的增长必须与 GDP 的增长速度和通货膨胀率双挂钩，这就意味着在宏观上工资总额的增长和 GDP 的增长保持同比的速度。事实上，伴随国强民富方针的实施，老百姓的收入占 GDP 的比重必须不断地加大，做到这一点的唯一前提就是工资总额的增长速度必须超过 GDP 的增长速度，这一点在欧美发达国家已经得到了实践验证。

　　不仅宏观上工资总额的增长要超过 GDP 的增长，而且，对于每一个微观主体，特别是企业内部的每一个责任主体其工资的增长也必须超过效益的增长。在预算管理的条件下，当每一个责任主体完成的预算责任指标越多，得到的工资就越高。正如前面通过难度系数确定每个责任主体的收入分配水平所言，同质的预算责任指标由于完成指标的多少不同，得到的工资就会存在明显的差异。以销售收入为例，某一销售人员在同一个地区进行销售，完成了两个亿的销售收入，如果第一个亿的销售收入所要分享的难度系数为 1，那么，第二个亿的销售收入所要分享的难度系数就可能提高到 2，由此，销售收入增长了 100%，而工资则增长了 200%，这就称之为工资的增长必须超过效益的增长。

　　为什么工资的增长必须超过效益的增长？从马克思有关商品定价的原理中就可以得到解释。马克思认为一个商品的价格是由两个因素决定的：一是供求决定，越是供不应求的商品价格越高，反之亦然；二是价值决定，商品耗费的劳动时间越多，商品的价格就越高，这里耗费的劳动时间也可以称之为付出的代价。一个销售人员在一定的时间内取得的销售收入越高，这一销售人员在市场上的稀缺程度就越高，如果只有一个销售人员，才能达到最高的销售收入，这个销售人员就是市场上最为抢手的，为此，这个销售人员比之其他销售人员所多取得的销售收入所要分享的收入就会更高，这就叫供求决定；另一方面，同一个销售人员在销售第二个亿时付出的代价显然要比第一个亿付出的代价大得多，取得的销售收入水平越高，销售的难度越大，所要分享的收入也就更高，这叫价值决定。

　　在预算管理中，每一个责任主体完成预算责任指标所要分享的收入都具有与此相同的属性。只有工资的增长超过效益的增长，每个责任主体才会自愿地去追求更高、追求更好，以至无限。不难看出，采取工资的增长必须超过效益增长的激励机制，每个责任主体追求更高、追求更好是不受到任何限制的，恰恰相反，它具有无限的可超越性，这才是激励机制的本质。

将这一激励机制与每个责任主体的预算责任指标相结合，就会得到这样的机制效果：一方面，每个责任主体所承担的预算责任指标是最低标准，必须予以完成，只有每个责任主体都完成了这一最低标准的最低责任指标，企业在行业中的竞争地位才能保持；另一方面，由于累进分配机制的激励效应，又使得每一个责任主体都有着内在的超越预算责任指标的冲动，通过不断地追求卓越，既使责任主体分享的收入不断增加，企业的竞争优势也不断提升，具有一箭双雕的作用。

值得说明的是，前面谈到的难度系数主要是用于解决各责任主体不同质的劳动或者预算责任指标无法进行直接比较的问题，通过难度系数的无量纲化，就能进行直接比较，从而能够实现各责任主体的收入分享的均衡性；而这里，也使用难度系数，但主要解决的问题是同质的劳动或者预算责任指标完成的多少不同而导致的难度差异，完成的劳动或者预算责任指标越多，难度越大，所要分享的收入就要越高，所以，这里所要解决的是各责任主体收入分享的激励性。

2. 构建责任主体行为长期化的激励机制。

在利益导向的预算激励机制下，不仅要通过累进分配机制使得每个责任主体追求卓越、超越无限，而且也必须使每个责任主体的行为长期化，也就是要追求长期性的卓越和无限。实现这一要求所要构建的激励机制就是要将人们现在的收入转化为未来不确定的收入，或者更准确地说，就是要将责任主体分享收入的多少与各责任主体较长时期甚至整个聘任期完成预算责任目标的效果挂钩。

将人们现在的收入转化为未来不确定的收入具有对所有职业岗位的普遍适用性：在国家的公务员管理中，为了保证公务员能够履行公务员守则，通常会将公务员现在的一定收入存放于设置的个人专门账号中。到聘期结束，公务员确实履行了公务员守则，才将这部分存放于个人专门账号中的收入发放给公务员。如果没有履行公务员守则，这部分收入就可能被没收；在企业的经营者激励中，为了使经营者能够为所有者谋求长期收益的最大化，一般都将经营者当年应该分享的一定收入转化为股权。典型的股权形式是期权，通过期权激励就使得经营者在整个聘任期必须确保企业盈利水平的不断提高，只有这样，经营者所持有的期权在聘期到期时才能获得一个较高的期权收入。如果企业的盈利水平不断下降，直至亏损，期权价格就会下跌，甚至跌破期权的行权价格，经营者就会遭受收入的损失。

在预算管理中，除经营者以外，企业内部的其他责任主体的行为长期化一般不直接通过将人们现在的收入转化为未来不确定收入的机制予以实现，原因在于每一个责任主体的岗位责任并非都与企业的盈利状态直接相关，如清洁工岗位只要完成了其打扫清洁卫生的基本责任目标，就应该取得相应的收入，而不论企业在现在或未来是否盈利或者亏损。尽管如此，为了保证每个责任主体的行为长期化，也必须采用间接的机制予以实现。主要有以下三种方式：

（1）方式之一是让责任主体分享一定的物化收入，并约定责任主体要在未来一定时期内完成特定的预算责任目标才能最终取得整个实物。最典型的物化收入是房屋，当责任主体在一定时期内完成了约定的预算责任目标时，就可以由企业提供相应的住房，并且拥有住房一定比例的所有权权力。只有当责任主体在未来继续完成约定的新的预算责任目标时，企业所提供的房屋的全部所有权才让渡给责任主体。如果责任主体在未来没有完成约定的新的预算责任目标就离开企业时，责任主体就不可能再对住房拥有任何所有权权力，这就使得责任主体必须持续不断地努力直至完成约定的新的预算责任目标，从而使得责任主体的行为长期化。

（2）方式之二是采用工龄工资的激励形式，工龄工资的多少不与责任主体对企业的贡献大小直接挂钩，而是与责任主体在企业工作的时间长短挂钩，属于情感工资。当一个企业需要稳定员工减少流动时，就必须要加大工龄工资在整个工资中的比重，同时，工龄差所造成的工龄工资的差异也必须拉大。工作时间越长，工龄工资就越高，责任主体就越不愿意离开企业，否则，进入其他企业其工龄工资就必须从零开始计算。当一个企业的员工流动不会对企业的效益造成重大影响时，可以缩小工龄工资在整个工资中的比重，以及工龄差所造成的工龄工资的差异。

（3）方式之三是采用企业年金的激励形式，企业年金是指在政府强制实施的公共养老金或国家养老金制度之外，企业及其员工在国家政策的指导下，在依法参加基本养老保险的基础上，根据自身经济实力自愿建立的旨在为本企业员工提供一定程度退休收入保障的补充性养老金制度。企业年金包括企业提供的部分和员工按工资提取的部分，在预算管理下，每个责任主体都可以分享企业年金，但是，每个责任主体只有在企业工作到约定的期限时，才可能获得全部企业年金。如果提前离开企业就不可能获得到离开日止所提取的全部企业年金，甚至有的企业规定只能得到很小一部分已提取的企业年金。这就促使每个责任主体在企业必须工作到约定的退休时间，从而确保其行为的长期化。一旦每个责任主体的行为长期化，并且在累进分配机制的驱使下，又不断地追求卓越和超越无限，这就自然地形成了长期化的追求卓越和超越无限。

从这三种间接的行为长期化的激励机制可以看出，虽然不像经营者那样直接将其现在的收入转化为未来不确定的收入，而是以增加责任主体的物化收入、工龄工资和企业年金的形式，确保责任主体的行为长期化，表面上看，与责任主体完成预算责任目标的状况无关，但最终说，如果责任主体都不能很好地完成预算责任目标，企业就不可能长期持续地盈利，责任主体也就不可能最终分享物化收入、工龄工资和企业年金。

3. 构建责任主体持续创新的激励机制。

在利益导向的预算激励机制下，既要使每个责任主体长期化地追求卓越、超越无限，也要使每个责任主体通过创新确保这种长期化的卓越和无限，否则，没有创新的长期化终究难以实现。为了实现这一要求，在预算管理中必须构建创新机制，使得人人创新、事事创新。

前面已经论及每一个责任主体都必须要为完成预算责任目标设置作业，为了确保这些作业的有效性，必须进行作业分析和设计，通过这种分析和设计，可以就每一项作业对预算责任目标完成的价值贡献做出判断，相应形成增值作业、保值作业和减值作业，这种作业分析和设计是针对经常性、标准性的重复性作业进行的。每个责任主体除了要完成这种经常性、标准性的重复性作业外，也必须要有创新作业的要求。

创新作业因时间、环境、责任主体和创新内容不同而存在较大的差异，不可能事先对这些作业进行标准化。尽管如此，仍然需要对各责任主体提出创新作业的要求，这样，在企业就会形成人人创新、事事创新的局面。要使这一局面最终得以实现，必须要建立两个基本的创新机制：

（1）其一是升迁机制，在欧美发达国家的许多企业中都规定，企业员工要在职务上得以升迁，必须要有创新的作业，并通过这些创新作业为企业带来收益的增加。之所以做出这样的规定，是因为越是在企业的高层越需要不断地创新，也只有通过不断地创新，才能使企业可持续发展，企业的任何因循守旧都可能导致企业的失败。所以，在预算管理中，为了使每个责任主体都能够有一种内在的创新的冲动，就必须要与其职务升迁密切相关。

（2）其二是分享机制，创新作业一旦产生就会带来相应的收益，任何一个进行了创新的责任主体就可以分享这种创新作业所带来的收益。其分享的方式多种多样，如直接分配创新所带来的收益的一定比重、将分享的收益股权化，或者将分享的收益物化，凡此种种，关键是要考虑采取何种分享方式，更能激发人们的创新潜力和活力。一般来说，分享方式的设计既要考虑激发人们的创新积极性，也需要考虑驱使人们长期持续的创新，也就是责任主体进行的任何一个单一的创新作业所带来的收益分享必须有时间限制。

总而言之，在利益导向的预算管理体系下，必须将人们的行为通过激励机制的作用有效地整合到完成预算责任目标上，并进一步使每一个责任主体都发自内心的自愿长期持续的通过创新超越预算责任目标的要求。

五、利益边界界定的预算机制

在"收益分配的预算机制"中，主要说明了每个责任主体（部门、岗位），特别是每个岗位的收益分配如何达成均衡协调，真正实现多劳者多得，这里的劳显然是从成果的角度进行衡量的。每个责任主体的这一劳动成果不仅受自身努力程度的影响，还受关联责任主体劳动成果的影响，在分工协作的企业组织体系中，每一个责任主体的劳动成果都是分工体系相互作用的结果。

（一）预算机制与利益边界的界定

在预算管理中，如果从每个责任主体的自身利益角度出发，各责任主体之间相互作用的关系实质上就是利益转移关系。如果一个责任主体的利益被更多地转移到另一个责任主体，这一责任主体的劳动成果就会越多，收益分配就会越高，反之亦然。所以，不同责任主体之间的利益转移越合理，各责任主体的劳动成果越真实，相应的收益分配越能反映各责任主体的努力程度。这里不同责任主体的利益转移的合理性就是指各责任主体的利益边界的界定的清晰程度，它要求每个责任主体不可能通过不合理的利益转移使其劳动成果与其所努力的程度不相称。

所以，要实现每个责任主体收益分配的均衡性，不仅要求在评价每个责任主体不同质的劳动成果时，通过难度系数实现相互之间的可比较性，从而达成收益分配的均衡性，而且要求在不同责任主体之间发生利益转移时，这种利益转移必须与各责任主体的努力程度相称。要实现这种相称性，关键就是要能够合理清晰地界定各责任主体的利益边界，达成这一目标的关键就是建立一种有效的界定机制。

此外，在预算管理中，企业最高管理当局如何将预算责任指标分解落实到各责任主体以及如何根据预算责任指标完成程度确定相应的收益分配份额，也会直接影响到每个责任主体的收益分配，与此相应，也需要建立企业最高管理当局与各层次责任主体之间的预算责任指标的分解和相应收益的分配机制。

（二）利益边界界定机制的历史变迁与现实选择

在预算管理的发展过程中，上述两个方面的机制也经历了一个历史的变迁，大体可以分为集权机制、集权与分权相结合的机制、分权机制。

1. 集权机制。

它的基本特征是企业最高管理当局不仅对各层次责任主体下达预算责任指标，而且在企业内部各责任主体之间的利益转移是由企业最高管理当局统一确定的。

企业内部各责任主体之间的利益转移是伴随着商流、物流、资金流、信息流、技术流、人流等要素的流动而同时发生的。在这些要素的流动过程中，必然会存在要素转移的价格、转移的质量、转移的时间、转移的地点以及其他转移的附加条件，这些都会影响各责任主体之间的利益关系。集权机制下，所有这些要素流动过程中所要考虑的转移条件都是由企业最高管理当局统一确定。

企业最高管理当局当然会尽可能科学合理地确定各责任主体之间的各要素流动的转移条件，但是，由于这些转移条件的影响因素极其复杂又涉及各责任主体的切身利益，企业最高管理当局往往很难对所有的影响因素周全考虑、对各责任主体的切身利益也难以身临其境地予以感受。所制定的这些转移条件往往很难实现合理清晰界定各责任主体利益边界的目标，以致各责任主体的考核结果与各责任主体的努力程度不相称，或者导致各责任主体相互推诿，或者导致最高管理当局与各责任主体之间各执一词，使考核不了了之。在集权机制下，企业最高管理当局把预算责任指标作为管理各层次责任主体的一种强制手段，要求其必须接受预算责任指标并确保其完成。

集权机制的优势是效率相对较高，而劣势是各责任主体的认可程度相对较低。在预算管理中采取集权机制更具有计划管理的特征，早期的预算管理是在计划管理（也可以称之为计划管制）的基础上形成的，所以，这种预算管理难免带上计划强制的特征。

2. 集权与分权相结合的机制。

它的基本特征是预算责任指标由上至下进行分解落实，要求各层次的责任主体保证预算责任指标的完成。

在完成预算责任指标的过程中，各责任主体之间的利益转移的条件由相关责任主体相互讨价还价自行决定，只有当相关责任主体争执不下时才由企业最高管理当局裁定。

这种机制是以预算管理定位为责任导向为基础的。在责任导向的预算管理模式下，企业内部各个层次的责任主体都必须以完成预算责任指标为己任，所以，预算责任指标的下达和完成都具有强制性，各责任主体完成预算责任指标具有被迫性和不可推卸性，正是从这个意义上讲，预算责任指标的分解落实是集权强制的结果，而不是分权自愿的结果。尽管如此，为了确保在预算执行过程中各责任主体之间不致发生利益相互挤占，企业要求各相关责任主体之间通过讨价还价确定各要素流动的转移条件，这显然是具有分权自愿的特征。

在讨价还价的过程中，各要素流动的转移条件只要是各责任主体自愿的结果，就被视之为各责任主体之间的利益界定是合理清晰的。事实上，各责任主体的讨价还价往往难以达成最佳的结果，就需要企业最高管理当局进行裁定，而这种裁定往往带有行政强制性，这在一定程度上，又使得各责任人之间的基于自愿性的讨价还价受到干扰，因而不具有完全的自愿性。

集权与分权相结合的机制的优势是在预算指标的分解上具有效率性，而且各责任主体之间要素流动的转移条件也基本采取自愿原则进行确定，从而比较好地实现了各责任主体之间利益界定的合理清晰性。这种机制的劣势是由于预算责任指标是强制性下达的，各责任主体会通过寻找各种理由为完成预算责任指标进行开脱，更直接地说，就是企业最高管理当局与各层次的责任主体之间的利益边界的界定难以实现合理清晰。加之各责任主体之间要素流动的转移条件无法达成一致时，最终裁决权在企业最高管理当局，还会引起各责任主体相互推诿，并最终将矛盾集中到企业最高管理当局。

3. 分权机制。

它的基本特征是不仅预算责任指标是通过企业最高管理当局与各层次责任主体（也可以是分层）讨价还价分解的，而且，各责任主体之间要素流动的转移条件是根据自愿原则由各责任主体讨价还价予以确定，当各责任主体通过讨价还价难以达成相互一致时，则通过具有第三方特征的仲裁委员会予以协调，并经相关责任主体最终认可。

企业最高管理当局与各层次责任主体就预算责任指标进行讨价还价，所建立的基础是利益导向的。企业最高管理当局主要是确定预算责任指标的最低完成标准，这一标准必须确保企业在行业中的现有竞争地位。在此基础上，通过利益分配机制的确定使得各责任主体在完成底线的预算责任指标的条件下不断追求更高、更好。这一利益分配机制就是累进制分配机制，其内核就是各责任主体完成预算责任指标越高越好，所分享的收益就会越多。在分权机制下，企业最高管理当局与各层次责任主体所要讨价还价的利益边界主要涉及两个方面：

（1）底线预算责任指标的确定。虽然这一指标也可以讨价还价，但由于存在一个基本的市场标准（企业在行业中的地位）从而使这种讨价还价存在一个客观的基础，也就是讨价还价的余地相对很小。

（2）超越底线的利益分配机制的确定。这必须要通过企业最高管理当局与各层次责任主体基于自愿原则的讨价还价才能最终达成，这就是分权特征的体现。

（三）分权机制与模拟市场

在分权机制下，各责任主体之间要素流动的转移条件完全由各责任主体通过讨价还价自愿确定，当关联各方难以达成一致时，也是通过具有市场化特征的仲裁委员会协商各方最终确定转移条件。不难看出，分权机制在界定企业最高管理当局与各责任主体之间的利益关系，以及各责任主体之间的利益关系时，采取的是市场模拟的方式。市场模拟方式具有这样的特征：

1. 在市场模拟方式下，企业最高管理当局必须向各个层次的责任主体进行充分放权，每一个责任主体对于自身的权、责、利的确定都享有充分的权力。正如前面所述，预算管理的目的就是在企业采取分权管理体系的条件下如何确保企业各责任主体能够协同动作，这意味着预算管理是以分权管理为前提的。同时，分权管理也意味着每一个责任主体都享有自身的权力，并承担相应的责任，通过责任的履行分享自身应得的收益。正是基于每个责任主体都有自身的权、责、利，因此，各责任主体也是利益相对独立的实体，具有自然人利益属性。各责任主体为了自身的利益必然相互讨价还价。所以，预算管理既具有整体协同的作用，又具有凸显各责任主体自身利益的作用。

2. 参与讨价还价的各方是以完全平等的地位确定相互的利益关系的，这里，所谓平等不是指最终所达成条件的平等性，而是参与讨价还价各方的地位的平等性。正如司法公正不是指结果公正，而是指程序公正，只有程序公正才有结果公正可言。

3. 参与讨价还价的各责任主体对于所达成的条件都是出自自身自愿，那么，所达成的条件即使存在对某一方有利，对另一方不利，也被视之为公平。所以，公平的根本前提就是各责任主体所达成的条件都是发自内心的自愿。

各责任主体的利益边界的界定机制（包括预算责任指标的分解落实机制）采取分权机制，才真正凸显了预算管理的本质特征。预算管理之所以如此重要，是要解决在大规模群体劳动的条件下，企业内部每个员工还要感觉到为自己而工作。这一方面可以实现规模效应，另一方面又可以实现对每一个员工的激励效应和约束效应。通过预算管理中的岗位预算、岗位核算和岗位考核，使得每一个员工都有了自身独立的利益。为了确保这种独立的利益的实现，每个岗位作为预算责任主体必然会充分地关注企业最高管理当局对自身所赋予的权利、责任和利益，也必然会充分地关注自身与其他相关的责任主体的利益关系。要在企业内部协调如此复杂和深刻的利益关系体系，仅仅依靠一种权力的力量是很难达成的。预算管理的实践表明有效的方式就是模拟市场，通过在企业内部模拟市场的讨价还价机制最终达成企业最高管理当局与各层次责任主体以及各责任主体之间的利益边界的合理清晰界定，市场模拟的讨价还价机制就是一种分权机制。

在分权机制的运转体系中，就纵向的预算责任指标的分解而言，通常采取由上至下、由下至上，甚至多个回合的方式，使得企业最高管理当局与各层次的责任主体就预算责任指标、履行预算责任指标所应享有的权利和完成预算责任指标所分享的利益进行讨价还价。当双方最终达成一致时，预算责任指标的分解才最终完成。在这里，如何建立有效的预算责任指标分解的程序和分解方法就变得十分重要，而所谓有效的分解程序和分解方法的关键就是要确保企业最高管理当局和各层次的责任主体之间的讨价还价是建立在公平公正的基础上的。

在分权机制的运转体系中，就横向的各责任人之间，由于发生要素流动而形成的转移条件，因流动的要素的性质不同，转移条件也必然不同。尽管如此，必须在企业内部对所有要素的流动形成相应的要素模拟市场，使得相关责任主体通过这一要素模拟市场的讨价还价形成公平、合理、有效的转移条件。

在企业中，最基本的流动要素是产品，为了满足顾客对产品的需要。在企业内部形成了一个与产品要素流动过程相适应的供应链，供应链包括采购、储存、生产、销售和售后服务等环节。在供应链的每个环节都有相称的责任主体（包括部门以及部门内的岗位）以履行某一环节的责任。每一环节的责任主体通过履行责任就会使得产品的价值不断增加，从而使得每一个上一环节对下一环节因产品要素流动而形成内部转移价格、转移质量、转移时间和地点等，这些统称为内部转移条件。这些内部转移条件必须通过上下两个环节公平公正进行讨价还价形成，并通过内部合约的方式予以确认，具有类似与法律合约的效力。如果将外部市场与内部产品要素流动的模拟市场连接，整个讨价还价的链条就由供应链向需求链转换，即以顾客的需求作为讨价还价的起点，顾客的需求依次转化为对售后服务部门、销售部门、生产部门、仓储部门以至采购部门的需求。只有科学有效地界定了每个环节的产品要素的转移条件，每一个相关的责任主体的利益才能被合理清晰地界定。

在企业中，为了满足产品的生产经营的需要，必然要为其提供各种相关的资源，包括资金、生产经营设备、人力、信息、技术等各种要素资源。这些资源也必然在企业内部各责任主体之间进行流动，通过这些资源的流动，不仅可以拾遗补阙，还可以使用到最有效的业务方面和责任主体。由于这些要素资源是为产品的生产经营提供前提条件，所以，它本身并不会增加和减少价值，而是通过它的使用可以增加产品的价值。既然这些要素资源是产品生产经营的必备条件，它具有稀缺性和有偿性，正是这种稀缺性和有偿性使得每个责任主体在使用这些要素资源时必须要付出代价，而付出代价的多少必然会影响各责任主体自身的利益分配。这些稀缺性资源在每个责任主体之间进行流动，不仅会形成转移的价格及其占用资源的规模和时间等其他相关条件，而且，每个责任主体会基于自身利益的考虑进行讨价还价，最终达成相关责任主体之间的利益均衡。在这些稀缺资源的流动过程中，企业应该形成相应的要素流动市场，包括内部资本市场、货币市场（很多企业都以现金池的方式形成内部货币市场）、资产流动市场、人力资源市场、信息市场（很多企业都搭建了公共信息平台，但信息的使用采取有偿原则）和技术市场。

在大企业中，这些要素流动所形成的市场普遍盛行，原因在于企业规模越大，企业内部各责任主体之间的利益关系的界定越复杂，企业最高管理当局通过自身的权力协调这种利益关系就越困难。所以，必须通过下放权力，让所有相关责任主体在这些要素市场中通过讨价还价，按照等价交换的原则获取和使用这些稀缺的资源。当所有相关责任主体都按照平等的原则讨价还价确定资源使用的成本价格时，这种因资源转移而形成的成本价格就是来自相关责任主体的内在自愿而不是一种外在强制，那么，相关责任主体的利益边界的界定就是合理清晰的。

为了满足产品的生产经营需要，所提供各种相关资源中可以分为通用资源和专用资源。只有通用资源才可以在企业内部各责任主体之间进行流动或者调配，而专用资源因为其专用性而难以在不同责任主体之间进行共用。既然专用资源不能在不同责任主体之间进行共用，也就不存在不同责任主体之间因使用这种资源而导致的利益边界的界定问题。尽管如此，对于专用资源的使用必然会存在使用成本，由于专用资源的专用性，一旦这种使用成本形成就必然会由某一特定的责任主体完全承担，这里也产生了谁来对这种专用资源的购买或者生产进行决策的问题。

如果使用专用资源的责任主体不能对这种专用资源的生产和购买享有决策权，那么，由这种决策而导致的专用资源使用的成本就不在专用资源使用主体的权利控制范围内，也就产生了专用资源使用的利益边界的界定模糊不清的问题。解决这一问题的基本途径就是专用资源的购买和生产的决策必须由专用资源的使用主体进行，也就是本着谁使用谁决策，谁决策谁就承担相应的使用成本，这样就能合理清晰地界定不同责任主体使用专用资源的利益边界。

总之，企业内部每一个责任主体的利益分配的均衡性不仅涉及每一个责任主体完成预算责任指标的难易程度，也取决于每一个责任主体与其他责任主体的利益边界的界定合理清晰程度。这种界定凭借企业最高管理当局的权力界定都很难达成利益的均衡。均衡的结果并不重要，重要的是均衡的前提，均衡的前提是利益相关的各责任主体他们能够秉着公平、公正的讨价还价的原则决定各自的利益边界的合理和清晰划分。

所以，预算管理最为重要的实现方式是要在企业内部模拟市场，这些市场可以按照外部市场的分类和外部市场的运行规则进行构建。市场最为重要的法则是参与市场的供求双方都能按照等价交换的原则进行讨价还价，在企业内部建立模拟的市场，并按市场的法则进行运作，是预算管理界定各责任主体利益边界的机制。在这种机制的运行条件下，首要的原则是前提和程序公正，结果视为公正。

六、收益分配均衡的预算机制

传统上认为预算是责任导向的，实际上预算是利益导向的，这是它与传统的计划管理的根本区别。尽管预算管理以预算指标的形式向各预算责任主体下达目标任务，但是，各预算责任主体之所以能够接受和完成预算指标是因为能够带来相应的利益，从而实现责任与利益的均衡。就预算责任与利益的关系而言，预算责任主体之所以履行预算责任是因为能够分享相应的利益，所以分享利益成为履行责任的目的和出发点，而履行责任是实现分享利益的前提和手段。比之于传统计划管理单纯强调履行计划责任的最大优势是使得每一个责任主体的行为有了内在的动力，每个责任主体履行责任的过程就是获取利益的过程，要想得到更多的利益，每个责任主体就必须更多更好地履行责任，也就是完成或超额完成预算责任指标。当履行责任就是为了使每个责任主体能够获得更多的利益时，每个责任主体完成预算责任指标就不再是一种外在的强制，而是一种内在的需要，这正是预算作为机制所发挥的根本作用。

（一）收益分配均衡性的前提条件

预算是一种利益分配的机制，离开了利益分配预算管理就难以充分有效地发挥作用。尽管如此，要使预算作为一种利益分配的机制充分有效地发挥作用，就必须要实现利益分配的均衡性。在预算管理中，根据每一个责任主体完成预算责任指标的程度和好坏确定其利益分配的份额，这里的利益分配份额就是指收益分配的份额。在预算管理条件下，要使各责任主体的收益分配的份额能够充分有效地调动各责任主体的积极性，关键就是要实现收益分配的均衡性，而要实现这种均衡性，必须要为预算管理奠定以下基础：

1. 必须要实现预算责任指标的完成程度和好坏与收益分配份额的挂钩。

在预算管理中，本着干什么就分享什么收益，干到什么程度就分享多少收益的原则，必须将每一个责任主体所完成的责任指标进行细分，每一项责任指标的完成都应该分享收益。不仅完成收入指标要分享收益，而且降低成本和费用指标也要分享收益；不仅完成数量指标要分享收益，而且达成质量指标也要分享收益；不仅完成经济指标要分享收益，而且其他非经济指标的影响也要分享收益；不仅完成价值指标要分享收益，而且实现其他非价值指标也要分享收益。在对每一个责任主体所完成的责任指标进行细分的基础上再确定收益分配的方式，如完成销售收入的责任指标则按销售收入的完成额分享相应收益，完成成本或费用的控制指标则按成本费用的节约额分享相应收益，完成资产占用额的控制指标则按节约的资产占用额所带来的利息减少、折旧减少和相应的维护费用减少额分享相应收益。对于非经济指标也必须要确定相应的收益分配方式。只有这样，才能将每个责任主体的预算责任指标与相应的收益分配相联系，使得预算责任主体完成每一个预算责任指标都有一一对应的收益分享，从而形成内在动力，也才能将每个责任主体的预算责任指标的完成程度与收益分配的高低相联系，使得预算责任主体只想完成或超额完成预算责任指标。

不难看出，在预算管理中要使预算的收益分配机制发挥作用，就必须要将预算责任指标及其完成程度与收益分配相联系，也就是要将预算责任指标及其完成程度整合到收益分配中去，实现预算责任指标的结构与收益分配的结构相一致，预算责任指标的完成程度与收益分配的多少相一致。实际上，在整合预算中存在一条由作业到预算责任指标、由预算责任指标到收益分配结构及其份额的整合路径，正是这一条整合路径把每一个责任主体的作业不仅连接着预算责任指标，更是与其自身的收益直接挂钩，从而就构成了预算的机制作用。

将预算责任指标与收益分配挂钩实际上就是要贯穿按劳分配的基本原则，为此要求有什么"劳"就给予什么收益分配，"劳"的数量大小和质量的高低不同收益分配的份额也就不同。但这只是在同质的"劳"的条件下才可以比较并形成差异，这里的"劳"就是指作业包括作业的数量和质量。实际上，企业的不同岗位的作业、同一岗位的不同作业存在不同质性，从而，所完成的预算责任指标也存在不同质性。所以，在收益分配中所存在的最大难题是将不同质的作业或者相应作业所完成的不同质的预算责任指标实现同质性，进而可以进行比较。

2. 必须要实现不同岗位和同一岗位的不同作业的同质化。

一个企业的全部新创价值除了政府收取的税费、债权人的利息和所有者的利润外，剩余的部分必须在企业内部的经营者团队各人员和员工之间进行分配。由于经营者团队各人员和员工处在不同的岗位，其作业存在质的差异，并且，同一岗位存在多种作业的条件下，作业与作业之间也存在质的差异，这样在经营者团队各人员和员工所在岗位之间的作业以及同一岗位的不同作业之间就没有统一的标准，衡量各岗位、各作业的业绩，并根据业绩的大小确定各自收入分配的份额。更直接地说，在不同岗位之间和同一岗位的不同作业之间没有统一的分配标准对收益进行分配。

所以在预算管理中，为了科学有效地进行收益分配，必须先将所有不同性质的作业包括不同岗位的作业和同一岗位的不同作业进行同质化，并且，这种同质化必须与所要分配的收入密切相关，也就是所采用的同质化的标准必须能够很好地实现所分配的收入在不同岗位和不同作业之间的"劳"的差别，包括数量和质量的差别，从而真正达成按劳分配原则的要求。

在这里，也存在一个整合的路径：首先，必须找到一个将不同质的作业转化为同质的标准；其次，就每一个作业对企业新创价值的贡献程度按这一同质的标准进行计量，确定每一个作业在新创价值中所应该得到的份额。每一个作业对企业新创价值的贡献程度可以直接以每一个作业所对应的预算责任指标的完成程度为基础进行确定；最后，根据这一份额就能够计算出每个作业以及由这些作业所构成的岗位所应分享的收益。这里也形成了一个整合路径，就是把不同质的作业转化为同质的标准，根据每个作业所对应的预算责任指标的完成程度确定同质标准的数量，再以这一数量为基础对企业的新增价值进行分配。

企业内部各岗位所进行的作业都是在一定的环境下进行的，作业环境有的会直接影响预算责任指标完成的难易性，有的则会直接影响岗位责任人的身心健康和行为难度。如在不同地区进行销售，由于市场供求状况不同导致销售的难度也不相同；在不同地区进行销售，由于自然环境差异有可能直接影响销售人员的身心健康，由于人文环境的差异销售人员的销售行为也可能受到直接的影响，如此等等。在这些环境影响因素中，有的直接与预算责任指标完成的难易程度相关，对于完成难度较大和完成难度较小的就必须要进行均衡，并利用同质化的标准实现这一均衡的要求。有的与预算责任指标的完成没有直接关系，但会直接影响预算责任指标承担主体的身心和行为，基于这种对身心和行为的影响是由预算责任指标的完成所致。

所以，在收益分配中也必须要在不同岗位之间根据其影响程度的大小进行均衡，由于这种对身心和行为的影响因素存在不同质性，影响的程度存在差异，所以也必须利用同质化的标准实现这一均衡的要求。在影响作业的环境因素中，有的环境因素是相对固定的，如自然环境，有的环境因素是不断变化的，如市场状况。在同质化的过程中，相对固定的环境因素按同质化标准所形成的数量多少就会相对固定，而不断变化的环境因素按同质化标准所形成的数量多少就会相应变动。在岗位收益分配中，前者往往构成固定收益的分配份额，后者则是变动收益的分配份额，固定收益的分配份额也会随着社会经济状况的变化进行调整，但在一个较短的时期会保持一定的稳定性。

（二）岗位收益分配均衡性的实现路径

既然收益分配的均衡性最基本的前提条件是必须将不同质的作业以及不相同的作业环境转化为同质性，这种转化的方式就成为岗位收益分配均衡性所实现的基本路径，主要包括两个方面：

1. 岗位与岗位之间收益分配的均衡性问题。

就企业内部收益分配而言，最为重要的是如何实现各个岗位之间收益分配切实体现按劳分配的原则，多劳者多得，少劳者少得，这就是收益分配均衡性的本质所在。由于每个岗位和同一岗位的不同作业存在不同质性，从而没有一个事先的统一标准对全部收入在不同岗位之间进行分配。从理论上说，企业内部各岗位之间收益分配的均衡性比每个岗位收益数额的高低更为重要，如果收益分配不均衡也就是导致收益分配在不同岗位之间苦乐不均，多劳者不多得，少劳者反而多得，预算的激励机制作用就会被大大降低。

怎么才能让不同岗位和同一岗位的不同质的作业转化为具有同质性，一般就是要让有量纲的不同质的作业转变成无量纲的同质的作业，作业环境的差异也要采取同样的方法进行同质化。目前，实践中主要采用的基本方法是采用难度系数实现同质化，这里难度系数实质是指每个作业及其作业环境对企业目标利润实现的贡献程度或重要性程度，每个单位难度系数所表达的对企业目标利润的贡献程度或重要性程度必须是相同的，这是难度系数所必须解决的最根本问题。由于每个员工都处在一个具体的岗位上，每个员工也以岗位为基础参与收益分配，所以，难度系数落实到每一个岗位就形成了岗位难度系数。

岗位难度系数分为以岗位标准为基础的难度系数，称为标准难度系数；以偏离岗位标准的偏离度为基础确定的变动难度系数，称为调整难度系数，在确定标准难度系数时，应考虑以下因素：作业环境、危险性、劳动强度、可替代程度、学历、技术职称、公司员工本公司工龄、决策程度、职能相似性、指导与控制工作量、协调的工作量、计划的工作量等非价值指标因素，还需要考虑所确定的预算指标的目标值的价值因素，如销售岗位必然要考虑销售收入、销售费用、收账比例等预算责任指标的要求。

以上因素为一级因素，对各因素应先确定其难度系数，并根据其对利润的贡献程度或重要性程度确定其权重。如果一级因素又可以分解为若干个二级因素，则应对二级因素先进行难度系数的确定，根据每个因素对利润的贡献程度或重要性程度确定各自权重，依此类推。有关非价值指标的难度系数设置表如表 5 – 1 所示。

对于预算责任目标中所确认的价值指标也可以依照表 5 – 1 的方式进行列示，如销售收入，不同地区、不同产品实现同样销售收入的难度不同，就可以分别赋予不同的难度系数。即便是同一地区同一产品的销售收入实现的数额越大销售的难度也越大，难度系数也越高，反之亦然。同时，不同地区（主要市场和次要市场）、不同产品（具有核心竞争力的产品和一般竞争力的产品）对利润的贡献程度或重要性程度也会存在差异。

（1）岗位标准难度系数确定的一般方法是：

①对企业各个岗位进行难度分析与评价，就是以岗位难度系数的组成因素为依据，分别对各个岗位相关因素进行难度分析与评价。

②在对各个岗位相关因素进行难度分析与评价的基础上，确定某一因素在最低等级的岗位的最低难度系数，然后依据难度依次给予最低级以上各等级岗位应给予的难度系数。

③在确定各因素在岗位难度等级系列中最低级应给予的难度系数时，应考虑各因素的最低等难度系数之间的均衡性，既要考虑纵向的难度系数也应考虑横向的难度差异。

④在确定各因素的难度系数的基础上，再就各因素对企业利润的贡献程度或重要性程度确定相应的权数。

⑤在确定标准岗位难度系数时，应把各岗位每一个预算责任指标所确定的目标值作为岗位难度系数的分析和评价因素。

表 5－1

非价值指标的难度系数设置表

岗位	影响变量	等级（难度系数）	岗位得分
	作业环境（注：以企业、国家、行业、国际相关标准确定）	清洁、舒适：0	
	危险性	粉尘（轻度）：弱 0.5　低 1　中 1.5　高 2；高温（中度）：弱 2.5　低 4　中 6　高 8.5；毒物（重度）：弱 11.5　低 15　中 19　高 23.5；噪声（极度）：低 28.5　高 34	
	劳动强度　脑力	极轻 0　轻度 1　中度 2　重度 5　极强 8	
	劳动强度　体力	极轻 0　轻度 1　中度 2　重度 5　极强 8	
	可替代程度	劳动力极大丰富 0；人才市场平均水准上 50% 1；上 60% 3；上 70% 4；上 80% 5.5；上 85% 7；上 90% 9；人才匮乏 12；人才极度匮乏 16	
	学历	高中以下 0；高中（技校）1；中专 1.5；专科 2.5；学士 4；硕士 6；博士 8.5；博士后 12	
	技术职称	初级 0；助理 1；中级 3；副高 5；正高 8；国内某专业领域专家 11.5；国际某专业领域专家 14	

续表

岗位	影响变量	3年以下	4~5年	6~10年	11~15年	16~20年	21~25年	26~30年	31~35年	35年以上	岗位得分
						等级					
	工龄	0	1	1.5	2.5	4	6	8.5	11.5	15	15
	决策程度		岗位级决策 0	班组级决策 1	科室级决策 2.5	部门级决策 4.5	分公司级决策 7	总经理班子级决策 10	董事、监事级决策 13.5	股东级决策 17.5	17.5
	职能相似性	完全一致 1	基本相似 2	相似 3	存在微小的差别 4	存在一般的差别 5.5	存在很大的差别 7	完全不同 16			16
	指导与控制工作量		无监督、指导 1	很少指导、监督 3	有限的监督、指导 5	适当的监督、指导 8	经常性的、持续的监督指导 11	始终严格的控制、指导 16			16
	协调的工作量		同别人极少联系 1	联系仅限于本部门 1.5	联系仅限于确定的项目 3	与公司内部各部门均需要联系 5	与外界联系密切 8	紧密、广泛而又不重复的协调、联系关系 12			12
	计划的工作量	规模与复杂性都很小 1	规模与复杂性有限 3	中等规模和复杂性 6	要求高但只对专门项目具有计划指导功能 10	要求相当高具体项目具有专门指导功能 12	要求相当高具有广泛的政策指导功能 15	要求极高但政策范围与政策都不明确 25			25

（2）在制定岗位标准难度系数的基础上必须进一步确定岗位调整难度系数，一般程序是：

①将标准岗位难度系数与实际进行比较，即将确定标准难度系数的各因素的标准质量和数量与实际或执行结果比较，确定两者的差异。质量差异用变动百分比表示；数量差异用标准与实际相减，计算差异，然后换算成变动百分比。

②以变动百分比乘以相应因素的相应岗位的难度系数得出应增加或扣减的岗位难度系数。

③将各岗位各因素的实际难度系数确定后，按照标准岗位难度系数的确定方法计算岗位实际难度系数。

（3）在上述难度系数确定的基础上，就可以确定每个岗位的收益分配额（薪酬），方法是：

①将各岗位的难度系数全部相加（或各员工在各岗位的难度系数全部相加）得到企业全部难度系数。

②将企业用于分配的全部收益总额除以全部难度系数，得出单位难度系数收入分配额。

③以员工的岗位实际难度系数乘以单位难度系数收入分配额，得到某一岗位员工的收益分配额。

在收入分配实践中，每个岗位的员工的收益可以分为基薪和绩效薪酬两个部分，所以，岗位难度系数可以分为基薪难度系数和绩效难度系数。基薪岗位难度系数依据每个岗位相对稳定的难度系数的影响因素确定，它主要形成岗位工资和年功工资；绩效难度系数是依据每个岗位的预算责任指标的完成程度确定，并以整个企业的绩效工资总额确定单位绩效难度系数的工资额；年功工资中除职称、学历等年功因素可以直接确定难度系数外，对每年的升级工资的工资级别，至少要考虑两项难度因素：一是在本企业工作的时间越久，难度系数越高；二是过去对企业的贡献程度越大，每年升级应给予的难度系数就越高。

只要每个员工的升级的工资难度系数已定，在确定每一个单位难度系数的升级工资后就可得出每个员工每年升级的工资额；如果不区分基薪工资与绩效工资的企业，用统一难度系数，确定每个岗位的全部工资，这时，员工的最低工资保障为当地政府颁布的最低工资标准，无论企业效益多么低劣，应发给员工最低工资，否则或解聘员工或宣布破产。当然，由于不同岗位还会存在实际的绩效差异，有绩效的和绩效比较好的岗位的员工的收入必然要高于这一最低工资标准。

2. 企业用于员工分配的收益总额的确定。

用于员工分配的收益总额的确定实际上涉及本企业与其他企业员工收益分配的均衡问题，如果说在企业内部各岗位员工之间的收益分配的关键是收益分配的均衡性，既要实现多劳者必多得，少劳者必少得，那么，在不同企业之间员工收益分配的均衡性就体现在不同企业员工收益水平的高低上，这种收益水平的高低首先是由企业用于员工分配的收益总额所决定。一个企业用于员工分配的收益总额越大，每个员工的收益水平就会相应越高，反之亦然。

那么，一个企业用于员工分配的收益总额由什么决定？它取决于企业在同一行业中的竞争地位。如果企业在整个行业中处在龙头地位，那么，用于员工分配的收益总额也必须要高于行业内的其他企业。不仅如此，当把用于员工分配的收益总额按照员工对利润的贡献大小或重要程度进行再分配时，还必须确保优秀的员工所分享的收益也要高于行业内类似岗位的员工的收益水平。只有这样，才能使得优秀的员工能够留得住、用得上。

不同企业之间员工收益分配的均衡性不仅取决于各企业员工总体所创造的新价值或者利润的多少，而且还取决于员工在市场上的供求状况。越是在行业中处于竞争优势地位的企业，所需的员工的素质就必然更高，而更高素质的员工在市场上稀缺程度也就较高，这就决定处在行业竞争优势地位的企业的员工的收益水平要高于行业的其他企业。

总之，整合预算作为收益分配的一种均衡机制，不仅要把企业的所有作业及其同作业相关的预算指标与收益分配联系起来，而且必须实现不同岗位和同一岗位的不同作业之间的收益分配的均衡性，从而实现真正的按劳分配。同时，还要实现本企业与同一行业的其他企业的员工之间收益分配的均衡性，通过这种均衡性确保本企业员工收益分配水平与本企业在行业中的竞争优势地位相称。

七、基于协同效应的收益分配的预算机制

企业的收益不仅取决于分工效率，也取决于分工后的协作程度水平的高低。所以，企业收益分配既要根据分工后的各个岗位自身的劳动成果的大小进行按劳分配，也要根据分工后各个岗位所产生的协同效应对企业整

体效益提高的贡献程度进行分配。

（一）共享收入分配的理论基础

无论是预算整合还是整合预算，根本的目的就是在企业内部进行分工的基础上提高协作程度，最大化地产生协同效应。通过预算整合能够利用预算这样一种有效的工具或机制，把企业的各种资源合理有效地分配到各个责任主体上，又通过预算目标把各个责任主体的行为有效地协同起来。而整合预算通过将企业的组织、流程、岗位和作业的重新分析和构造，更加合理有效地与预算责任目标融合起来，实现业务与价值的有机整合，不仅为预算整合提供前提条件，而且也使得业务在实现企业价值最大化这一目标下达到了高度的协同，这必然大大提高企业内部分工体系下的协同力以及由此而形成的协同效应。

1. 企业的分工效应与收益分配。

在分工协作的企业组织体系中，由于分工形成了不同的专业岗位和部门。正是这种岗位和部门的专业化，使得企业组织效率大大提高，既降低了成本、减少了资产占用，又提高了产出效率。另一方面，由于分工所形成的不同专业岗位和部门成为一个相对独立的利益单元，这种独立的利益单元既能相对科学合理地界定各自的利益边界，也能作为一个独立的分配主体根据自身完成预算责任目标的多少和好坏直接进行收益分配。这样，每一个岗位和部门既是企业分工体系的一个不可或缺的组成部分，也是一个相对独立的利益主体，每个利益主体都可以根据自身努力的程度及其效果直接进行收益的分配。

在前面有关预算管理与收益分配机制的论述中，所涉及的主要是如何让企业内部每一个分工着的岗位和部门，特别是岗位，能够在大规模群体劳动下，仍然能够像自然人企业特别是像个体经营者那样感觉到为自己的利益而工作。为此，不仅要对岗位和部门进行作业分析，根据作业分析的结果确定某一岗位和部门与哪些预算责任指标之间形成对应关系，并以此为基础分解落实预算责任指标，根据预算责任指标的完成情况确定收益分配的份额。为了更加准确地确定各个岗位和部门完成预算责任指标的情况，还必须明确界定各岗位和各部门之间的权力、责任和利益边界，使得各岗位和各部门的收益分配的多少只是取决于自身努力的程度。不难看出，前面论及的预算管理与收益分配机制的关系，主要是建立在分工基础上的，以确定分工着的各岗位和各部门的利益分配为视角的。

2. 企业的协同效应与收益分配。

企业的协同效应既存在于企业内部，也存在于企业外部。

（1）企业内部协同效应与收益分配。

企业内部所产生的协同效应源于企业内部的专业化和职能化分工。企业作为一个分工基础上的大规模群体劳动的组织体系，不仅通过分工的专业化会产生分工效应，而且，在分工的基础上通过各分工主体的相互协作会产生协同效应，这称之为内部协同效应。内部协同效应是指在企业生产经营活动中，企业内部各个分工主体、各个环节、各个时期相互协调、系统运转所产生的合力效果。它主要表现在以下两个方面：

①当某一个分工主体、环节或者时期会影响另一个分工主体、环节或者时期时，只有确保它们之间的商流、物流、资金流、信息流、技术流、人流等要素的流动在时间上、空间上、数量上和质量上的无缝连接才能使协同效应达到最大，如果两两之间不能实现这种无缝连接就会产生短板效应，从而使企业的整体效应下降。

要避免这种短板效应，必须实现两个前提条件：首先是企业最高管理当局应该对所有的要素在各分工主体、环节或者时期进行科学合理的配置，可以称之为决策前提。其次，企业内部每个岗位和部门必须为关联岗位和部门提供协同配合，确保所有这些要素的流动在时间上、空间上、数量上和质量上相互满足，可以称之为执行前提。所以，这种协同效应既是管理者科学决策的结果，也是执行者相互协作的结果。管理者的层级越高，科学合理配置各种要素的规模越大，复杂程度越高，进行决策所产生的协同效应也就越大。执行者所涉及的关联关系越多，结构越复杂，执行的难度越大，执行所产生的协同效应也越大。

②通过决策使得所有的要素在时间上、空间上、数量上和质量上实现了科学合理的配置，如果分工着的岗位和部门不能有效地按照决策实施，协同效应最终无法实现，所以，协同效应的最终实现必然依赖于在正确决策的基础上进行有效控制。在一个企业组织中，规划与控制是实现协同效应的两个最为重要的手段，规划的本质就是决策，控制的本质就是执行，这两者都是要通过管理当局进行。由于在企业内部实行纵向的科层结构，每一个层级的管理者都有控制的职能和要求，管理者的层级越高，控制的范围越广、复杂程度越高，协同的难度越大，有效协同所产生的协同效应越高。

（2）企业外部协同效应与收益分配。

企业的协同效应不仅存在于企业内部，也存在于企业外部，如果说单个的岗位或者部门的协同效应主要存在于企业内部，那么，外部协同效应是由企业本身与其他企业的相互协作关系而形成。外部协同效应是指一个企业与其他存在业务往来的关联企业之间的各种要素的流动在时间上、空间上、数量上和质量上相互协调、系统运转所产生的合力效果。外部协同效应是以社会分工为基础的，这种效应的高低取决于两个方面：

①企业管理当局的规划和控制能力，一个企业与另一个企业发生业务关系，其决策必须通过管理当局进行，而执行控制也取决于管理当局的努力。

②企业与外部发生直接关系的岗位和部门，这些岗位和部门的主要职能是执行，在执行过程中它们与外部有着关联关系的企业之间的协调能力越强，协作关系越顺，产生的协同效应就越大。

总之，企业在分工的基础上必然会产生协同效应，包括内部协同效应和外部协同效应，要使这种协同效应得以形成，不仅取决于产生协同效应的有关岗位和部门，这些岗位和部门对关联的岗位和部门以及外部企业的关联范围越广、关联程度越高、关联结构越复杂，产生的协同效应就越大。协同效应更取决于管理当局的规划与控制功能发挥的程度，管理当局的层级越高，协同的范围越广、协同的内容越多、协同的结构越复杂，产生的协同效应就越大。

（3）企业要素提供者的协同及其要素的配置效应与收益分配。

企业的协同效应还存在于企业经营必不可少的各种要素的合理配置及其要素提供主体的协作关系。企业必须由四个主体提供的四种要素的有机结合才可能实施经营活动，这四个主体提供的四种要素是：

①政府为企业经营提供的环境要素，包括提供所有企业都必要的公共产品（道路、电力、水等）和公共秩序。

②所有者为企业经营提供的物质要素，现代企业所提供的物质要素是以投入资本的形式进入，然后再通过投资或者购买转化为物质要素。

③经营者为企业经营提供的决策要素，它就是要把企业的外部环境和企业内部条件有效地结合起来，确定企业的发展战略和实现战略的基本路径。

④员工为企业经营提供的执行要素，没有员工的执行，决策就可能是一纸空文。

企业的整体效益不仅取决于每一个要素提供主体所提供要素的数量和质量，而且取决于要素提供主体的协作关系以及所提供的要素之间的配置关系，这就是企业更高层面的协同效应。这一层面的协同效应不是企业各个层面的管理者的规划和控制所能实现的，而是包括管理者在内的政府、所有者、员工的共同配合、相互协作才能达成。

（二）协同效应的收益共享机制及其分配形式

在企业内部和外部、企业各要素提供者之间都会由于在分工条件下而产生的协同效应，这种协同效应就会提高企业经济效益。由协同效应而形成的经济效益就必不可少地在各协同者之间进行分配。所以，在预算管理的条件下，企业不仅要根据每个责任主体完成预算责任指标的多少和好坏进行收益分配，而且，由协同效应所产生的收益也要在协同效应的形成主体之间共同分享，由此就产生了收益共享机制的必要。收益共享不仅存在于企业层面，也存在于国家层面。

在微观层面，为了提高效率，必须坚持多劳者多得的原则，由于每个企业的竞争力不同，各个企业之间的收入分配必然存在较大的差距。这里贯穿的原则就是企业独立核算、自负盈亏，其预算约束是刚性的，这是一种市场化的原则。

在宏观层面，任何一个企业的效率的提高都受制于整个产业链的协同程度，也受制于整个宏观经济的发展战略的正确程度和整个宏观经济的资源配置的有效程度。单个的企业即使有很好的个性化优势，如果没有一个非常协同有效的宏观经济体系，那么，单个企业的经济效益也不可能长期持续地向好。国家在宏观经济政策、宏观调控、宏观资源配置上的协同能力越强，产生的协同效应就越高。由于每个企业经济效益的好坏受国家协同效应的直接影响，由此所形成的相关收入就不能只是为某一企业所享有。国家通过征缴税费的方式取得协同效应所形成的收入，并将该收入分配给国家所代表的全体人民进行共享，这一点在北欧福利国家表现得更为明显。

不难看出，协同效应所形成的收入不仅存在于企业微观层面，而且也产生在国家宏观层面。协同层次越高，所产生的协同效应就越大，由此而形成的收入也会更多，共享收入的惠及面也会更广。在微观和宏观的经济体系中，由于经济体系是一个分工协作的系统，就必然会产生协同效应，协同效应所形成的收入必须为系统中的所有主体共同享有；由于系统中的各个方面的主体、各个层次的主体在协同效应中所发挥的作用不同，各主体在协同效应所产生的收入中所分享的份额会存在一定的差异，但因协同效应所产生的收益共享却是一个普遍的规律。

在预算管理中，通过对责任主体（包括岗位、部门）的责任预算、责任核算和责任考核，使得每个责任主体的权、责、利得以明确，从而使得每个责任主体会基于自身的利益充分发挥自身的积极性，但也会带来过分强调自身利益而弱化企业整体利益的倾向。从理论和实践上看，每个责任主体自身利益的充分实现也存在两个前提：首先，没有企业的整体协调以及企业内部各个部门、各个岗位、各个环节的相互协作，某一责任主体的预算责任目标就不可能顺利完成。其次，每个责任主体不仅要完成好本身的工作，而且也必须为其他责任主体预算责任目标的完成提供协作和支持，否则，整个企业的分工协作体系就会被打乱，进而反过来影响到自身预算责任目标的完成。

归结起来就是，任何一个责任主体的预算责任目标的完成取决于企业的整体协调和其他责任主体的相互协作和支持，某一责任主体履行对分工体系中的其他责任主体的协作和支持职能，才能使得其他责任主体的预算责任目标得以完成。正是在企业内部分工体系中的各个责任主体之间的关系的密不可分性，决定了必须分享企业协同效应所形成的共享收入。

就企业的一般实践而言，这种共享收入的分享机制主要有以下几种形式：

1. 第一种形式是员工福利的共享机制，员工福利可以分为集体福利和个人福利。

（1）集体福利是由企业通过建立集体福利设施和条件供员工享用的一种共享机制。由于福利设施和条件是由企业提供的，每个员工都有分享的权利。有可能一些员工基于自愿的原因而没有享用，所以，员工对集体福利享用不享用是由其自身的自愿所决定，尽管如此，这种集体福利对每一个员工都是平等提供的。

（2）个人福利是由企业直接将福利分配给每个员工，每个员工必然都能分享到这种福利的一种共享机制。这种分享机制的对象就是每个员工个人，而集体福利的分享机制的对象是所有员工。

对企业而言，往往想通过共享机制增强员工对企业的忠诚感和自豪感，一般就会采用员工共同关注和最为关注的方面提供福利分享。而对员工而言，共同关注和最为关注的方面是将自身生存和生活的风险降到最低，自身生存和生活的基本风险是健康风险，企业就会把共享收入的一部分分配到与员工自身生存密切相关的健康支出上。最为典型的是员工健康福利共享机制，星巴克从1988年下半年开始实施为临时工也提供完善的医疗保健的政策，该政策规定所有每周坚持工作 20 个小时以上的兼职雇员都有权利享有和全职员工一样的商业保险，与此同时每位员工可获得由星巴克提供的 75% 的医疗费用。随着该项福利的发展，公司所提供的医疗费用范畴也不断增加，覆盖了预防性医疗、健康咨询、牙齿、眼睛、精神治疗等各个医疗保健领域。

还有企业年金计划也成为企业对员工所提供的最为重要的福利共享机制，这种福利共享机制是在员工得到现实的健康保证的基础上，还着眼于员工退休后能够持续地使其生存和生活状态得到有效的保障。如果说，在预算管理体系下，每个责任主体通过多劳多得形成收入分配的差别化，那么，员工福利的共享机制就使得劳动能力最低的员工与劳动力最强的员工一样，都能得到生存和生活的最低保障，这种保障的收入源泉就来自协同效应所产生的相应收入。正由于员工有了这种最低保障，就必然会强化对企业的自豪感。

2. 第二形式是股票期权分享机制。

股票期权分别授予高管人员和重要的技术研究人员以及员工，员工又分为关键员工和普通员工。让高管人员和重要的技术研究人员与员工都分享股权，其理论依据就是把他们都作为与股东相同的合伙人。正如前面所说，一个企业要形成创造价值的能力，必须要由四个主体政府、所有者、经营者和员工分别提供四种要素，即环境要素、物质要素、决策要素和执行要素，并通过这些主体和要素的相互协作和协调产生协同效应，形成相应的共创收入并予以共享。尽管四个主体提供的四种要素存在不同质性，但是缺少任何一种要素，价值创造就不可能发生。正是从这个意义上讲，这四个主体具有合伙人的特征，既然是合伙人，就必须共享共创收入。

在这四个主体中，政府以税收的形式分享了相应的税费，剩余的部分则由所有者、经营者团队（高管人员和重要的技术研究人员）和员工分享协同效应所形成的相应收入。可以分为三个层次：

（1）第一个层次是企业的高管人员和重要的技术研究人员分享股票期权，高管人员和重要的技术研究人员的行为产生的协同效应最强。

一般来说，他们的收入是与企业的总收入挂钩的，之所以这样，是因为高管人员和重要的技术研究人员的行为更多地具有协同效应。协同效应主要是对企业的总收入产生影响，从而要求这类人员的收入必须要和企业的总收入挂钩。这意味着，高管人员和重要的技术研究人员的收益分配是与企业的总收入的好坏挂钩，从而具有共享特征。总收入高，大家的收入就高。总收入低，大家的收入必然降低。

高管人员和重要的技术研究人员的行为不仅影响现在的总收入，而且也影响未来的总收入，所以，他们的收入不仅要和企业现在的总收入挂钩，而且，必须与未来收入的变动趋势挂钩。这种挂钩表明企业发展过程中在不同时间段的各种要素资源的有效配置，必将影响企业收入的可持续增长性，这显然是时间协同效应所产生的效果，而这主要与高管人员和重要的技术研究人员的行为特征相关。

（2）第二个层次是关键员工分享股票期权。

关键员工在整个企业协作体系中所产生的协同效应要比普通员工更强，所形成的协同收益更高，相应地，关键员工应比普通员工分配更多的共享收入，也就是关键员工不仅要分享普通员工的共享收入，而且，会有一个增加额。星巴克规定主管及以上的人员可以参加专门针对专门员工的股票期权计划。

（3）第三层次是普通员工分享股票期权，虽然员工只是提供执行要素，但离开了执行要素，决策要素、物质要素和环境要素的存在就毫无意义。所以，员工也是其他要素提供主体的合伙人，这些合伙人之间的相互协作和协调会产生协同效应。不仅如此，员工与员工之间由于业务上的内在协作和协调关系也会产生协同效应。由于员工与员工之间的协作和协调关系的广度和深度远远低于高管人员和重要的技术研究人员，所以，前者分享股票期权的份额就会低于后者，这正是协同效应大小的具体体现。

从某种意义上讲，普通员工分享股票期权具有平均特征，主要在于普通员工的行为所产生的协同效应具有基本相近的特征。星巴克就规定每个员工可以根据公司的整体业绩的状态分享股票期权，根据这个计划，在每个申购季开始之前，凡是被星巴克连续雇佣90天以上，且每周的工作时间不少于20小时的员工，都有机会以抵扣部分薪水的方式或折扣价格购买公司的股票。每个员工的申购资金限额为其基础薪酬的1% ~ 10%，可以自行选择。公司会选择一个较低的星巴克股票公开市场价格，将员工所抵扣的工资以低于市场价15%的折扣购买。显然，这是一个具有普惠制特征的股票期权分享机制，这个机制不仅将现在的共享收入分配给员工，同时，采取期权的形式也使得未来一定时期的共享收入供员工分享。

丰富的股票期权分享机制，既是对员工基础薪酬的有益补充，也是对长期为公司服务并做出相应成绩的员工的奖励，更为重要的是它还将员工的利益和企业的利益结合在一起，充分发挥了激励组合效用。这种组合效用既使得每一个员工能够分享自身岗位多劳多得的劳动成果，又能使员工分享协同效应所形成的共享收入。

第六章　整合预算及其实现路径

预算管理体系可以将整个企业管理整合其中，再没有一种比预算管理体系更为系统和有效地实现企业管理整合的方式，这正是预算对企业管理进行整合的作用，由此形成了预算整合。

在预算整合的体系中，必须要将预算管理思想贯穿其中，这不仅使得预算整合的高度得以大大提升，也使得预算整合的作用得以大大提高。预算管理思想必须要通过预算管理体系体现其中，才能成为企业行为的指导。正是通过预算管理体系，或者更确切地说预算管理制度所体现的预算管理思想，企业才能在预算管理体系的运转或者执行预算管理制度的过程中，自觉或不自觉地使预算管理思想成为一种行为的价值标范或者理念，最终成为企业的文化。无论国家或者企业，只有产生先进的制度才可能形成先进的文化。尽管如此，如果预算管理体系的设计不能体现预算管理思想的要求，预算管理体系就只会成为一种简单的方法而失去内在灵魂。所以，一方面必须将预算管理思想作为预算管理体系的设计前提，另一方面预算管理思想也必须内含于预算管理体系中才能发挥作用。

在预算整合的体系中，必须要有预算机制内含其中。预算具有激励和约束的双重机制作用，通过预算责任指标的确定、分解、落实、控制和考核评价，使得预算具有很强的责任约束的作用。通过预算责任指标的完成程度和好坏与预算责任主体收益分配挂钩，使得预算具有很强的分配激励的作用。预算整合自然要将预算机制融合到预算管理体系之中，离开了预算机制的预算管理体系，预算就很难发挥应有的作用。而在预算管理体系的设计中，也必须要将预算机制纳入其中，使预算机制成为预算管理体系有效运转的内核或者动因。正是通过预算机制的作用，不仅使得预算管理体系能够有效运转，而且也使得预算管理思想能够被有效地贯彻。

要使预算管理体系发挥预算整合、体现或形成预算管理思想以及实现预算机制的作用，还有赖于整个企业体系必须按照预算管理的要求进行再造和重新设计。如果企业体系仍然是基于业务的需要而构造，就很难保证预算管理体系的有效运行。为此，必须按照预算管理的需要重构企业体系，由此就形成了整合预算。

一、整合预算：业务体系、信息体系与价值体系的融合

整合预算就是要将业务体系和信息体系按照预算管理的要求进行重新设计，这不仅因为业务体系和信息体系与价值体系之间存在有机的关系，而且更在于业务体系和信息体系只有按照预算管理的要求重新设计，才能使得预算管理体系有效地发挥作用。

（一）业务体系、信息体系与价值体系的关系

在整个企业体系中，存在三个子体系：一是价值体系，它是由资金流而形成的体系；二是信息体系，它是由信息流而形成的体系；三是业务体系，业务体系也是由各种要素的流动而形成的，这些要素除了资金和信息要素都包括其中，通常包括人流、商流、物流、产品流、市场流和技术流等。三个体系的整体关系是，业务体系的运转是价值体系的形成基础，价值体系是业务体系运转的结果和目标，价值体系也为业务体系的运转提供条件；业务体系和价值体系的运转是信息体系的形成基础，而信息体系也为业务体系和价值体系的有效运转提供条件。

之所以把整个企业体系分为三个子体系，主要在于业务体系的运转都需要资金，从而形成各种成本费用支出，业务体系的运转也会取得资金，从而形成各种收入，收入和支出相抵就形成了企业的盈利。所以，业务体系的运转就成为价值体系的形成基础。为了保证业务体系有效运转，必须对业务体系的运转提出价值目标，从由业务体系运转被动地形成收入和支出，到通过对业务体系运转提出价值目标而主动地争取收入减少支出是一次管理的革命。这一管理革命是通过预算管理体系得以实现的，预算管理体系所确定的价值目标就使得业务体系的运转化被动为主动，使得业务体系的运转有了自身的追求目标，这正是价值体系成为业务体系运转的结果和目标的重要前提。价值体系也为业务体系的有效运转提供条件，很显然，业务体系的有效运转必须要有资金保证，也称之为物质保证。这些物质保证在业务运行中一方面会形成资金占用，另一方面会形成成本费用支出。通过预算管理体系合理有效地安排资金占用和成本费用支出，就为业务体系的有效运转提供了前提条件。尽管如此，合理有效地安排资金占用

和成本费用支出仍然必须以业务体系的规范化、标准化、有序化为基础。也就是说预算管理不仅仅只是预算自身的事情，而是必须按照预算管理的要求对整个业务体系进行再造。

企业体系还包括信息体系，这不仅在于业务体系和价值体系的运行会自动地形成信息，而且信息体系也为业务体系和价值体系的有效运转提供条件。在业务体系的运转过程中，伴随人流、商流、物流、产品流、市场流和技术流等的流动过程，会形成各自的信息。这些信息包括两个方面：一是为了对这些要素的流动过程进行管理而形成的信息；二是这些要素自身的流动而形成的信息。如为了管理这些要素的流动过程会提出管理的目标、管理的流程、管理的规范、管理的措施等而形成的信息，以及这些要素在流动过程中实现管理的目标、管理的流程、管理的规范、管理的措施等的结果、差异及其原因的信息。

在价值体系的运转过程中，也会伴随资金的运动过程而形成信息，这些信息既包括现金流入流出的信息，也包括成本费用的信息等。这类信息在进行预算管理后主要包括两个方面：一是预算目标的信息；二是预算目标执行差异及其原因的信息。业务体系和价值体系的运行不仅会自动形成信息，也需要提供相应的信息以保证其有效运转。为了保证业务体系的有效运转，不仅要及时提供业务体系运行目标、运行过程、运行结果、运行差异及其原因的信息，而且要提供相关的决策信息；为了保证价值体系的有效运转，必须要提供相关决策（包括预算目标）的信息、预算执行差异及其原因的信息，也必须提供改进预算的相关信息。

事实上，业务体系和价值体系所形成的信息也具有内在的相关性，这主要体现在业务体系运转信息与预算信息的关系上。实际上，业务体系运转的信息就是预算执行情况的信息，预算执行情况就是指各项业务的展开情况，或者更确切地讲就是人流、商流、物流、产品流、市场流和技术流等的流动过程的情况。为了保证预算的最终实现就必须要确保各项业务活动按照预算的要求展开。各项业务活动在其实施过程中如果偏离了预算的要求，就应当及时发现差异、寻找原因、提出改进的措施。因此，预算管理不仅仅只是预算自身的事情，也必须按照预算管理的要求对整个信息体系进行再造，以确保信息体系能够满足预算编制、预算控制、预算考核和评价等的需要。

正由于企业的业务体系与价值体系、信息体系与价值体系存在上述的关系，所以，就必须按照预算的要求对业务体系和信息体系进行重新构造。业务体系、价值体系和信息体系的相互关系如图 6 - 1 所示：

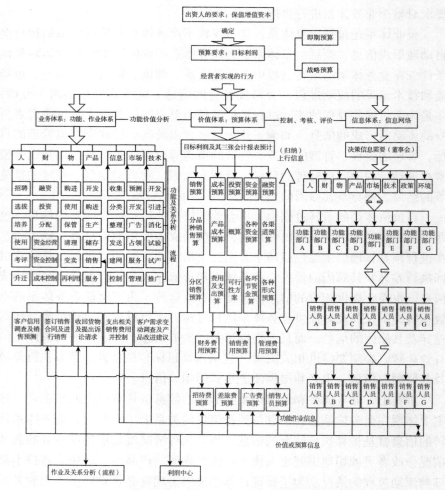

图 6 - 1 以预算管理为中心的企业内部管理整合模式

（二）业务体系、信息体系与价值体系的融合

在企业经营管理中所遇到的最基本问题是业务体系与价值体系、信息体系与价值体系的脱节，业务体系与价值体系脱节主要表现在基于某一业务的作业究竟与哪一价值结果相联系并不清晰，信息体系与价值体系脱节主要表现在信息体系不能完整地描述企业价值形成的因果关系，这种关系

存在于以下各个方面：预算目标与其形成基础的关系的确定、预算执行差异及其成因的关系的确定、预算执行结果及其成因的关系的确定。

在市场经济下，企业的最终目标就是要实现其价值最大化，企业的任何业务的设定都必须以对实现价值最大化有用为前提。企业一切业务活动的设定都是为了生产产品（或提供服务），并通过出售实现其价值。在这个过程中，价值的转移、创造、实现是业务活动的内核，伴随业务活动展开的过程，必然产生价值流。但是这种价值流是产品（或服务）流运行的结果，而不是其前提或目标。预算整合则是要以价值流（或目标价值）为前提，整合企业的所有资源，并通过产品（或服务）的流动实现目标价值，也就是产品流（或服务流）是围绕价值流展开的。这表现在两个方面：

1. 以目标价值为起点，使目标价值转换成目标价值流，并以目标价值流贯穿于产品（或服务）的流动过程，产品（或服务）的流动过程就转换成实现目标价值流的过程（也就是预算实施的过程）。

预算是目标价值，预算体系是目标价值流，正是预算体系，才使企业内部管理全面整合得以成为可能。企业的内部组织结构必须围绕实现预算目标而设计，企业的一切业务活动必须围绕实现预算目标而设定，企业的一切资源必须围绕实现预算目标而配置。预算管理通过目标价值的形式把企业的一切业务活动有效地整合在一起。

2. 为了保证预算目标的实现，要求企业内部组织、进行业务活动的各项作业以及内部组织和各项作业之间的连接流程必须按照预算管理的要求进行再造，分别称之为组织设计、作业分析和流程再造。其具体内容如下：

（1）组织设计。

传统上企业内部组织主要是为满足业务活动的要求进行设计，我们把这种主要满足业务活动的要求设计的组织称为功能型组织，功能型组织的设计目标主要是完成某一特定的业务活动的需要，如在企业内部按照产品生产经营过程的每个环节设置相关的部门，包括采购部、仓储部、生产部、销售部、售后服务部等。

这种功能型组织有助于完成某项特定的业务活动，但往往没有考虑每一功能型组织在达成某一价值目标中的独立作用。或者更准确地说，无法区分企业内部的某一功能型组织的价值边界，包括收入边界和成本费用边界，从而导致无法对企业内部的某一功能型组织进行单独的预算管理或实施预算目标完成情况的考核。

所以，在进行预算管理后必须按照预算的要求重新对企业内部的组织进行设计，其出发点就是企业的每一个内部组织的价值边界都能清晰界定，从而形成一个完整的价值单元，这种企业内部组织可以称之为价值型组织。在管理会计上，价值型组织包括收入中心、成本中心、利润中心和投资中心等类型，这些中心都称之为责任中心。价值型组织的设计显然是为更好地保证预算目标的实现，只有当企业内部的每一个组织都能成为一个完整的价值单元时，企业的预算目标才能分解落实到每个价值型组织上，预算的实现就有了组织保证；也只有企业内部的每一个组织都能成为一个完整的价值单元时，才能对每一个内部组织进行有效的预算考核和相关的利益分配，从而使得每个内部组织都有着内在的动力完成所分解的预算目标。

企业内部组织按照价值型组织设立应按照以下原则进行：

①应按照企业内部价值链形成各价值型组织，并按照企业内部价值链的相关关系体系形成各价值型组织之间的相关关系体系。

②任何一个价值型组织的设立都必须实现预算的价值目标中的特定目标。

③任何价值型组织都必须能明确界定其所形成和创造的价值，为此不仅要界定价值型组织上下之间的价值边界，而且必须界定价值型组织左右各平行组织的价值边界。

④任何价值型组织都必须能够对其所确定的预算责任的履行进行有效的控制，也就是各价值型组织对其所履行的各种预算责任，都享有充分的决策权，这即可控性原则。

为了满足预算管理的要求进行企业内部组织设计不仅涉及业务运行组织，而且也涉及业务管理组织，更直接地讲就是进行预算管理必须对企业的管理组织进行重新设计，设计的目标就是如何才能有效地管理预算。包括谁是预算目标利润的确定主体、谁是保证预算目标利润完成的预算指标体系的确认主体、谁是预算指标体系的分解及其确保其实现的主体、谁是预算执行的控制协调主体、谁是预算信息的管理主体以及谁是预算结果的考核主体等，所有这些管理组织的设计都是基于满足预算管理的需要。

（2）作业分析。

同组织设计类似，传统上，企业所设立的作业都是为了保证完成某一特定的组织目标。由于组织是基于业务活动的需要而设立的，所以，传统的作业分析主要着眼于是否能有效地完成某一业务目标，对作业与价值之间的关系关注不够，企业为了实现业务目标所设定的作业往往不能直接地与相关的成本和收入对接。为了解决这一问题，发达国家的企业采用了作业成本法和作业价值分析法。

①作业成本法，它是以作业为核心，确认和计量耗用企业资源的所有作业，将耗用的资源成本准确地计入作业，然后选择成本动因，将所有作业成本分配给产品的一种成本计算方法。尽管作业成本法是一种成本计算的方法，但是它确实将作业和成本有效地连接起来，这不仅为预算的制定提供了可靠的基础，也为预算管理执行的控制和考核提供了重要的依据，可以说没有作业分析成本的预算管理就很难有效实现。

首先，通过作业分析找到了哪种作业与哪种成本相关，并以此为基础确定两者之间的数量关系。在确定两者之间的数量关系时往往可以通过将作业规范化、标准化的方式，使两者之间形成稳定的数量关系，这就为预算的制定、预算的控制和预算的考核提供了前提条件。

其次，通过作业分析能够确定哪种作业是关键作业，它不仅有助于在预算管理中进行有效的资源配置，而且也便于对关键作业的成本进行有的放矢的控制。

最后，通过作业分析可以发现不必要作业，不仅可以消除这些作业，而且在预算管理中，不再对这些作业进行资源配置，实行成本零容忍，这样就可以通过预算管理实行成本控制的目的。

②作业价值分析法，它主要解决作业与价值增值之间的关系，任何一项作业都必须或者直接增加或者间接有助于增加企业或者产品的价值。作业不仅仅会引起成本，也会产生价值。作业价值分析法也称之为价值链分析法，它是通过对形成企业和产品的整个价值链中的作业进行分析，按各个作业在价值增值中的作用不同将其细分为直接增值作业、辅助增值作业、非增值作业和逆增值作业，从而确定价值创造过程中的关键环节中的核心作业。同时，也辨别出冗余作业，这样就可以使企业或者产品的价值增值达到最大化，而相应的成本则可以降至最低化。

由于将特定的作业与特定的增加价值相联系，就可以很好地判断特定作业在企业或产品价值形成中的特殊作用。作业价值分析法也是力图解决作业与价值的关系，或者更直接地说是作业与收入的关系，这显然有助于解决传统管理只关注作业与业务之间的关系，而忽略作业与价值的关系的问题。通过作业价值分析不仅可以找到哪种作业与哪种收入（或者增加价值）相关，以及相互之间的数量关系。而且，通过作业的规范化和标准化也可以使这种数量关系相对稳定，从而为收入预算的制定、收入预算的分解落实、收入预算的控制以及收入预算的考核提供了基础。通过作业价值分析也可以消除或者减少非增值作业和逆增值作业，从而可以减少收入损失和非收入行为。

通过以上分析可以看出，作业分析是进行预算管理的基础，一方面，企业的各项作业都必须与预算目标相联系，为此，必须按照预算的要求对各项作业进行规范化、标准化，从而使之与预算指标之间形成有机的联系；另一方面，将预算目标分解落实到各项作业上不仅协同各项作业与预算目标之间的关系，也通过预算目标将各项作业有机地协同起来，从而使得预算管理具有了整合特征。

（3）流程设计。

传统上的企业流程是为了满足业务体系的各种要素的流动而设计的，这种流程主要是为了顺利有效地完成各项业务活动，或者说是为了达成各种要素的顺利流动，这种流程设计具有很强的业务性特征。实行预算管理以后，企业的流程设计不仅要满足业务的要求，也必须满足预算管理的要求。满足业务的要求只是使得各项要素的流动，如人流、商流、物流、产品流、市场流和技术流等能够按照各要素流动的自然或技术过程顺利有效地进行。而满足预算的要求关键是要明确界定在流程上的各环节、各部门、各岗位以至各个作业之间的权、责、利关系，明确界定这种关系是进行预算控制和预算考核的基础。如果这种关系不能得到清晰的界定，就必然会产生相互推诿、相互扯皮而使预算控制和预算考核不了了之的可能。

传统上，对业务流程或者更具体地说是各种要素的流动过程采取的设计流程是供应链流程，这种流程的最大问题是没有从顾客的需求出发来形成整个流程。在供应链流程内部也很难界定企业内部各环节、各部门、各岗位以至各个作业之间的权、责、利关系。

从前者，它无助于保证价值目标的实现。预算目标的实现取决于顾客的需求，只有把顾客的需求转化为企业内部下一环节对上一环节的需求、一个部门对另一个部门的需求、一个岗位对另一个岗位的需求以及一个作业对另一个作业的需求，顾客的最终需求才能实现，预算的目标也才能最终实现。

从后者，如果企业内部各个环节、各个部门、各个岗位和各个作业之间不是按两两之间的供求关系来确定各自的权、责、利，整个企业内部被分解的预算责任、预算权力和预算利益的格局就会可能全部打乱，而无法清晰界定。

正是从这个意义上讲，预算管理必须按照需求链流程，对各业务流程或更具体地说是对各要素流动过程进行流程再造。经过这种再造，一方面，把企业的预算目标的实现建立在顾客的需求上，并通过预算目标分解将顾客的这种需求进一步落实到企业内部各个环节、各个部门、各个岗位以至各个作业上。从这点出发，正是预算管理把顾客的需求和企业内部各个环节、各个部门、各个岗位以至各个作业的业务行为有效地整合起来；另一方面，在企业内部也按照环节与环节、部门与部门、岗位与岗位、作业与作业两两之间形成供求关系，这种关系使得两两之间的成本边界和收入边界被明确界定。并且，用需求链的方式把它们之间的权、责、利关系有效地协同整合起来。这种协同整合的方式是一种模拟市场的方式而非行政方式；是一种以价值链为基础的方式，而非以业务链为基础的方式，正是这两种变化才能满足预算管理的要求。反而言之，预算管理促成了这两种方式的实现，这就是整合预算的特征。

3. 为了保证预算管理体系的有效运转，必须对信息体系进行重构。

如前所述，信息体系与价值体系脱节主要表现在信息体系不能完整地描述企业价值形成的因果关系。没有这种因果关系不可能形成科学合理的预算管理，没有这种因果关系不可能掌握预算管理的执行情况，没有这种因果关系不可能分析各预算执行主体完成预算的好坏，没有这种因果关系也不可能及时调整预算。事实上，在进行预算管理后，企业信息体系必须进行重构，而重构的就是如何使信息体系体现预算管理的要求。那么预算管理对信息的要求究竟是什么？

归结起来就是要按照某种规律对整个企业的信息进行高度集成，所有信息无论是业务系统运转形成的信息，还是价值系统运转形成的信息，它们之间都会存在某种必然的联系，这种联系就是因果关系。因为从业务系统和价值系统运转的规律看，它们始终遵循因果关系律。任何一项业务活动及至作业活动都可以形成结果，任何一项业务活动和作业活动的结果都会有自身形成的原因；更宏观上，任何一项业务活动都会形成价值结果，任何一个价值结果都有其形成的业务以至作业原因。从理论上说，预算目标是否最终被实现关键取决于企业业务系统以至各项作业运转的效率，业务活动和作业活动是因，而价值是果，找到影响价值的最终的因就能很好地判断哪些是有利因素，哪些是不利因素，并对这些不利因素提出改进的措施，就显然能够保证预算制定的可靠性、预算控制的有效性和预算考核的科学性。

实际上，在整合预算中，一方面要求整个信息体系满足预算管理的要求，从而要求对整个信息体系结构进行重新构造，可以简称为数据结构的重构。由于预算的制定、执行及其控制和考核都必须要求取得相关的原因信息，所以，整个信息体系按照因果关系链进行构造就能实现信息的大集成，同时，又能满足预算管理的需要。这主要表现在三个方面：

一是将预算的结果信息追溯到业务的原因信息，实现了业务信息与价值信息的全面对接整合。

二是将预算目标利润执行结果的信息追溯至收支原因的信息，实现了利润总结果信息与收支明细信息的全面对接。

三是将企业实现预算目标的总结果信息追溯至各环节、各部门、各岗位完成预算情况的信息，实现了企业整体状况的信息与各个分支机构状况的信息的全面对接。

不难看出，进行预算管理必须要对企业的业务体系和信息体系按照预算的要求进行重构，或者说预算管理业务体系和信息体系也必然会随之而发生变化，这正是整合预算的特征。

二、整合预算：基于预算的业务重构

过去的预算强调了预算的整合作用，但没有很好地按照预算管理的要求对业务进行重构。这样导致了预算的制定、分解、落实、控制和考核评价产生了许多问题，最终导致预算不能被有效地执行，而预算的控制和考核评价也多少流于形式。

（一）传统预算管理的缺陷：业务与预算的脱节

1. 业务与预算的关系。

预算管理不能在现有业务体系不变的条件下进行，而是为了满足预算管理的要求，必须对现有业务体系进行重构。这种基于预算管理要求而对业务体系进行的重构行为就是预算的"整合"功能之一，这也说明传统预算管理只是单纯地就预算论预算。由于预算的形成基础是企业的业务活动，而预算又是企业业务活动的目标，这表明没有企业业务活动的基础作用，预算就会成为空中楼阁，这就要求预算必须切切实实地建立在企业业务活动的基础上；同时，企业的业务活动没有预算作为目标，也就失去了方向和价值。企业的一切业务活动都是为了实现企业价值最大化，预算就是企业一定时期的价值最大化目标。如果把这两者有机地结合起来，就是预算必须以业务为基础，业务必须以预算为目标。这里最为关键的是，业务与预算之间的内在关系，或者进一步说业务与价值目标之间的内在关系。

2. 业务与预算的脱节。

传统管理，包括财务预算管理和全面预算管理，所存在的根本问题就是没有很好地实现业务与预算之间的有机衔接，这种衔接不是简单地在数量上实现业务总量与预算总目标之间的对接。目前，确定预算目标的一般做法是在过去一年预算目标的基础上，再加上一定的增长率确定新一年度的预算目标，或者，在过去一年实际完成的预算目标的基础上，再加上一定的增长率确定新一年度的预算目标（如果在经济不景气时，一般采用降低率确定新一年度的预算目标）。在确定了预算目标后，再以预算目标为基础，推算出业务活动所要达到的数量目标。

这里，似乎预算目标最终也是建立在业务活动基础上的，但是，问题在于业务总量目标是由预算目标倒推所形成的，具有"预算强制"而非"业务基础"的特征。显然这种确定预算目标的方法是就预算论预算，而不是使预算建立在业务的基础上。或者按照预算的要求对企业的业务体系进行重构，使得业务与预算之间保持有机的衔接。传统预算管理没有很好地实现业务与预算（或者价值）之间的有机衔接，主要表现在以下方面：

（1）预算总目标与业务总量目标的脱节。

正如上述，传统预算管理强调预算的责任属性，并通过预算总目标（一般是指当年预计要实现的利润总额，并以此为基础确定当年预计要实现的收支总额）及其分解的分目标确定预算责任体系，预算具有"责任强制"的特征。正是这一特征，通常就把预算总目标作为责任目标确定的起点，并以预算总目标倒推业务总量目标，所以，传统预算管理是业务总量目标必须建立在预算总目标的基础上，而不是预算总目标必须建立在业务总量目标的基础上。由于这样，如果业务总量目标不能完成，预算总目标也就不能实现。

事实上，业务总量目标的最终实现是以市场需求为基础的，所谓预算总目标必须建立在业务总量目标的基础上，就是要按照市场需求的变动趋势确定企业的预算总目标。而传统预算管理是责任导向而非市场导向，从而导致了预算总目标与业务总量目标的脱节。这主要表现在以下方面：

①业务总量目标是按照预算总目标的要求倒推确定的，而预算总目标又是按照责任强制的增长率确定，使得业务总量目标没有与市场需求挂钩。大多数情况下，企业的业务总量目标主要是指产能或经营能力目标，这一目标具有内部性，它取决于企业的生产经营能力，特别是企业固定资产的投资规模。仅仅如此，显然存在缺陷，就是企业的产能和经营能力能实现预算总目标的要求，但如果生产的产品或服务不能在市场上实现，企业的预算总目标仍然不能实现。

②即使预算总目标与市场需求挂钩，也可能由于企业的生产经营能力不足而无法满足市场需求，以至预算总目标受制于企业的生产经营能力而无法实现，造成了业务与预算的脱节。

③只考虑市场需求和现实的生产经营能力而确定预算总目标仍然存在缺陷，市场需求虽然是外部性的，但是，就单一企业而言所占有的市场份额却可以通过主观努力而改变。整体上说，单一企业不可以改变整体的市场需求态势，所以在确定预算总目标时，必须考虑市场变化的总趋势；就单一企业在市场需求中的所占份额而言，单一企业可以通过提高其竞争力使市场占有份额增加。由此出发，在确定市场需求对企业预算总目标的决定性影响时，还必须考虑企业自身主观能动性的发挥程度。这种主观能动性主要表现在企业业务的拓展能力（特别是市场开拓能力）上，它仍然成为预算总目标是否能够实现的基础。所以，在预算总目标确定时，必须考虑市场需求以及企业自身的业务拓展能力两个方面，而在预算实践中，确定预算总目标几乎很难充分有效地将这两个方面考虑其中，往往导致预算总目标与实际完成结果差距较大。

（2）预算构成项目与形成业务的作业脱节。

预算构成项目就是以预算总目标为基础所形成的各具体的销售收入、销售成本和费用支出项目。由于这些项目最终都会表现为现金的收支活动，所以，预算构成的项目也表现为现金的流入和流出项目。而形成业务的作业则是指企业的所有业务活动最终都要通过每一项具体的操作行为才能完成，这些具体的操作行为就是作业。企业存在的任何一项作业都是为了保证预算总目标的实现，或者反过来说，缺少任何一项作业都会影响预算总目标的实现。因此，为每一项预算构成项目设计相应的作业，不仅使得每一项作业的存在有了明确的目标和意义，也使得每一项预算构成项目的实现有了业务基础。唯有这样，才能实现预算构成项目与形成业务作业之间的有机联系。

　　传统预算管理更多地强调了预算的总量方面而忽视了预算的项目结构方面，使得预算与业务之间的脱节进一步表现在结构性方面，主要是：

　　①预算项目的细化程度不够，从而导致很难与具体的作业进行衔接。企业预算最终体现在预计资产负债表、预计利润表或预计损益表和预计现金流量表三张报表上。尽管这三张报表以及相应的附表有许多的明细构成项目，但是这些明细构成项目仍然具有总括性，不能直接对接相应的作业。如招待费用预算作为一个明细的费用构成项目就是预算中所细分的最终项目，通过这个项目是无法直接找出相对应的作业行为。原因很简单，招待费用并不仅仅是因为销售作业而发生的。但在传统的招待费用预算中，一般是将招待费用与销售收入挂钩，确定预算期的招待费用率，并以预算销售收入乘以该招待费用率得出招待费用的预算额，这显然只是把招待费用的发生与销售作业挂钩。实际上，招待费用的发生与许多作业关联，如与筹资作业、纳税作业、政策协调作业、公共关系处理作业等有关。为此，就必须将招待费用进一步按用途（上述作业就是按招待费用的用途分类的）进行细分。这样才能直接与相应的作业进行对接，从而才能更加准确地确定招待费用的预算额。传统预算由于预算项目的细分度不够，从而使预算无法衔接到相应的作业上去。一句话，预算的总括性程度越高，与形成业务的作业脱节的程度也就越高。

　　②作业的"业务导向"特征也导致了某一作业难以对接相应的预算项目。传统预算管理是在企业的业务体系不变的条件下进行的，在传统的业务体系下，所有的作业都是按照业务的需要进行设置的，这种基于业务的需要而进行的作业设置具有"业务导向"的特征。企业的业务体系可以按照商流、人流、物流、技术流、信息流等要素的流转环节构成，所有这些要素的流动一方面表现为企业的业务活动过程，另一方面为了完成这些业务活动必须要依靠资金的支持，从而也形成了资金流，资金流动的过程就是财务活动的过程。传统的财务管理主要是为企业的业务活动提供资金保证，强调财务的服务功能，财务活动抑或资金运动是附属于业务活动的。所以，传统的企业管理主要集中在业务活动的管理上，不仅财务活动必须为业务活动服务，而且，作业的设置也是为了满足实现业务活动的需要。

　　现代公司制企业强调企业设立的目标是为了实现其价值最大化，企业业务活动的根本目的当然也是要实现价值最大化。从资金运动的公式中就可以看出，企业通过投入货币，开展各项业务活动，又重新收回数量更大的货币。所以，企业各项业务活动的起点和归属都是为了实现取得更多的货币收入抑或取得更多的新增价值，也即价值最大化。为了确保企业价值最大化目标的实现，公司制企业采用了预算管理的方式。通过预算管理将企业价值最大化目标融入其中，这样，企业价值最大化目标也就通过预算目标的形式得以体现，企业的一切业务活动就必须以预算作为起点与归属。

伴随企业业务活动目标以预算作为起点和归属，企业的作业设置不仅要满足实现业务活动的需要，而且也必须满足预算目标实现的需要。由于预算目标是以价值形式体现、反映企业价值最大化要求，作业设置也就是要满足企业价值最大化的要求。这种基于企业价值最大化要求而进行的作业设置就是"价值导向"的，也可以称之为"预算导向"的作业设置。

传统预算下的作业设置是没有考虑价值导向的，因而也是没有考虑预算要求的。它主要表现在为满足各项业务活动所设置的作业与预算项目之间不存在有机的衔接，如在购进环节设置了寻找供应商、谈判、签约、送货、验收等作业，显然这些作业都只是与购进业务相衔接的。没有直接表达这些作业与哪些预算明细项目相关，或者反过来说，哪些预算的明细项目应该分解落实到这些作业上，这样就导致了作业与预算明细项目之间的脱节。这种脱节主要表现在两个方面：一是某个预算明细项目可能同时与几项作业相关，以至于无法分解到某一项作业上；二是某一项作业可能同时与几个预算明细项目相关，也使得这几个预算项目难以分解落实到单项作业上。

③作业的标准化程度不够而导致某一作业与某一预算项目之间的数量关系难以确定。如果传统的作业是按照业务导向进行设置的，它带来的问题是作业与预算项目之间难以存在有机的衔接关系。那么作业的标准化程度不够所带来的问题就是使某一作业与某一预算项目之间难以存在明确或者准确的数量关系。

为了解决这一问题，科学管理之父泰勒曾经进行了著名的"铲锹实验"，其目的是通过挖煤的现场标准化、流程标准化、铲锹标准化、运煤车标准化、挖煤动作标准化等，确定每一个挖煤工人每一天的标准挖煤的劳动定额。以此劳动定额为基础，进一步确定每一个工人的定额工资。有了这一定额工资，不仅为挖煤作业与预算的人工成本项目之间构建了有机的联系，而且，为两者之间的数量关系建立了固定的模式，从而有助于确定整个企业的人工成本预算。尽管有了泰勒的先见之明，但是，要实现作业的标准化仍然存在许多的问题：

问题之一是由于传统管理设置作业具有"业务导向"特征，所以作业的标准化主要是从业务的角度着眼的，而不是为了有效地确定作业与预算项目之间的数量关系。如为了有效地提高物流效率，采取了供应链管理的模式，但供应链管理模式并没有清晰地确定在供应链各个环节所发生的每一个作业与预算的某一项目之间的有机关系。

　　问题之二是由于一些作业进行标准化存在许多困难，或者由于科技水平尚未达到使作业标准化的要求，有一些作业在现有的状态下确实难以实现标准化，这也为确定作业与预算项目之间的数量关系形成了现实的难题。销售作业与销售量或者销售收入之间的数量关系是难以通过销售作业的标准化予以明确的，原因在于销售量或者销售收入的多少最终是由市场决定，而不是由销售作业及其标准化高低所决定。一般来说，对于企业内部与成本费用预算相关的作业可以通过标准化的方式与相关预算项目建立数量关系，而对于面向企业外部的作业就很难建立这种数量关系。尽管如此，对作业进行标准化，以确定作业与预算项目之间的数量关系是预算管理一种内在的要求。

（二）整合预算：作业与预算项目关系的重构

　　从上面分析不难看出，传统的财务预算和全面预算都是在现有的业务体系不变的基础上进行的，而整合预算则要求企业业务体系以及确保该业务体系运转的作业必须按照预算的要求进行重新设计。这种设计包括两个方面：其一是构建业务总量与预算总目标之间的衔接关系，实现业务与预算之间的有机整合；其二是构建业务形成基础的各项作业与相应预算项目之间的衔接关系，实现业务与预算结构之间的有机整合。

　　1. 业务总量与预算总目标之间的衔接。

　　一方面企业的所有者为了实现其投资目标或者利润最大化目标，必然要对经营者或者企业下达目标利润，这一目标利润就是预算总目标。从理论上说，这一目标利润的确定是按照行业平均利润以及企业在行业中的地位确定的。也就是说，所有者确定目标利润首先是不得低于市场平均利润（垄断行业就是行业平均利润），如果低于平均利润就意味着企业有可能在竞争中被淘汰出局。在此基础上再考虑企业在行业中的地位，如果企业在行业中的地位越高，目标利润就必须定得越高。虽然预算总目标是依据所有者对目标利润的要求所确定的，但要完成这一目标利润是必须要有相应的业务基础，这一业务基础最终是由销售量及其相应的销售收入决定的。一个企业能否实现这一销售量或者销售收入不仅取决于企业自身的努力，更取决于市场需求变动的趋势以及企业在整个市场中所占有的份额。企业在整个市场中所占有的份额显然与企业自身的努力密切相关。综合两者，一个企业按照所有者提出的目标利润所确定的销售量或者销售收入不仅取决于市场变动的状况，也取决于企业全体员工的努力程度，这两者就构成了预算总目标的业务基础。怎样才能实现业务总量与预算总目标之间的衔接？

（1）企业必须建立销售预测体系。

传统的财务预算和全面预算管理中并非不进行销售预测，但销售预测是被动地服务于实现预算总目标要求，并主要由销售部门提供预测数据，可以称之为被动的销售预测。与此不同，基于实现预算总目标的主动销售预测至少包括以下特征：

①主动的销售预测是以预算总目标的要求作为起点，为了完成这一预算总目标，必须预期销售总规模、销售结构，如果当现有的业务无法完成预算总目标的要求时，必须要开发新的业务，以求最终实现预算总目标的要求。

②销售预测的主体并不仅仅只是销售部门，还可能专门设置调查预测部门，研究市场的变动趋势。除此而外，企业其他与销售有关的部门也需要参与销售预测，如技术部门就可以通过其技术的垄断性预测销售份额的变化，质检部门就可以通过其对产品质量的提高预测销售份额的变化。不难看出销售预测的作业被广泛地分布在企业的相关部门，并通过专门设置的预测调查部门进行综合以确定预期的销售量或者销售收入，这就是为预算所重新进行的作业体系设置，所设置的这一作业体系主要是为了比较准确地了解市场变化的状况，这属于了解和判断客观现实的过程。

（2）企业必须建立一下一上的预算目标分解落实体系。

销售预测的结果并不仅仅只是被被动地采用，而是为了实现预算总目标的要求必须主动地采取相关的政策措施，在市场状况趋坏时，通过这些政策措施仍然能够确保预算总目标的实现，在市场状况趋好时，通过这些政策措施能够超越预算。最为关键的是由谁提出政策措施以及提出怎样的政策措施，由于预算总目标的最终实现涉及企业内部各部门（岗位）、各环节、各要素，所以政策措施的提出必须是群策群力的结果。而这种群策群力显然就是要发挥企业内部所有员工的主观能动性，创新挖潜，从而使企业的竞争力达到最大，这属于发挥企业员工主观能动性的过程。一个企业的预算总目标是否建立在业务总量的基础上一是要看是否符合市场需求，二是要看企业的主观能动性发挥所形成的竞争力。

在整合预算中，就是要通过一个有效的程序使得所有员工的主观能动性在预算的制定过程中得以发挥和表达。为此，整合预算必须采取一下一上的预算程序，一下就是要将预算总目标及其分目标分解传达到企业内部每个部门和每个员工，使得每个部门和员工了解自身在预算期所应该实现的目标，这样就实现了预算总目标对预算分目标的有机整合；每个部门和每个员工必然结合自身的现实状况分析确定所分解的分目标能否实现，他们所进行的这一分析过程具有双重作用：一是确认预算分目标是否符合客观实际；二是为了完成或者超额完成这一分目标提出还可能采取的政策措施，这显然体现了主观和客观的合一性。

可以看出，为了确保预算总目标的实现，企业仅仅为预算总目标是否建立在可以实现的业务总量基础上就设置了许多专门的作业。为了让员工能够主动提出超越预算的政策措施，最为关键的是对超越预算的部分应该在利益分享上更多的倾向员工。在一下的基础上还必须一上，原因在于预算总目标的完成不仅以业务总量为基础，也必须以各项业务、各项业务的每个环节、各项业务的每个作业的协同动作为基础。从物力学上讲，分力最大并不意味着合力最大，只有实现了分力之间的协同力，才能达到合力最大。企业最高管理当局通过将各部门、各员工对预算分目标的调整有机整合起来，实现预算体系的一体化，才能最终实现预算总目标。

2. 各项作业与相应预算项目之间的衔接。

要保证预算总目标的实现，必须以业务为基础，而业务是由作业完成的，每项作业都会对预算总目标的实现产生影响，甚至决定性的作用。但每项作业并不是直接影响或决定预算总目标，而是预算总目标中的某一具体分目标。归结起来，预算总目标的实现有赖于每项作业是否能够实现相应的预算分目标。为此，企业必须重新进行作业设置，要求使作业与预算分目标之间形成直接的关系，并且通过作业的标准化使这种关系能够以相对固定的数量形式而存在。在发达国家企业的预算管理实践中，主要采用了作业成本分析和作业价值分析，确定作业与预算分目标之间的有机联系，并通过作业标准化确定两者之间的数量关系。

（1）作业成本分析与成本费用预算项目之间的关系确定。

作业成本分析是在作业成本法的基础上形成的，作业成本法认为企业的全部业务活动是由一系列相互关联的作业组成的。企业进行任何一项作业都必然要耗费一定资源，从而产生了成本。企业生产产品的业务活动需要一系列作业来完成，为完成这些作业所耗费的全部资源就构成产品的成本。显然作业成本法是为了归结产品成本而形成的一种成本计算方法。事实上，企业的许多作业并不直接与产品成本有关，如许多作业是直接与期间费用有关的。所以，作业成本法对作业与成本之间关系仅仅局限于产品成本，不能确认所有的作业与所有的成本费用之间的关系。预算管理最为重要的是成本费用预算及其控制，为了实现成本费用预算目标，一方面，成本费用预算必须分解落实到相关的作业上，以保证作业的有效运行。这意味着任何一项作业只有给予成本费用预算才能存在和运行，对于形成企业价值无用的作业就不能给予成本费用预算；另一方面，任何一项作业都必须确保成本费用预算分目标的实现，通过成本费用预算分目标分解落实到各项作业，并进行全程控制，以达成预算分目标。这里最为关键的是必须为每一项成本费用找到形成的作业，也必须为每一项作业给予相应的成本费用。这样就产生了作业成本分析的必要，作业成本分析显然是建立在作业的"成本导向"基础上的，它是与作业的业务导向相区分的。

作业的"成本导向"至少包括以下要求：一是任何一项作业都必须要有相应的成本费用与之对应，或者说任何一项成本费用支出都能找到作业用途，没有作业用途的成本费用就不能在预算中列支。二是任何一项成本费用不仅能找到作业用途，而且能够被清晰地界定在某一作业上。也就是不同作业之间所发生的成本费用的边界能够被清晰界定，否则，要么对作业或者分拆或者合并以便某一作业能够找到某一成本费用项目与之对应。要么通过对成本费用进行分拆或者合并，以归集到某一作业上。三是任何一项作业所形成的业务量与相关的成本费用项目之间应尽可能地形成数量关系。

仅以采购业务为例，可以将采购业务区分为以下作业，并形成相应的成本费用项目：寻找供应商作业进而形成信息搜寻费用、供应商招标作业进而形成招标费用、供应商谈判作业进而形成谈判费用、供应商签约作业进而形成签约费用、采购作业进而形成采购成本和相关的运杂费、验收入库作业进而形成验收入库费用，如此等等，不难看出作业成本分析就是要找到哪一项作业与预算中的哪一项成本费用相衔接，这是进行成本预算费用的基础。

（2）作业价值分析与增值（或收入）预算项目之间关系的确定。

作业不仅会产生成本费用支出，也一定会带来价值增值，否则作业的存在就没有了意义。企业价值最大化是以各项作业及其作业体系的价值最大化为基础的，离开了作业所创造的价值，企业价值最大化就成了无本之源；如果不能创造价值，作业也就失去了存在的必要。

作业价值分析与作业成本分析不同，作业成本分析主要是为了实现作业与预算中的成本费用项目进行衔接，而作业价值分析主要是为了实现作业与预算中的增值（或者收入）项目进行衔接。如果将两种分析综合起来可以发现作业既可以形成成本费用支出，也可以形成增值收入，两者之差正是企业预算目标利润的形成基础。

按照作业与价值之间的关系可以将作业分为增值作业、辅助作业、不增值作业，以产品生产为例，说明三种作业的内涵是：增值作业主要是指产品加工、零部件组装等能够为客户创造附加价值的作业。辅助作业是指更换模具刀具、物料搬运、质量检查、作业前准备、作业后处理等虽然不产生附加价值，但又必须进行的作业。不增值作业是指那些只增加成本而不能产生附加价值的作业，如停工待料、寻找工具、物料长时间停放等。实际上可以对这些作业按照更为规范的方式进行分类，主要是增值作业、保值作业、减值作业，其中保值作业与辅助作业相对应，减值作业与不增值作业相对应。

预算管理必须对收入进行预算并进行控制。为了实现收入预算目标，一方面，收入预算必须分解落实到相关的作业上，以保证作业能够增加价值。这意味着任何一项作业如果对于形成企业价值无用，就必须去掉。另一方面，任何一项作业都必须确保增值（或收入）预算分目标的实现，通过增值（或收入）预算分目标分解落实到各项作业，并进行全程控制，以达成预算分目标。这里最为关键的是必须为每一项作业找到可能实现的增值或收入项目，这样就产生了作业价值分析的必要。作业价值分析显然是建立在作业的"收入（增值）导向"基础上的，它也是与作业的业务导向相区分的。作业的"价值导向"至少包括以下要求：

①任何一项作业都必须要有相应的增值或收入项目与之对应。或者说任何一项增值（或收入）项目都能有相应的作业作为基础，不能找到相应的增值（或收入）或者保值项目的作业，必须被去掉。

②任何一项增值（或收入）不仅能以相应的作业作为基础，而且能够被清晰地界定在某一作业上。也就是不同作业之间所形成的增值（或收入）的边界能够被清晰界定，否则，要么对作业或者分拆或者合并以便某一作业能够找到某一增值（或收入）项目与之对应。要么通过对增值（或收入）项目进行分拆或者合并，以归集到某一作业上。

③任何一项作业所形成的业务量与相关的增值（或收入）项目之间应尽可能地形成数量关系。仍以采购业务为例，可以将采购业务区分为以下作业，并形成相应的增值（或收入）项目：寻找供应商作业进而形成价格相对较低而商品质量相对较高的增加价值、供应商招标作业进而形成商品进价较低而售后服务质量较高的增加价值、供应商谈判作业进而形成进一步降价和更高的售后服务的增加价值、供应商签约进而保证双方履行权利义务使购进顺利进行形成保值、采购作业进而形成购进商品为生产提供准备和降低运杂费的增加价值、验收入库作业进而保证商品安全形成保值。

如此等等，不难看出作业价值分析就是要找到哪一项作业与预算中的哪一项增值（或收入）项目相衔接，这是进行增值（或收入）预算的基础。事实上，在预算管理中，通常会要采取内部转移价格的方式明确地显示每一个上一环节对下一环节所形成的增加价值（或收入），就是为了更好地显现每一个作业所带来的价值增值（或增加的收入）。

（3）作业标准化与成本费用和增值（或收入）项目数量关系的确定。

为了实现从作业"业务导向"向"价值导向"的转换，不仅要将作业与相关的预算成本费用和增值（或收入）项目衔接，还必须尽可能地形成相对稳定的数量关系，它为预算的形成提供数据基础。由于并非所有的作业都能完全进行标准化，所以，所有的作业与相关的成本费用和增值（或收入）项目之间都要建立相对稳定的数量关系也难以实现。尽管如此，也必须按照管理会计中将成本费用与业务量的关系所进行的分类一样，把成本费用区分为固定费用、变动费用和混合费用。相应的增值（或收入）也可以区分为固定增值（或收入）、变动增值（或收入）和混合增值（或收入）。在这种分类的基础上再将它们与相关作业的业务量之间挂钩，确定有关成本费用项目或者增值（或收入）项目之间的数量关系。这里最为重要的是对作业进行标准化，不仅仅是为了提高作业的质量和效率，也必须考虑作业与相关的成本费用项目或者增值（或收入）项目之间的数量关系的确定，这种关系也无非分为固定、变动和混合三种情况。

总之，整合预算就是要使企业所有的作业整合到实现预算要求的目标上来，不能出现减值作业、冗余作业、重复作业等对预算目标的完成没有效用的作业。同时，还必须使每一项作业能够更加有效地实现预算目标的要求，只有这样，才能更好地实现业务与价值（或预算）的有机整合。

三、整合预算：基于预算的岗位设计

在基于预算的业务重构中，主要说明了预算与业务的关系，其中，又以预算与作业的关系为重点进行了系统的叙述。预算与作业的关系主要表明的是哪一个作业与某一相应的预算收支相关联以及相互的数量特征。显然，这种关系是没有联系着组织和人，这里的组织是指企业的最小组织单元即岗位，岗位不仅是企业最小的组织单元，也是员工履职的基本平台。

首先，企业的各项作业都必须归集到某一岗位上，从而使得任何一个岗位都有具体的作业作为支撑，也就使得岗位作为整个企业的最小组织单元的存在具有了行为性。企业中任何一个组织单元的存在都是为了完成某种特定的行为（在企业中就是某项特定的业务功能），如果不能担当某种业务功能，这一组织单元就不具行为特征，也就没有了组织的作用，因而必须从企业组织中删除这种组织单元。其次，企业的任何一个组织单元都必须为企业总目标的实现提供支撑，在预算管理的条件下，企业的总目标及其分目标体系就是预算目标体系，每一个岗位的业务功能（或者组织的行为）发挥作用都必须能够有助于实现某一预算分目标（组织目标），从而有助于实现预算总目标，这样使得岗位作为企业的最小组织单元的存在具有了目标性。企业的任何一个组织单元都是为了实现某种特定的预算目标而设立的，如果企业的一个组织单元不能实现某一特定的预算目标，不仅组织的存在毫无意义，更为重要的是组织行为的发生还将大量消耗企业的资源，对预算目标的实现只会产生负面效应。

由上不难看出，作业需要组织来完成，从而归集到岗位上；预算目标也需要组织来完成，从而要落实到岗位上。由于岗位是员工履职的基本平台，所以，将作业归集到岗位上，就是将作业转化为员工的行为，或者说作业必须靠每个岗位的员工进行；将预算目标落实到岗位上，就是将目标转化为员工的行为动机，或者说，每个岗位的员工的作业必须要有助于实现某一特定的预算目标。正因为这样，在说明了预算与业务的关系的基础上，必须进一步说明预算和作业与岗位的关系。这里的岗位也是某一员工履职的平台，从而也就是要说明与某一员工的关系。由于岗位或者员工是履行预算目标的主体，所以，将作业和预算与岗位相联系才能确保作业有行为的主体、目标有实现的行为。预算与作业的关系所解决的是靠做哪些事完成预算目标，而预算和作业与岗位的关系所解决的是靠谁来完成作业

进而实现预算目标，或者简单地说，就是靠谁完成预算目标。在前面的论述中，我们已经指出，前者叫基于"事件的预算"，后者叫基于"主体的预算"也称之为"责任预算"。

整合预算不仅要把企业的所有作业与预算体系有效地连接起来，而且必须把预算体系与企业的所有岗位有效地连接起来。为了实现这种连接，必然要将企业的所有作业与企业的所有岗位有效地连接，因为作业必须靠每个岗位的员工才能进行。这样岗位进行作业，作业完成预算，从而实现了预算目标与完成预算目标主体的有效整合。

基于预算的岗位设计是相对基于业务的岗位设计提出的新概念。传统上岗位是为了完成企业的某一业务或者业务环节而设计的，这一业务或者业务环节往往是由若干个作业才能完成，所以，作业形成某一业务或者业务环节，某一业务或者业务环节设计在某一岗位上，从而形成基于业务的岗位。进行预算管理后，岗位不仅要为完成某一业务或者业务环节而设立，更需要考虑实现某一预算目标而设立。这样就使得岗位具备了新的特征，那么，在整合预算的条件下，岗位究竟具有怎样的整合特征？

（一）作业整合

从业务的角度看，岗位是为了执行企业某一业务而形成的基本组织单元，也称之为功能（业务）性单元。任何一个企业的设立都是为了完成某种业务目标，或提供产品，或提供服务。只有通过向顾客提供产品或者服务，顾客才愿意向企业支付购买产品或服务的价款，企业才能取得收入，从而才能达成企业价值最大化。从这个意义出发，企业本身的基本功能就是为顾客提供所需的产品和服务，而企业的价值则是通过顾客对企业产品和服务的认可才得以形成。所谓企业价值最大化实质上是顾客对企业产品和服务认可的价值最大化。

既然企业价值最大化是通过顾客认可才得以实现，而顾客却是以企业提供的产品和服务才认可企业的价值，那么，企业的基本功能或者最为关注的是提供满足顾客需要的产品和服务。提供满足顾客需要的产品和服务必然要求企业进行一系列业务活动，这些业务活动又由无数个作业所构成。作业与业务活动的关系是，若干相互关联作业形成业务活动，如采购业务就是由信息搜集作业、初步选择供应商、对供应商进行招标、与供应商谈判签约、货物运输、结算、验收入库等作业组成，每一个作业又由若干更细化的作业组成。任何业务都必须要由相关的业务部门来完成，所以在企业内部形成了各种各样的业务部门；任何作业也必须要由相关的人员来完成，相应在企业内部形成了各种各样的岗位。

在企业内部设立各种各样的岗位就是为了让形成企业业务基础的作业能够有相应的责任人确保其完成。岗位的第一属性就是要把相关的业务能够有效地组合在一起，通过这种组合，由胜任这些作业的责任人有效地完成这些作业。落实不到责任人的作业，作业就不可能被完成；没有作业的责任人，就会人浮于事。所以，岗位所要达成的第一个整合作用就是要把相关的作业有机地组合起来，并由有相应能力的责任人来完成。为了使作业能够有效地形成岗位，必须解决以下问题：

1. 为什么要设置某一岗位。需要回答设置某一岗位是与完成某一项业务或者某一业务中的哪些环节相联系，也就是岗位设置的业务目的。

2. 设置某一岗位需要将哪些相互关联的作业组合在一起。这些作业的关联性主要表现在两个方面：一是所有这些作业之间存在技术关联性和流程关联性。二是所有这些作业完整地组合在一起后可以形成一个相对独立的业务单元或者业务环节，从而有利于岗位的责任人独立地执行岗位作业。

3. 为了使某一岗位的作业能够有效地组合在一起，必须使岗位中的各个作业无交叉、无重复、无真空。

4. 形成某一岗位的作业必须通过作业流程使它们有机地联系起来，一环套一环，形成作业链。

5. 形成某一岗位的作业都必须要规定作业的数量和质量标准。

6. 每项作业都必须明确说明产生哪些信息或需要哪些信息，以什么样的方式（表格）取得、记录和传输这些信息。

7. 必须明确界定某一岗位的作业与其他各个岗位作业的作业边界，或者某一岗位与其他岗位之间的业务边界。这种边界包括相关作业或者岗位的流程关系以及作业或岗位行为成果进行转移（作业与作业之间的转移或者岗位与岗位之间的转移）的数量和质量关系。只有对岗位进行这种设计才能把企业完成业务的各种作业有效地组配到某一岗位上，这些作业也才能找到承载的完成主体。

当企业完成业务的全部作业都能归集到某一具体的岗位时，所有的作业也才能被最终完成；也只有对岗位进行这种设计，才能使企业的所有岗位（作业）之间能够相互协同，形成一个完整的责任主体体系与执行业务体系，从而保证企业能够提供满足顾客要求的产品或者服务。

8. 必须使每一个岗位的责任主体满负荷工作，也就是说一个岗位所归集的作业的数量和质量必须让岗位的责任主体在完成作业时不会产生时间剩余，也不会出现时间不够。通过从业务角度进行岗位设计，一方面把各种作业有效地整合到某一岗位上，使作业有了完成的主体，使主体有了进行的业务以及进行业务的要求；另一方面，也为岗位预算提供了前提条件，主要是根据岗位的相关作业确定岗位预算的内容。根据岗位的相关作业的质量和数量标准确定预算的质量和数量的目标，根据岗位（作业）与岗位（作业）的业务边界，清晰地界定相应的预算边界。可见从业务角度进行的岗位设计是进行岗位预算管理的基础。从业务角度进行的岗位设计既是确定责任主体的基础，也是进行岗位预算管理的基础。

（二）价值整合

从价值的角度，岗位是为了实现企业的某一价值目标而形成的基本组织单元，也称之为价值性单元。以业务为基础的组织单元强调岗位对完成业务的基本作用，以价值为基础的组织单元则强调岗位所完成的作业能够实现的价值大小。这种价值的大小当然不是由企业自身决定的，而是由顾客最终愿意支付给企业所提供的产品或服务的价款所决定。由于单个的岗位对产品或服务的形成只是起着部分而非全部作用，这就导致了某一岗位所完成的作业能够实现的价值大小，不能由整个产品或服务的价值来衡量，而是必须将整个产品或服务的价值分拆到某一岗位所完成的作业上。这种对某一作业与产品或服务的价值相关性的分析不仅要解决某一岗位的作业有用性问题——即作业是否创造价值，也必须确定某一岗位的某一具体作业到底与形成产品或服务的哪一收入和成本费用明细项目相关。所以，从价值角度所定义的岗位与从业务角度所定义的岗位存在一定的差异，表现在：

1. 从业务角度定义的岗位是企业导向的，即某一岗位能为企业产品或服务的形成提供哪些功能。而从价值角度定义的岗位是顾客导向的，即某一岗位为企业产品或服务的形成提供的功能能否为顾客所认可，从而支付相应的价款。

2. 从业务角度定义的岗位与价值角度定义的岗位并不一定是完全重合的。即某一岗位为企业产品或服务所提供的功能有可能不为顾客所接受，或顾客接受这一功能却不愿意为此支付相应的价款，称之为功能过剩。也存在功能不足的问题，但这时顾客肯定不会愿意购买企业提供的产品或服务，或者只能以较低或者更低的价格购买产品或服务，从而导致其他的功能的价值也不能充分实现。

3. 从业务角度定义的岗位强调岗位与岗位之间的业务边界的划清，而从价值角度定义的岗位强调岗位与岗位之间的价值边界的划定。所谓价值边界的划定，就是能够明确地区分不同岗位之间的收入边界和成本费用边界。两者也常常不能完全吻合，如制造业的机器修理岗位进行修理业务时，不仅要耗费修理工时，也要耗费修理的零配件和其他材料。而零配件和其他材料的成本不是由修理岗位决定，而是由采购岗位决定，这就导致了修理岗位的成本边界与采购岗位的成本边界难以划清。但从业务角度修理岗位的业务边界是非常清楚的，因为修理和采购是两种完全不同的业务。正是从业务角度定义的岗位与价值角度定义的岗位差异性，导致了在以业务为基础设计岗位的基础上还必须重新以价值为基础设计岗位。以价值为基础进行岗位设计必须包括以下内容：

（1）进行作业的价值分析，就是要把形成一个岗位的所有作业与相应的收入成本费用项目相联系。确认某项作业是否通过成本费用的支出会形成收入的增加，或者某项作业能够在收入不变的条件下降低成本费用。在前面已经论及作业可以分为增值作业、保值作业、减值作业和创新作业，这种分类就是要把作业的功能作用与这种功能作用所形成的价值之间进行连接。

（2）按照价值单元的要求对作业进行整合或者分拆。为了能够有效地明确每个岗位的价值边界，就必须把形成同一收入或者成本费用项目的跨岗位的作业归集到某一岗位上，称之为作业整合。或者相反，将若干个作业同时与某项收入或者成本费用相关的这一收入或成本费用项目进行分拆，使之能够分别归集到各项作业上，这里最为重要的是要找到分拆的方法或者分拆的比例。

（3）当作业与收入和成本费用的关系不能明确划定时，就必须通过岗位重组确保新设立的岗位成为一个独立的价值单元。也就是如果一项收入或成本费用与两个岗位的作业相关而又不能分拆时就必须采取岗位整合的方式使新设岗位成为一个独立的价值单元。

通过以价值为基础的岗位设计就能找到每个岗位的作业与哪一收入和成本费用相关，从而为预算目标的分解提供基础。内在的关系是任何岗位的作业都必须与价值相关或者形成和增加价值，而各项作业形成或增加的价值必须达到和超越预算目标的要求。

（三）责、权、利整合

从责任主体的角度，岗位是责任人的权、责、利有机结合的基本组织单元，也称为责任单元。责任单元之责任就是指一个企业的整体目标分解落实到某一个岗位的目标，这种目标又分为两个方面：一是业务目标，它规定了一个岗位所要完成的作业的数量和质量目标；二是与作业相关的收入和成本费用目标。在前面已经谈到必须实现作业的数量和质量目标与相关的收入和成本费用的整合。由于企业的根本目标是价值最大化，所以，作业的数量和质量目标最终必须落实到收入和成本费用的目标上。也就是岗位的目标最终必须表现为收入和成本费用目标，这一目标就是岗位的责任。

在预算管理的条件下，岗位的责任目标就是预算目标。预算目标以总目标为基础逐渐分解落实到企业的部门，又通过部门的目标进一步落实到岗位，就形成了企业的预算目标体系。任何一个岗位之所以必须存在是因为它能够实现预算目标的某一部分，而预算目标分解落实到某一岗位就成为这一岗位的责任目标。

一个岗位如果仅仅只有责任目标，岗位的责任人就失去了完成目标的内在动力，所以，岗位不仅仅要有责任目标，而且必须要有相应的利益分配。履责的目的是分享收益，没有收益的履责从经济上说是不可能发生的；为了履行责任，任何一个岗位的责任人必须要享有一定的权力。没有与履行责任相适应的权力，履行责任就必然存在以下问题：问题之一是没有相应的权力，责任的履行就很难实现；问题之二是权力与责任不对等，必然导致责任履行的相互推诿。当一个岗位的责任没有履行是由于上级的权力所致，这就成为岗位不能履行责任的最有力的理由，所以权责对等是岗位能够有效履职的基础。

在岗位设计中，对每一个岗位本着干什么（完成什么作业）就预算什么（确定岗位的预算责任），预算什么就给予什么权力（预算责任与完成责任的权利之间的对等），预算完成到什么程度就分享什么利益（利益分享与责任目标的完成相适应）。这样就将预算体系与作业体系整合，这是将作业的价值属性进行揭示的过程，也是将预算责任目标赋予作业的过程，这里最为关键的是将每项作业的质量和数量标准转化为价值标准，进而确定各岗位的预算责任以及为完成责任目标所享有的权利和实现责任目标后所应分享利益。从责任角度进行的岗位设计主要包括以下内容：

1. 在某一岗位所形成的作业将于哪些预算责任指标发生联系，以确定对某一岗位预算什么。

2. 对分解到某一岗位的预算责任指标必须确定分解的方法或者分解的比例。通过这些分解方法或者比例必须能够保证各岗位所分解的预算责任指标不仅能够得以实现，而且本岗位对预算责任指标的实现能够与其他岗位对预算责任指标的实现相互协同、相互作用。

3. 在形成岗位预算责任指标的基础上确定本某一岗位为完成其作业以及作业所达到的责任指标所必须应有的权力。这些权力包括与岗位作业有关的决策权，以及与作业有关的人、财、物、信息等方面的调配权、占有权和支配权。

4. 确定岗位完成预算责任指标和超额完成预算责任指标所应分享的利益以及没有完成预算责任指标所应承担的责任，这里关键是确定每个岗位的收益分配方式。

5. 在每个岗位作业成本、作业价值分析的基础上，所确定的预算责任指标及其匹配的权力，以及所分享的分配收益之间必须形成内在的均衡关系，这种关系是在权责对等的条件下必须实现多劳者多得。

（四）岗位整合

从岗位体系的角度，任何一个岗位之所以能够实现某一预算责任目标，是因为相互关联的岗位协同行为的结果。所以，岗位设计不仅要把有关作业整合到岗位上，也必须把作业整合到价值之上（预算责任目标之上）。除此之外，岗位还必须与其他岗位之间实现作业的相互连接和价值的相互转移与实现。事实上，企业内部的基本组织单元是岗位，无论这些岗位处在企业的哪一行政层次上（即表现为权力级别有大有小），作为企业的基本组织单元，都只是一般意义上的岗位。从这个意义上说，企业是由若干岗位形成的有机组织体系。如果把岗位按照企业内部的行政层次进行排列，会形成一个金字塔状的体系。

岗位整合是以作业整合为基础的，作业必须落实到岗位中才能为岗位责任人所执行。但是，究竟把作业置于何种岗位必然存在一个对岗位的统筹安排，由此出发，作业整合不能代表岗位整合。岗位整合的内容包括以下方面：

1. 对所有的作业按岗位相关性进行归类，如将与销售有关的作业归于销售岗位；或按要素（人、财、物、信息、技术等）的流转环节进行归类，如按人员流动中的招聘、选拔、培养、使用、考核、升迁等环节进行作业归类，可以形成人事部门内部的相关岗位以及岗位之间的相互关系。

2. 确定各岗位之间的流程关系，它包含两个方面：一是企业的各要素（人、财、物、信息、技术等）必须按什么样的先后顺序（程序）经过哪些岗位；二是必须明确界定各岗位之间的权、责、利边界。

3. 确定各岗位之间的层级关系，也就是将不同的岗位置入企业内部不同的行政层次，以此确定不同岗位的权力级次，以明确各层次的权力关系。这样既形成了一个横向与要素流动环节为主线的岗位体系，也形成了一个纵向与权力级次为主线的岗位体系，这就是一个金字塔状的岗位体系。

4. 以岗位为基础，按功能同质性和相关性将有关岗位归集在同一部门，由此形成了企业内部的部门结构。

5. 在岗位整合时，必须考虑不同岗位之间的相互制衡，包括同一层次的不同流转环节的岗位之间的相互制衡，以及不同层级之间的相互制约。更为重要的是在预算管理的条件下，必须将预算责任总目标有效地分解落实到各个岗位，不要造成此岗位责任过重，彼岗位责任过轻，实现各岗位责任目标之间的相互协同；也必须将与完成预算责任目标相关的权力合理地分配落实到各岗位上，不要造成此岗位权力过大责任过小，彼岗位权力过小而责任过大，实现各岗位权力之间的相互协同；最后，必须将整个企业可分配的收益均衡地分配到各岗位上，不要造成此岗位履行责任大而好，但收益分配少，彼岗位履行责任小而差，但收益分配多，实现各岗位之间收益分配的均衡性。

从上分析不难看出，预算管理所要求的岗位设计必须将有关的作业整合到岗位上，形成以业务为基础的岗位；还必须将作业与相关的价值（预算责任目标）相联系，形成以价值为基础的岗位；为了实现岗位的价值目标，必须配置以相应的权力，并根据完成价值目标的大小分享相应的利益，从而形成以责任人为基础的岗位；为了实现岗位与岗位之间的责、权、利的相互均衡，也必须进行岗位整合，以防止有的岗位责大、权小、利低，或者相反利大、权大而责小。

四、整合预算：基于预算的组织再造

在基于预算的业务重构中，简要说明了在预算管理的条件下必须对企业的组织进行再造，也就是说企业已有的组织体系必须按照预算管理的要求重新构造。可以说由于进行预算管理便会引起企业组织体系的根本变化，这种变化不仅表现在企业组织体系的结构上，而且也表现在组织单元的设计上。

（一）企业组织体系结构的变化：集权而监督到分权而制衡

传统企业的组织体系强调科层结构的作用，一方面通过科层结构可以上传下达，使得企业的每一个下属层次都能按照企业决策要求进行生产经营活动；另一方面通过科层结构每一下属层次也可以上行下效，能够为自身的生产经营活动找到方向、依据、标准甚至具体的方式。为了能够最终实现企业科层结构的上传下达、上行下效，最为重要的就是要建立以纵向的科层结构为基础的监督体系。通过上一层次对下一层次的监督，既可以保证决策的贯彻落实，也可以检查评价所属各个层次完成决策目标的情况，进而确定相应的奖惩办法。不难看出，离开了这种监督体系，在科层结构下的企业组织就很难有效地运转。

预算管理是在现代公司制企业的基础上逐渐形成和完善的。现代公司制企业的特征包括以下几个方面：

第一个方面是企业规模大、内部的经营结构复杂、企业的层级较多。如果依靠科层结构的上传下达，有可能导致决策信息在传递过程中的渗漏现象，使下属各层次不能准确地理解企业最高当局的决策意图；也有可能引起决策信息传递时间过长而时过境迁，决策不再具有现实作用。

第二个方面是企业面临的市场环境瞬息万变、市场竞争压力剧增，必然要求面临市场一线的企业基层组织或者岗位能够根据市场变化相机决策。为此要求企业实施扁平化管理、砍掉中间的多余层次、把更多的权力下放给最基层组织或者岗位。特别是当企业组织信息化和网络化后，在技术上也为这种组织形式的变革提供了前提条件。

第三个方面是企业规模化下的群体劳动必然导致员工的偷懒和"搭便车"现象。当企业把权力下放给最基层组织或者岗位时，这些最基层组织或者岗位如果只享有权力而不承担责任，并根据履行责任的程度分享利益，那么就必然会使各种偷懒和"搭便车"现象变得猖獗。

所以，现代公司制企业所面临的这三种状态必然要求在扁平化和放权的条件下，要求最基层组织和岗位在享有权利的同时必须承担责任、实现权责对等。也要求最基层组织和岗位行使权力时必须受到约束。显然，在科层组织下决策权是由最高层行使的，而在现代公司制企业中权力被分解落实到组织的各个层级以及岗位上。如果采用科层组织下的监督方式就不再适用，因为最根本的问题在于采用监督的办法有可能导致各个层级或者岗位所分享的权力难以充分有效的行使。

现代公司制企业的组织体系是按照集中而不集权、分权而不分散的原则运行的。所谓集中而不集权是指企业将有限的资源集中使用、统一调配，从而实现资源的合理有效配置；但这种集中使用和统一调配不能影响组织内部各部门、各环节和各岗位的权力的自主行使。如企业总部可以将所有的资金集中使用，但组织内部各部门、各环节和各岗位将自身的资金集中到企业总部时，必须确保它们的两项权力：一是总部集中资金时不能影响它们自身对资金的需要，也就是总部必须确保它们对自己的资金拥有任意使用权；二是总部在调配它们的资金时必须贯彻有偿等价原则，这种有偿等价是按照市场标准建立的。

从这里可以看出现代公司制企业尽管将权力逐渐下放到各个层次或者个人，从而实现扁平化的放权管理，但仍然对有限的资源进行集中使用，这两者并不是矛盾的。所谓分权而不分散则是指现代公司制企业将权力逐渐下放后，为了保证各层次、各环节和各岗位协同动作即分而不散、分而不乱，除了采用传统的监督办法确保企业最高当局所做出的相关决策被有效执行外，更为重要的是伴随分权的过程必须采取新的办法，使得企业内部各层次、各环节和各岗位所获得的权力不能因监督而受到干扰；也不能由于没有监督而使各行权主体各自为政、各行其是。解决的办法就是要在分权的条件下使得有关联关系的各分权主体之间形成相互制衡，正是通过这种制衡关系，使得各分权主体之间协同一致。采用什么样的管理体系才能达成这一目标？

1. 预算管理适应了现代公司制企业的集中而不集权的要求。首先通过预算管理将企业的预算总目标分解落实到企业的每个层次、环节和岗位上，形成了各自的分目标，从而实现了分目标与总目标的一致性。这种一致性就能保证企业各层次、各环节和各岗位的行为都服从到完成预算总目标的要求上来，可以称之为以目标责任为导向的行为集中或行为协同。

其次，通过预算管理在企业的预算总目标进行分解后，对每个执行预算分目标的层次、环节和岗位赋予相应的权力，实现权责对等，从而又达成了与预算责任相适应的权力分解或者下放，可以称之为以目标责任为导向的权力分解或者权力下放。两者的结合就能达成现代公司制企业集中而不集权的组织体系的结构要求。

2. 预算管理也适应了现代公司制企业分权而不分散的要求。主要表现在三个方面：

（1）企业分权的大小必须与预算责任的大小相匹配，从而实现责任对权力制衡，以达成权责对等。也就是说权力不可以被滥用，权力的使用只有在能履行责任目标时才会有效。不仅如此，预算管理还将预算责任的完成情况与相关责任主体的利益挂钩，各责任主体为了实现利益最大化必然谨慎有效地使用权力，进一步形成责任主体为实现自身利益而对权力进行自我约束，也就是责、权、利的相互制衡。

在传统企业的科层结构下，企业的下属层次往往只是承担责任并不享有相应权力，从而不能实现权责对等的相互制衡。为了保证下属各层次履行最高当局的决策，必然采用监督的方式督促各执行者按决策要求开展各项经营活动。一旦监督失灵，企业整个体系就可能一盘散沙，而监督过死，企业整个体系就会缺乏活力，也就是一放就乱、一统就死。

在预算管理下，由于整个企业各层次、各环节和各岗位的行为都通过预算目标进行协同，当下放的权力只能为履行预算目标行使时，这种下放的权力就通过预算责任目标的履行而实现有效使用。

（2）在预算管理中，在纵向各层次上，预算目标的分解一般采取由上至下和由下至上两个程序。这两个程序就是要通过在预算目标分解过程中的上下各个层次之间的讨价还价，实现预算责任目标的确定。这不是一个强制的过程，而是一个自愿的过程。如果当上一个层次与下一个层次就预算责任目标进行讨价还价并最终达成一致时，至少意味着上下两个层次对预算责任目标的确定不再是行政命令式的，而是相互平等式的。这种平等意味着上下两个层次之间是相互制衡的，正是这种相互制衡性，使上层的意图能贯彻到下层，使下层的意愿也能得到上层的认可，从而实现了上下层的一致性。这样既是每一个下属层次都具有了讨价还价的权力，但这种权力并没有导致企业各层次、各环节和各岗位的行为的分散性，不同层级之间的相互制衡就能达成分权而不分散。

（3）在预算管理中，在横向各环节上，由于每个环节都有自身的权、责、利。为了维护各自的权力，关联各环节之间必然相互讨价还价，从而形成相互制衡。这种制衡就会使得横向各环节的行为相互协同，也就能实现在向各个环节放权的条件下仍然能保证各个环节协同动作，实现分权而不分散。

3. 预算管理也要求对企业的组织进行再造。一方面现代公司制企业通过预算管理体系以形成其集中而不集权、分权而不分散的组织结构，这一组织结构的基本特征就是分权而制衡。预算管理在分权而制衡的组织结构中，不仅通过预算目标的分解实现了在分权的条件下各责任主体的行为与企业目标的一致性，而且通过纵向的不同层次之间和横向的不同环节之间的相互制衡实现组织内部的协同动作。另一方面为了保证预算管理的有效性也必然要求公司制企业按照预算管理的特点进行组织再造，以确保公司制企业的组织体系与预算管理的要求进行无缝连接。至少表现在以下方面：一是由于企业内部引入了预算管理，为了实施预算管理就必须形成进行预算管理的主体，以解决谁来管理预算的问题。二是在没有引入预算管理时，企业内部的组织单元都是按照执行生产经营活动的某一特定功能设立的。每一个组织单元都要完成某一特定的生产经营活动，组织单元与组织单元之间的关系也主要是生产经营关系。伴随预算管理的引入，企业内部的组织单元必须转化为预算责任主体，以解决谁来执行预算的问题，并且各组织单元之间的关系也必然表现为预算责任关系。

（二）预算管理的主体：从单一业务管理向与预算管理并存的主体转换

在传统企业中，其管理主体都是基于生产经营业务活动的规划、指挥、控制、协调等而形成的。现代公司制企业一旦引入预算管理，为了保证预算管理目标的实现就必须要设立担当预算管理的主体。预算管理主体可以按纵向和横向两个体系设立。就纵向体系而言，就是要确定谁提出目标利润、谁确定完成目标利润的预算体系、谁分解落实预算体系、谁确保预算贯彻落实，以形成一个分层管理预算的主体体系。

就横向体系而言，从预算的编制到预算的分解、从预算的执行到预算的监督和调整、从预算完成的评价到预算业绩的考核形成一个动态的预算管理过程的主体体系。

1. 按科层结构形成的纵向的预算管理体系。

（1）目标利润的提出主体，站在所有者的角度，企业必须实现利润或资本净利润率最大化，为此预算必须以目标利润作为其确定起点。既然企业实现利润或者资本净利润率最大化是所有者的要求，所以目标利润的提出主体就是所有者或者股东大会。由于每个企业的投入资本（净资产）不同，目标利润的确定一般以资本净利润率为基础。如果确定了资本净利润率就可以将其乘以相应的资本（净资产），得到目标利润总额，它就成为编制预算的起点。

　　这里的关键是如何确定资本净利润率，正如前面所述，企业在确定预算目标时，不是确定的最高标准而是确定的最低标准，因而必须实现。根据这一要求资本净利润率就可以按照银行最长期贷款利率予以确定，一方面银行贷款利率是代表市场的平均收益水平，一个企业如果达不到平均收益水平就会逐渐被市场淘汰出局，所以它是最低标准；另一方面采用银行最长期贷款利率是基于投入企业的资本是长期投资。当一个行业处于竞争性行业时，就可以采用这一标准，由于某一企业在行业中的地位不同还可以对这一标准进行调整。企业在行业中的地位高于平均水平的则相应提高标准，反之亦然；当一个行业处于垄断性行业时，就必须调整这一标准，或者直接采用本行业的平均资本净利润率作为最低标准。某一垄断行业的企业所采用的标准则根据该企业在垄断性行业中的地位予以确定。

　　一般情况下，可以通过对预算年度的预期采用弹性预算的办法确定资本净利润率。由于资本净利润率可以分几个档次，就分别以每一个档次的资本净利润率为起点确定预算体系。在实际年度考核时，再根据当年实际银行最长期贷款利率或行业实际平均资本净利润率确定考核时应该采取的实际标准，将这一标准与弹性预算中相等档次的资本净利润率相对照，并以此形成的预算体系作为考核的依据。

　　（2）预算体系的确定主体，为了实现所有者确定的目标利润，企业必须要制定预算体系。预算体系就是为了说明企业通过哪些生产经营和投资活动以确保目标利润的实现，它实际上涉及企业的重大决策，这些决策包括业务层面的决策和投资层面的决策。业务层面的决策通常由业务部门提供基础数据，经过经理办公会确认后报董事会确定，而投资层面的决策的基本信息也是由相关业务部门提供基础数据，最终由董事会决定。

　　董事会主要行使经营决策功能，所以，企业预算体系的主要指标都是由董事会最终定夺，预算体系的确定主体就是董事会。董事会确定预算体系就是为了向所有者表明依靠哪些生产经营和投资活动实现所有者所确定的目标利润，它是股东大会决定聘任董事会的依据。只有当董事会能够完成目标利润的要求时，股东大会才能认定聘请董事会。董事会所确定的预算体系主要是说明企业靠做哪些事完成目标利润，也称为基于"事件的预算"，企业通过做这些事就能够实现目标利润。为了使预算体系的确定更加科学有效，一般会在董事会下设立预算委员会以对预算体系及其相关的指标进行分析拟定，再报董事会予以确定。

　　（3）预算体系的分解落实及其确保执行的主体，为了保证预算体系中所确定的各项指标能够被顺利完成必须要将这些指标分解落实到执行主体上。企业总经理班子主要行使经营执行的职能，总经理班子之所以能够得到董事会的聘用，前提就是必须确保董事会确定的预算体系中的各项指标能够被顺利完成。要完成预算体系所确定的各项指标只有将它们分解落实到预算执行主体上才可能成为现实，这样总经理班子就是通过与各预算执行主体讨价还价，将预算指标分解落实到预算执行主体上。只有当每一个预算执行主体都承诺能够完成所分解落实的预算指标时，预算体系所确定的预算指标或者更直接地说目标利润的最终实现才有了主体保证。总经理班子按照预算执行主体所分解落实而形成的预算体系是基于"主体的预算"，也称为责任预算。因为每一个预算执行主体就是一个预算责任中心，有关预算执行主体的设计将在后面论述。不难看出，上述三者的关系是所有者提出目标利润，董事会决定靠做"哪些事"完成目标利润，总经理班子确认靠"哪些人"完成目标利润，这三者之间形成完整的预算管理的逻辑关系，并具有公司治理的相互制衡的特征。

2. 横向的预算管理体系是按照预算管理过程而形成的。预算管理过程包括预算的编制、分解、执行、监督和调整、评价和考核，整个过程的每个环节都必须要有相应的管理主体担当此任。

（1）在预算的编制环节，不仅需要所有者、董事会、总经理班子和预算执行主体分别确定目标利润、预算体系和预算的分解体系和每个执行主体所落实的指标，而且，必须以预算表格的形式予以呈现。这些预算表格既有以业务量为基础的报表，也有以价值为基础的报表，企业必须将这些报表的编制落实到不同层次的相关部门、岗位，其中最为重要的预算报表一般都是由财务部门进行编制，也有设置专门的预算主管部门编制预算报表体系，尽管如此，有关业务量的基础数据则来自各个部门和岗位。

（2）在预算指标的分解环节，从上至下分层分解并落实相关预算指标，上下两个层次之间都会参与相关预算指标分解落实的讨价还价。所以，预算分解环节是企业的所有各个层次都将参与的环节，每个层次都会参与履行的预算责任、享有的预算权力以及分配的收益的讨价还价的过程中。有的企业也通过设置专门的预算主管部门统一分解落实相关的预算指标。

（3）在预算的执行环节，不仅仅只是预算执行主体在执行预算，企业的每一个层次的每一个岗位都有分配的预算责任指标，如董事长的岗位有招待费用的预算指标，销售岗位也会有招待费用的预算指标，事实上招待费用的预算指标是被分解到企业的各个层次有招待费用发生的岗位上。所以，预算执行是一个从上至下的每个层次中的每个岗位都将参与其中的环节。

（4）在监督和调整环节，每一个上一层次为了确保自身的预算责任目标的完成，必然监督下一个层次预算责任目标的完成情况。当出现预算执行偏差或者预算偏差时，能够迅速及时地调整预算执行或者调整预算。因此，预算的监督和调整是一个由上对下的每一个层次都参与其中的环节。有的企业也通过设置专门的预算管理部门行使预算执行的监督权和预算的调整权。

（5）在预算评价和考核环节，一般采取集中评价和考核与分散评价和考核两种方式。在集中评价和考核的方式中，各个预算执行主体完成预算的情况和应该分享的收益都是通过企业的预算主管部门（或者主管预算考核的部门）进行的，这种方式的整体协调性、平衡性较强，但是，客观性相对较弱。在分散评价和考核的方式下，企业的每一个上一层次行使对下一层次的评价和考核权，同一层次的不同部门行使对部门内不同岗位的评价和考核权。这种方式的客观性相对较强，而整体的协调性和平衡性就会相对较弱。

不难看出，整个预算管理过程的管理主体一般采取集中和分散两种形式。即便是采取集中的方式，也离不开企业各层次、各部门、各岗位的共同参与，也就是集中和分散相结合。所以，在预算管理主体的这种结合模式下，最为重要的是哪些预算管理的权力应该集中起来，而哪些则应该进行分解落实，从而形成一个完成的预算管理体系。

（三）预算执行的主体：从单一执行业务功能向与履行预算责任并存的主体转换

在预算管理的条件下，企业内部组织设计不仅要保证业务目标的完成，而且，要保证预算责任目标的实现。但是传统的企业内部组织设计只具有业务导向性，企业内部设立某一部门或岗位主要是基于履行某种业务功能。伴随预算管理的引入，企业内部的组织不再仅仅是为了履行某种业务功能，也必须呈现出为企业目标利润的实现而创造价值的特性，所以，企业内部组织设计就具有了价值导向性。它要求企业内部设立某一部门或岗位必须有助于实现目标利润的某一收支要素，只有当企业内部某一部门或岗位都能够增加收入或者减少成本费用，企业的目标利润的实现才有坚实的基础，以此而设立的企业内部组织就具有了实现价值而不仅仅只是完成业务的属性。

最为完善的企业内部组织设计不是将两种属性截然分割，而是必须将两种属性有机地结合在一起。但困难在于以业务导向设立的企业内部组织往往与以价值导向设立的企业内部组织并不能完全重合，主要表现在某一企业内部组织所执行的业务并不能构成为一个独立的价值单元。按照管理会计的分类方法，这种价值单元可以成为收入中心、成本费用中心、利润中心和投资中心。按业务形成的内部组织有可能是几个组织才形成一个完整的价值单元，这时就必须将这几个组织进行归并；也可能按业务形成的内部组织不可以进行归并但它们共同形成一个完整的价值单元，这时就必须将一个完整的价值单元进行分拆，使其能够落实到某一个以业务为基础形成的内部组织上。

传统企业的内部组织设计是业务导向的，传统企业内部企业组织之间的关系也是按照业务关系或者业务链条形成的，就生产产品的企业而言，从采购、储存、生产、销售和售后服务整个业务链条就是为了确保生产出顾客所需要的产品。在业务链条上的每个上一环节必须为下一环节提供形成产品的数量和质量条件，它们之间的关系自然就是业务关系。在预算管理后，企业内部组织不仅是一个业务单元也是一个价值单元。企业内部组织之间的关系也必然表现为价值关系或者价值链关系。在下达预算指标后，企业内部组织都必须履行预算责任并根据预算责任履行的大小分享收益。这样企业内部组织之间就不仅仅只为业务的数量和质量讨价还价，也为相互之间的价值转移讨价还价。产品的形成过程也表现为收入和成本费用的产生过程，企业内部的每个组织必然会关注自身的收入和成本费用。因为，收入增加或者成本费用减少相应的收益分配就会增加，反之亦然。

在整个企业的产品生产过程中，会产生一种供应链关系，每一个上一环节向下一环节转移其业务成果时，也必须会形成成本费用的转移和增加价值的实现。为了使这种成本费用和增加价值的转移的价格公平合理，就必须会讨价还价，从而形成了一种市场模拟过程。为了使内部转移价格公平合理，特别是当讨价双方难以达成一致意见时，企业内部会通过设立模拟市场的机构仲裁委员会进行调停。在进行预算管理后，由于企业内部组织对成本费用的转移和增加价值的实现十分关注，与此相关的模拟市场的机构就会必须形成。

事实上，当按业务形成的内部组织不可以进行归并但它们共同形成一个完整的价值单元时，就可以通过内部转移价格的方式对相应的成本费用和增加的价值进行分拆，这里关键是两个相关联的内部组织之间在进行内部转移价格的讨价还价时，必须处于公平公正的地位。

综合以上分析，不难看出在现代公司制企业的分权管理下，通过采用预算管理的方式达成分而不乱的目标，企业内部组织的结构便趋向于一种制衡关系而不是监督关系。之所以这样，是由于进行预算管理企业内部组织必须成为一个完整的价值单元。每一个内部组织为了确保自身的利益必然会在收入和成本费用的转移价格上讨价还价，从而形成了一个企业内部的模拟市场体系，而市场体系的内部结构就是制衡的。在形成模拟市场体系后，与维持市场体系有序运转相关的各种管理主体如仲裁委员会等就必然产生；同时，为了进行预算管理，必然会产生预算管理的主体，分为纵向管理主体体系和横向管理主体体系；为了执行预算必然产生预算执行的主体，预算执行的主体必须要成为一个完整的价值单元也叫预算责任中心。每一个完整的价值单元与其他价值单元之间的收入、成本费用的边际都能够清晰地界定，这样的预算责任中心就成为一个相对独立的利益单元。为了达成这一目标，可以采用以业务为基础的功能单元的重组的方式予以实现，也可以通过内部相关功能单元之间的相互讨价还价予以实现。

五、整合预算：基于预算的流程再造

整合预算不仅应按照预算的要求对企业内部组织进行再造，也必须对流程进行再造。企业内部组织的运转都必须按照一定流程进行，离开了流程的组织的运转就会变得无序和混乱。所有的流程都具有自然属性和社会属性，流程设计必须要考虑这两个特点。

（一）流程的自然属性：基于"科层制管理"的流程设计的出发点

企业的流程可以分为要素流程、业务流程和管理流程。企业的流程可以按照要素的流动形成流程，这些要素的流动包括商流、物流（含产品流）、资金流、信息流、人流、技术流等。每一种要素都会经过若干的流转的环节，每一个环节都会通过作业对这些要素施加作用并改变其性质，并最终使这些要素能够满足特定客户的需要。要素的流动往往是伴随着相关的工艺和设备技术过程进行的，如产品流是伴随着生产工艺流程从原材料进入到产成品生成的整个过程；物流是伴随着以交通运输设备和仓储设施为基础形成的硬件体系，以及以信息体系为基础形成的软件体系，以完成从物的供应者到物的需求者的整个流动过程；又如信息流是伴随着企业以计算机为基础形成的软件体系从原始数据进入到最终形成用户所需要的信息的整个过程，如此等等，不难看出要素的流动具有技术性特征，也可以称为工艺和技术流程。

企业的流程也可以按照业务的进行过程形成流程，任何一个企业的业务流程都可以包括供应客户关系处理环节、供应环节、原材料储存环节、生产环节、产成品储存环节、销售环节、售后服务环节（需求客户关系处理环节）等。在整个业务流程的过程中必然包含着商流、物流（含产品流）、资金流、信息流、人流、技术流等的流动。也就是说，要素的流动是业务流程的实体，离开了这些要素，业务流程的各个环节的各项作业活动也就失去了对象。业务流程的目的就是为了使这些要素通过各个环节的作业活动使其流动起来。当然，离开了业务流程，各项要素仅仅只是按照工艺和技术流程进行流转，它能够生成为一个有用的要素。但这个要素最终要能为客户所需要并能为企业带来价值就必须依靠业务流程的运转。

在计划经济条件下，企业的业务流程是以政府供应为导向的，而供应又是由政府的指令性计划决定的，所以这种业务流程是面向政府的。政府一旦决定了人、财、物的供应量，也就决定了政府的最终需要量，因为所有的产品都由政府收购。

在市场经济条件下，企业的业务流程是以顾客需求为导向的，而顾客需求又表现为市场需求，所以这种业务流程是面向市场的（或者顾客需求的）。企业必须满足市场的需要，为了达成这一目标，企业必须了解顾客的需求并根据顾客的需求组织整个业务活动，所以两种流程的起点和归属点正好相反。

企业不仅存在要素的流动和由业务活动引起的业务流程，为了进行管理也必然产生管理流程。管理流程是指企业的管理活动所必须经过的流转环节和每个环节所要进行的管理作业。管理流程包括预测、决策、规划、实施、控制、反馈和评价等环节，管理流程的目的就是为了更好地确保决策的正确性和提高管理活动的效率。由于管理活动的对象是各项要素及其流动过程和各项业务及其业务过程，所以管理活动的效率会直接影响要素流程和业务流程的效率。

以上是一种对企业流程常见的分类方法，这种分类方法更多的是考虑流程的自然属性。流程的属性可以分为自然属性和社会属性，所谓流程的自然属性是指流程的对象物（要素、业务活动、管理活动）从初始状态至完成状态所必须经过的环节和在时间上的先后顺序。流程的自然属性更多是反映流程的对象物的特性要求，流程的对象物从初始状态至完成状态意味着流程的对象物的特性将发生根本的变化。要素流程的完成意味着一个处于原始状态的要素转化为实现某种特定需求状态的要素。如对原材料进行加工变成某种具有特殊功能的产品，对原始信息进行加工变成某种具有揭示事物其他特性的信息。业务流程的完成意味着把分散的各种资源有效地组配起来以提供满足顾客所需要的产品，从而实现产品的价值。业务流程最为关键的是通过组织投入最终必须实现产出，而这一产出就是实现产品的价值。如通过购进原材料、购买固定设备和招聘相关员工，进行产品生产，并将已生产产品进行出售，从而实现了产品的价值；又如通过购买设备和招聘相关员工，提供服务产品，从而实现服务价值。它与要素流程的差别在于通过要素流程可以使产品或者信息具有某种功能，但是这种功能不一定能最终满足顾客或者市场的需求。管理流程的完成意味着将决策所需要的原始信息进行有效的加工，并通过决策主体依此进行分析判断做出正确的决策结论，这里最为关键的是通过收集原始信息并依此进行分析判断做出正确结论。

流程的自然属性也经历了一个历史演进的过程，早期的自然属性的流程主要是适应"科层制管理"的企业组织体系的，在这种"科层制管理"的组织体系下所形成的流程分工过细、追求局部效率、流程环节冗长、部门壁垒森严、忽视顾客利益，使得这种流程越来越难适应激烈的市场竞争环境和企业发展的需要。由此，以适应"科层制管理"的流程向满足"3C"即"顾客、竞争和变化"需要的业务流程转变，在管理上把这种对传统业务流程的改造称为流程再造。业务流程再造以计算机及其信息技术为基础对企业业务流程进行根本性的再思考和彻底性的设计，以取得企业在成本、质量、服务和速度等衡量企业绩效的关键指标上取得显著性的进展（郭忠金等，2007）。可以看出，这里的流程再造仍然是以流程的自然属性为基础所进行的再造。这种再造是为了提高流程的效率（缩短流程的时间、降低流程成本、提高流程对象物的质量），更好地满足用户的需要，可以称为基于内涵扩大的自然属性流程再造。

流程再造不仅要满足"3C"即"顾客、竞争和变化"的需要，而且要满足本企业业务与其他企业业务的关系越来越密切的需要。为了提高流程的效率，企业发现仅仅基于企业内部进行流程再造是不够的，必须将流程再造的概念拓展至企业与企业之间，这样就产生了"跨公司的业务流程再造"的理念。哈默在《哈佛商业评论》上发表了题为《超高效率的公司》的文章，文章中指出：未来的胜利者将是那些能够采取全新业务模式，并与业务伙伴密切合作、设计并管理跨公司流程的公司，这一流程再造超越了传统意义上的公司边界，可以称为基于外延扩展的自然属性流程再造。

　　总之，在"科层制管理"的组织体系下，下级服从上级，整个企业服从企业最高管理当局的统一调配，企业内部各环节、部门或者岗位的责、权、利关系是由企业最高管理当局统一规定的。企业流程的关键是要保证流程对象物从初始状态至完成状态，每个环节、部门或者岗位的作业主要是为了实现某一业务功能，所以这样的流程具有自然属性的特征。

（二）流程的社会属性：基于预算管理的流程设计的出发点

　　上面已论及流程不仅具有自然属性，而且也具有社会属性。在传统的流程设计和再造中一般是以其自然属性为出发点进行的，没有很好地考虑流程的社会属性特征。那么，什么是流程的社会属性？它是指流程的对象物（要素、业务活动、管理活动）从初始状态至完成状态所经过的每一个环节、部门以至岗位之间的相互的责、权、利关系。

　　在流程的环节与环节、部门与部门甚至岗位之间不仅存在流程的自然关系，也存在流程的社会关系。流程的自然关系的形成是为了使流程的对象物能够达到用户的需求状态，流程的社会关系的形成是为了使流程的环节与环节、部门与部门甚至岗位与岗位之间的利益关系达到协同均衡的状态。所以，企业流程的运转过程中不仅存在流程的对象物从一个环节、部门或者岗位转向另一个环节、部门或者岗位，通过不同环节、部门或者岗位的作业使流程的对象物从初始状态达到完成状态；而且在流程的对象物从一个环节、部门或者岗位转向另一个环节、部门或者岗位时，作业执行的主体必然要履行相应的责任。正是这种责任使得流程各环节、部门或者岗位之间会产生自身的利益关系，为了维护自身的利益关系，也为了协调相关环节、部门或者岗位的利益关系，就产生了流程的社会属性。因而在流程设计时，必须考虑流程各环节、部门或者岗位之间的责、权、利关系的协同。

　　在市场经济条件下企业存在的目的就是实现价值最大化，企业为了实现价值最大化就必须提供满足顾客需要的产品。企业在为顾客提供满意的产品的过程中，一方面通过工艺技术、业务和管理流程高效率地生产出顾客需要的产品，可以将这一过程称为基于业务地流程；另一方面，伴随着基于业务流程的过程，产品的价值被转移和实现，形成价值流，可以称为基于价值的流程。既然企业的目标是实现价值最大化，就必然要求在企业流程中的各环节、部门或者岗位都必须为实现企业价值最大化承担责任。也就是必须将企业价值最大化的目标逐步分解落实到每个环节、部门或者岗位上。或者说，产品被销售而实现的价值的大小必然会受到每个环节、部门或者岗位实现价值目标的大小的影响。而且，每一个下一环节、部门或者岗位实现价值目标的大小也会受到上一环节、部门或者岗位实现价值目标的状况的影响。

传统企业往往强调流程的自然属性，关键是要把流程的对象物从初始状态转变到完成状态。对业务流的关注要大大超过对价值流的关注，在计划经济条件下的企业更是如此。随着市场经济的不断完善和发展，企业必须自主经营、独立核算、自负盈亏，企业的预算约束越来越刚性。如果企业的产品在市场上不能实现其价值，企业就将陷入破产的状态。为了确保企业价值目标的实现，就必须对企业的所有环节、部门或者岗位确定价值目标，也称为责任目标。正是基于这种责任目标实现的压力，企业内部流程上的各环节、部门或者岗位不仅关注业务流或者完成业务流的作业，而且更加关注完成业务流的作业所形成的价值以及价值转移的过程。企业外部流程上的各相关关系人更是关注价值转移的过程，或者说更加关注价值流。在实践中，为了协调企业与外部相关关系人或者客户的关系形成了供应链管理和价值链管理，前者更为关注的是业务流的相互衔接以提高流程效率，后者更为关注的是价值流的相互整合和放大以实现所有关联企业的价值最大化。

流程的社会属性涉及企业流程上环节与环节、部门与部门或者岗位与岗位之间的责、权、利关系的协调。这种协调包括两个方面：

1. 业务关系的协调。

上下环节、部门或者岗位之间必然存在业务上的数量和质量关系。上一环节、部门或者岗位在业务的数量和质量上满足下一环节、部门或者岗位的程度越高，下一环节、部门或者岗位能够很好地履行业务责任的程度就高，反之亦然。从生产产品业务的角度出发，上一环节、部门或者岗位的业务的数量和质量主要表现在提高产品的时间、地点、数量和质量会直接影响下一环节、部门或者岗位生产产品的时间、数量和质量。而所有上一环节、部门或者岗位对所有下一环节、部门或者岗位的这种提供产品的时间、地点、数量和质量最终又会影响企业出售产品的价值，从而影响企业的价值。如果将这种流程进一步扩展至企业外部，企业外部的供应商所提供的原材料的到货时间、地点、数量和质量必然会直接影响企业生产产品的时间、数量和质量。正是这种影响性，企业与外部的供应商必然会签订严格的合同以保证业务关系的协调。同时，在流程设计时也必须考虑其中。

2. 价值关系的协调。

上下环节、部门或者岗位之间必然存在价值转移关系。上一环节、部门或者岗位产品的转移价格上越高，下一环节、部门或者岗位的成本就越高，本环节、部门或者岗位实现的盈利就越低。如果各环节、部门或者岗位的利益大小与这种盈利水平相联系时，上一环节、部门或者岗位的产品的转移价格就会事关其切身经济利益，他们必将斤斤计较，这样就产生了相关环节、部门或者岗位的利益协调的问题。为此就必须确定相应的流程以实现利益协调的均衡性。除此之外，每个环节、部门或者岗位为了生产产品必然要发生作业，这些作业一方面必须要进行成本投入，另一方面也会发生价值产出。为了确保其盈利水平的提高，各环节、部门或者岗位也会通过成本控制和价值增值实现其盈利水平的不断提高。

在企业外部，为了实现企业价值最大化，必然与原材料供应商进行转移价格的讨价还价，包括压低进价、延长支付时间、采用有利于自身的结算方式等；也必然与销售客户进行转移价格的讨价还价，包括尽可能地提高价格、及时地付现、采用有利于自身的结算方式等。所以，在价值流的流动过程中，企业不仅要在企业内部协调上下环节、部门或者岗位的价值关系，而且必然扩展至协调与企业外部的供应商或销售客户之间的价值关系。为了协调这些价值关系，在流程设计时就必须予以考虑。

在企业实行预算管理后，一方面整个企业必须以预算中所规定的目标利润作为奋斗目标；另一方面，目标利润又进一步分解落实到企业内部的每一环节、部门或者岗位成为其责任目标，每一个环节、部门或者岗位又根据其责任目标完成的好坏程度确定相应的收益分配份额。这就使得企业内部各环节、部门或者岗位不仅从责任的角度关注价值，而且从收益分配的角度也必然关注价值。正是企业内部环节、部门或者岗位对价值的这种关注，以致企业外部相关关系人更是关注价值，就使得企业流程的设计由主要关注自然属性向更加关注社会属性转变。

正如马克思所说，在人们的生产活动中必须考虑生产力和生产关系两个要素，生产力属于自然属性，生产关系属于社会属性。而在流程设计时，也必须考虑生产力和生产关系两个要素，流程的自然属性属于生产力的范畴，流程的社会属性属于生产关系的范畴。只有实现两者的完美结合，即生产力与生产关系的相互协调，或者说流程的自然属性和社会属性的相互协调，流程的设计才是完整和完善的。

（三）整合预算：基于预算的流程再造

企业实行预算管理后，企业价值最大化目标就通过预算目标利润的形式予以表现。而预算体系则通过"基于事件的预算"确定主要靠做哪些事实现目标利润，预算体系也通过"基于主体的预算"或称为责任预算，确定主要靠哪些部门或岗位实现目标利润。两个预算的关系就是依靠哪些责任主体做哪些事以确保目标利润的实现。

就"基于事件的预算"而言，意味着企业的一切业务活动都必须围绕实现目标利润展开。从流程的角度看，企业的一切业务活动可以从两个视角展开。第一个视角就是企业的一切业务活动表现为企业的各种要素流动的过程。如前所述，这些要素的流动包括商流、物流（含产品流）、资金流、信息流、人流、技术流等，其中资金流是与价值相关的。任何一个其他要素的流动都会引起资金的流动，所以资金的流动是相伴其他要素的流动而发生的。资金流的本质就是价值流，也就是说，任何其他要素的流动一方面会引起这些要素从初始状态向完成状态的转换，另一方面也会引起价值的流动。这种价值的流动相伴于其他要素的流动，既会产生收入，也会产生成本费用。或者说在其他要素流动的过程中，这些要素最终会形成收入。这些要素在形成收入的过程里面又必然发生成本支出，这就是要素流动过程中的价值属性。这种价值属性是与企业的目标利润相联系的，作为预算体系的起点的目标利润可以进一步细分为各种收入和各种成本费用项目，这些收入和成本费用项目可以归集到每一种要素之上。归集到每一种要素之上的收入和成本费用项目，还可以按照要素的流动过程的环节进行归集，归集到每一个环节的收入和成本费用项目最终可以归集到这一环节的各项作业上。所以，企业的要素的流动环节和每一个环节中的各项作业都无不与预算体系中的相应收入和成本费用项目一一对应。但传统上企业要素的流动的每个环节和每个环节中的各项作业的设计都主要是为了实现要素从初始状态至完成状态，或者说是基于业务功能的需要进行设计的，没有很好地考虑价值实现的需要。这样一种流程设计就很难与预算管理的要求相适应，特别是与构成目标利润的各收入和成本费用项目相联系。怎样才能实现这种联系？在流程设计上必须解决以下问题：

1. 所有的要素流程都必须从满足顾客需要出发进行设计，而顾客需要就意味着顾客愿意为此而支付价款，从而就能实现企业价值。

凡是不能满足顾客需要从而顾客不愿意为此支付价款的任何流程，或者流程中的任何环节，或者环节中的任何作业都必须被去掉。凡是能够满足顾客需要从而顾客愿意为此支付价款的任何流程，或者流程中的任何环节，或者环节中的任何作业都必须简捷有效，这样就可以使相关的成本费用降至最低。这样进行的流程设计显然考虑了企业价值实现的需要，就是设计的流程、环节或者作业都必须能够带来企业价值并使其价值最大化；设计的流程、环节或者作业都必须使其占用的时间最少、花费的成本费用最低。

2. 所有的要素流程所必须经过的环节、每一个环节所要完成的作业都必须尽可能与预算体系中的各收入和成本费用项目密切相关。

更准确地讲，是能够划清各环节的收入和成本费用的边界，能够使各环节以及各环节的作业与其形成的收入或发生的成本费用形成——对应相对稳定的数量关系。为此必须要对流程所经过的环节以及每个环节所完成的作业进行标准化。从这个意义出发，按照与收入和成本费用相对应的要求（而不仅仅只是基于业务功能的需要），对流程的环节和作业进行标准化，就属于流程再造的内容。第二个视角就是企业的一切要素流动都在整体上按照企业的业务流程进行推进。也就是说各种要素的流动是镶嵌在企业业务活动过程之中的，而企业的业务活动过程就是企业的业务流程，它包括供应客户关系处理环节、供应环节、原材料储存环节、生产环节、产成品储存环节、销售环节、售后服务环节（需求客户关系处理环节）等，在所有这些业务流程环节都可能存在各种要素的流动。从企业的业务流程可以看出，它既可以表现为一个供应链过程，也可以表现为一个需求链过程。在强调业务流程的自然属性的条件下，业务流程主要以供应链的形式而存在。在强调业务流程的社会属性的条件下，业务流程就不能不以需求链的形式而存在。供应链流程不是从顾客的需要出发的，而是从企业最高管理当局所下达的计划出发的，每一个上一环节都决定了下一个环节，从而也决定了最终的产出。供应链流程是计划导向或者生产导向的。

需求链流程是从顾客的需要出发的，而顾客的需要是企业目标利润实现的基础。也就是说，需求链流程是顾客导向，或者更直接说是利润导向的。按照需求链流程再造企业业务流程的关键是要从顾客的需要出发，确定企业的销售量和销售收入；以企业的销售量和销售收入确定企业应该生产的量和生产的成本；以企业应该生产的量和生产的成本确定企业应该购进的量和购进的成本，如此等等，可以看出需求链流程将整个价值链贯穿其中，这就使得业务流程的设计既考虑了业务功能的需要，更考虑了价值实现的需要，这就是需求链流程的价值导向。需求链流程不仅是在产品生产过程中适用，而且在一切要素的流动过程中都适用。如人事部门过去是为其他部门定人，而需求链流程就是为其他部门推荐人；又如人事部门过去是为企业确定培训，而需求链流程则要求为企业提供培训选择。按需求链流程再造企业的业务流程意味着企业的流程是以顾客需求为出发点的，也就意味着这种业务流程可以使企业从顾客手中获得价值。因此，这样的流程再造显然就考虑了价值的因素。不仅如此，在流程中的每个环节、每个环节中的各项作业的设计也必须考虑价值的因素，价值增值成为环节设立和作业设计的前提和基础。由于每个环节既会形成价值增值，也会形成相应的成本费用，所以，在每个环节必须进行两者的比较以能够为实现预算目标利润发挥作用。

就"基于主体的预算"而言，意味着企业的任何一个责任主体包括部门或者岗位都必须有实现目标利润的责任。由于目标利润是由各收入项目和各成本费用项目构成，所以，各责任主体实现目标利润的责任就转化为实现相关收入和成本费用项目的责任。由于每个责任主体都有自身的收入和成本费用责任目标，而每一个责任主体又处在整个企业流程中的某一环节，显然相关环节之间的收入和成本费用的转移必然会影响某一责任主体的责任目标的履行情况。或者更直接地说，相关部门或者岗位之间的收入和成本费用的转移状况会影响这些责任主体的自身利益。设置怎样的流程才能使得各责任主体之间的责任、权力和利益边界能够被清晰地划分，就成为预算管理下所必须首先解决的问题。在整个企业组织体系中，影响各责任主体的责、权、利不仅与横向的业务流程相关，而且与纵向的管理流程相关。

就横向的业务流程而言，每一个上一环节的部门和岗位与下一环节之间的部门和岗位之间，必须建立讨价还价的流程关系。通过类似于与外部的供应商或者客户的讨价还价关系，确定各种要素在他们之间的转移及其转移的条件，也确定这些要素在转移的过程中的转移价格。为了保证双方认可转移的条件和转移的价格，可以设立仲裁委员会等专门的机构实施相应的程序。

就纵向的管理流程而言，在传统"科层制管理"组织体系下，其基本流程是自上而下地下达计划和自下而上地完成计划。伴随着预算管理的进行，一方面实行分权管理，将权力下放到各责任主体，各责任主体具有了与责任相匹配的权力和完成责任所应享有的利益；另一方面，任何上一层次的管理主体的权力的越界都将破坏任何一个责任主体的责、权、利匹配关系，从而导致预算机制的作用难以充分发挥。更为重要的是，在实行预算管理后，任何一个责任主体都具有了相对独立的权力。上一层次和下一层次之间不再是一种唯一的权力层次关系，而是一种相互讨价还价的平等关系。所以，在预算管理下，必须建立自上而下的讨价还价和自下而上的讨价还价的流程。正是通过这种平等的讨价还价的流程，使得预算责任目标得以分解、完成预算责任的权利得以分享、完成责任目标的利益得以分配，从而最终达成均衡的状态。

六、整合预算：基于预算的信息体系重构

中国有两句名谚与信息有关：一是若要人不知，除非己莫为。这句话无非说明任何事物都会以信息的形式而存在，这些信息迟早都会被知晓和传播；二是不怕做不到，就怕不知道。这句话也无非说明成就一件事情最为重要的是要了解与此有关的信息，如果知晓了相关的所有信息，人们就可以进行正确的决策和有效的行为。

正因为这样，在管理领域，经过长期的实践人们也发现，信息管理就是企业管理。从这些认知中可以发现，信息在人类生活，更进一步说在企业管理中的重要性。一个企业要使管理决策正确，执行行为有效，无不需要充分有效的信息体系的支撑。就预算管理而言，离开了相应的信息基础就像巧妇难为无米之炊一样，可能变得寸步难行。

事实上，现有预算管理体系的运转是建立在以实现业务目标的需要所建立的信息体系之上的，而预算管理则是以实现价值目标的需要构建的。所以，现有的企业信息体系支撑预算管理体系的运转必然存在种种缺陷，正是这些缺陷，使得传统的财务预算以至全面预算在实施过程中存在种种问题。这些问题已经在前面论及，这里仅仅只是讨论以实现业务目标为基础的信息体系，在满足预算管理体系运转的需要中所存在的种种缺陷或者

不完备之处。

（一）企业现有信息体系的缺陷

由于企业现有的信息体系是以满足业务运行的需要而构建的，不能很好地满足预算管理的需要，在预算管理的实践中，无不证明企业现有的信息体系存在以下缺陷：

1. 企业信息体系主要以业务信息为基础构建，价值信息不系统。

企业开展经营活动一方面会形成与此有关的业务信息，如进行购、销、产、存和售后服务所形成的商流信息、物流信息、技术信息、人力资源信息，如此等等，这些信息与特定的业务相联系，统称为业务信息。在业务信息发生的同时，也可能发生价值信息，它是伴随着资金流而形成的。尽管理论上说，资金流与商流、物流、技术流、人力资源流等不存在完全一一对应的耦合关系即发生这些业务流动就必然发生资金流动，也就是资金流与其他业务流之间会产生脱节。但是，所有这些业务的流动迟早都会引起资金的流动，这种资金的流动有可能在业务流发生时就引起现金流入或者现金流出，在会计上称为收付实现；这种资金流动也可能在业务流发生时或者提前或者迟后导致现金的流入或者现金的流出，在会计上称为权责发生。在这里，资金流是等同于现金流的，在更抽象意义上讲，资金流也可以是价值流。

一方面，企业商流、物流、技术流、人力资源流等发生必然会带来相关要素的流动，通过这种流动，最终生成满足顾客需要的产品或者服务；另一方面，伴随企业商流、物流、技术流、人力资源流等的流动过程必然会形成价值流，这种价值流主要以成本（含费用）和收入不断累积的形式而形成。如采购既形成采购成本又为制造产品提供基础，也就为形成收入提供前提，生产既形成产品成本又通过形成产品创造新价值而形成收入。任何要素的流动必然发生相应的成本和收入，在企业中，只有成本而没有收入的情况下，企业是不会作为的，而任何收入的取得通常是要付出成本的。通过这种成本收入的收支过程，最终要实现目标利润的要求，在实行预算管理的企业则是要实现预算目标的要求。这样，在企业的信息体系中，就形成了以业务流为基础的业务信息体系和以资金流为基础的价值信息体系。在形式上说，以资金流为基础的价值信息体系是伴随着业务的发生而产生的有关成本、收入的信息体系，只要业务发生或者说业务在流动就必然伴随有相应的成本和收入的发生，是完全融合和一体化的。

在传统的预算管理（财务预算、全面预算或者预算整合）体系下，没有按照预算管理的要求对信息体系进行再造。企业的信息体系，主要以业务信息为基础进行构建，表现在信息体系的内容是业务的、信息体系的结构也是按业务过程或者业务结构进行建构的。业务信息体系和价值信息体系只是在结果信息上实现了基本的融合，这种融合主要表现在一定时期终了，企业的资产的数量与企业的资产的价值之间实现融合，企业的业务量与企业的业务收入和业务成本相融合。正如前面所述，企业业务发生的过程必然会伴随相应的收入或成本，所以，在企业业务信息形成的过程中，也必然会一一对应着产生价值信息。

在目前我国预算管理的实践中，企业信息体系并没有按照预算管理的要求进行重构，仍然沿用以业务为基础的信息体系。这一信息体系主要揭示整个企业的业务活动信息，包括企业商流、物流、技术流、人力资源流等的信息。其信息体系的结构是按每一种要素的流动过程建构，并且整个信息的生成过程也是按照每一种要素的流动过程逐渐揭示、分类、归集，最终形成企业所需要的业务信息。

事实上，价值信息体系是支撑预算管理体系运转的基础，这一信息体系既产生于业务信息体系又有自己独特性质和结构，及其形成过程。就独特的性质而言，价值信息体系主要揭示与企业的成本和收入有关的信息；就独特的结构而言，不像业务体系是按照业务过程中的每一种要素的流动过程进行建构，而是按照成本和收入的相同属性进行建构。如按产品归集成本，对每一种产品的成本又按用途进行归集，并且所有的成本、收入都按照损益表中的项目进行分类和归集，这就是价值信息体系的基本结构。这种建构就是为了计算出企业的利润，从预算管理的角度说，就是要确认预算目标利润是否实现。由于预算体系要对整个成本、收入体系按业务性质进行分类，所以，价值信息体系就必须分门别类地将整个成本、收入信息分解落实到每项业务上。

为此，要完成价值信息体系的两层建构：第一层建构，就是按照利润的形成要素将收入、成本进行分类形成利润的构成要素体系；第二层建构，就是以收入、成本形成的业务为基础进行分类，使收入、成本与相关的业务进行衔接。这种衔接大到某一种产品的销量与相应的收入和成本的对应，小到某一项作业的业务量与相应的价值增值和成本相对应。尽管存在着两个层次的建构，但贯穿其中的仍然是构成利润的收入、成本项目的基本分类。这种分类不仅在企业最终价值成果（损益表）中得以实现，而且在企业基础作业的层面也必须得以贯彻。

在传统预算管理体系下，企业所形成的信息体系，是以业务为基础的，这种信息体系的最大缺陷是价值信息体系的不完备性。表现在整个企业基础作业层面没有形成与此对应的价值信息体系，如果说利润是整个价值信息体系的塔尖，那么，基础作业层面的收入成本信息则是塔座，它对应着每一项作业。在塔座与塔尖之间，这些对应着每一项作业的收入、成本信息逐层归并，最终形成损益表中的相关价值信息。事实上，资产负债表和现金流量表所形成的价值信息也是价值信息体系塔尖上的信息，而对应着每一项作业的相关信息则是塔座上的信息。由于预算体系也是按这种结构建构的，所以，为了支撑预算体系就必须将企业已经客观存在的这种金字塔状的价值信息体系进行建构。但是，目前企业提供的价值信息体系既缺少作业层面的完备的价值信息，也缺少从作业层面依次提升至经营活动结果层面的分层价值信息体系，它表现为一个完整的分类归集的过程。

这种价值信息体系的缺陷使得企业预算体系也很难形成金字塔状的这样一种建构，表现为有预算的总指标信息，但没有构成预算的每项收入、成本最终要素的相关信息。就其形成过程而言，价值信息体系是按照时间序列累积形成的，不像业务信息体系是按照业务的流转环节逐渐形成的。企业的收入、成本会随着企业业务活动的不断进行而发生。企业的业务活动的不断进行就是时间序列不断演进的过程，伴随着时间的累积，企业的收入和成本也在增加。所以，企业价值信息体系必须要反映这一动态的过程。尽管证监会要求上市公司提供的会计报表要由年报增加到季报甚至月报，但是，从预算管理的角度来说，价值信息体系所提供的信息如果能够具有即时性，就能使预算管理的作用得以真正发挥。

价值信息体系所提供的信息的即时性表现在只要作业或者业务发生，相应的收入和成本信息就能马上揭示。这种信息体系不仅具有即时性，而且具有细节性，就是某项作业、业务环节或者业务一旦产生，相关的收入、成本信息就能披露。所以，基于预算管理所需要的价值信息体系必须具有时间动态性和披露及时性。

目前企业以业务为基础的信息体系没能达成这一要求，主要表现在每一项作业、业务环节或者业务所产生的成本和收入不能被清楚地界定，也不能及时地予以揭示；由于这一原因，预算体系的各项收入和成本项目也不能分解落实到每项作业、业务环节或者业务上；更由于这两个因素，就每一项作业、业务环节或者业务而言，既不可能适时地收集到相应的收入和成本信息，也不可能动态地了解每一时间节点上的实际收入或成本与预算收入或成本的信息。最终的结果是导致了业务信息体系与价值信息体系的"两张皮"现象。这种现象表现在两个方面：一是收入、成本项目是由何种作业、业务环节或者业务所致，无法形成对应关系；二是预算目标未能完成的业务原因，无法形成对应关系。

2. 企业信息体系主要以静态信息为基础构建，缺乏动态的过程信息。

预算管理的根本任务就是要保证预算目标的最终实现。相对于预算执行结果的考核和分析，预算执行过程的控制更为重要。即使预算执行结果的考核和分析科学有效，并找到了预算未能完成的根本原因，但是，亡羊补牢已经晚矣。所以，预算管理就是要通过动态的过程控制使得预算目标能够最终达成。

为了做到这一点，关键是要提供预算执行过程的动态信息。在这一点上，多年的预算管理的实践已经做出了较大的努力，已经将年度预算目标按照企业的业务周期进行分解。这种业务周期有的是按淡旺季进行区分，有的是按自然时间的季、月区分。显然，以这种业务周期所进行的年度预算目标的分解是以时间节点为基础的。事实上，预算体系中所确定的各项收入和成本目标是与相关的业务相联系的，所谓动态的过程信息不仅要与业务所执行的时间相联系，更是要与每项业务的进度相联系。也就是说，以静态信息为基础的信息体系既不能反映预算执行在每个时间节点上的状况，也不能反映与每项业务的进展程度相匹配的预算收入和成本的发生程度。

就预算执行在每个时间节点上的过程信息而言，至少要实现两个方面的要求：要求之一是必须将年度预算目标分解落实到每一个时间节点，时间节点的长度越短，有关预算目标信息的动态性程度越高。由于预算所涉及的业务内容不同，时间节点的划分也不相同。如固定资产的数量变动通常在较长的时间内才发生，其预算划分的时间节点就相对较长，而现金的数量变动是经常的，其预算划分的时间节点就必须很短。就目前的预算管理实践而言，为了动态地进行预算执行的过程控制，一般是将年度预算目标按半年、季、月进行划分。由于这种划分不考虑业务性质，过于笼统，由此，按时间序列而分解的预算目标难以适应业务性质所体现的时间特性。如现金预算，由于现金不断处于流入流出的状态，所以，要进行现金的动态控制最好是要编制现金日报或者时报。而固定资产要在较长的时间内发生变动，则可以根据每个企业的实际编制年报、半年报或者季报。这里无论是预算信息还是预算执行的信息都必须考虑不同业务时间节点的差异，确定信息取得的时间段。预算信息的动态性（信息取得的间接时间）是相对而言的，没有绝对的动态性。

就每项业务预算完成进度的过程信息而言，所要提供的信息是必须根据业务完成的时间进度提供过程信息。它也包括三个方面：其一，必须要对业务进行时间节点的划分，这种划分必须有助于准确地划定业务完成的环节或者进度。或者说，每一项业务都能按时间过程划分业务的完成程度；其二，必须对应着每一项业务按时间过程划分的业务完成程度，确定预算的收入和成本的发生程度；其三，将预算执行的实际的收入和成本与预算目标中所分解的收入和成本进行比较，找出差异，分析原因，提出对策。这种以每项业务的预算执行为基础所形成的动态的过程信息可以称为项目信息。如果每一个项目都能实现预算目标中规定的收入成本要求，整个预算目标就能最终实现。

就目前预算管理的实际状况来说，主要提供了年度预算按时间节点被分解后所形成的动态过程信息，以及大类业务按时间节点完成预算进度的动态过程信息。这种过程信息的提供往往还具有一定的滞后性，加上过于笼统，使得预算执行差异及其原因的分析也缺乏针对性和及时性，它往往导致了预算目标最终难以实现。

3. 企业信息体系主要以企业整体为基础构建，缺乏分部信息。

无论是反映企业经营状况和财务成果的报表还是反映企业商流、物流、技术流、人力资源流等的信息，一般都是以整个企业作为信息搜集、整理、归纳和发生的主体。这种信息虽然揭示了整个企业的基本经营状况和财务成果，但无法反映企业内部每个部门、每个环节、每个层次、每个岗位以至每项作业的基本状况，通常将这种信息称为分部信息。

进行预算管理意味着企业内部机制的一次变革，在大规模群体劳动的公司制企业下，一方面可以实现规模效应，另一方面却也带来了激励和约束机制软化的问题。解决这一问题的根本出路在于在大规模群体劳动的条件下，必要让每个部门、每个员工能够感受到自身岗位履行责任的好坏，是与自身的利益密切相关的。为此，要将预算责任、权力和利益能够落实到每个部门、每个员工所履职的岗位。每个部门与部门、每个岗位与岗位之间的责、权、利边界界定清晰，从而使每个部门、每个员工都能够感觉为自己而干，做到这一点必须要提供分部信息。遵循预算责任主体怎么细化，分部信息也必须相应细化的原则。

从预算的角度看，预算责任主体除了企业作为主体外，在企业内部必须建立各种各样的责任中心，大体与企业内部的中层部门的层次相关；预算责任主体还可以细分到岗位，这样就形成了一个由上自下的分层细化的预算责任主体的体系。为了对每一个层次的预算责任主体分解落实预算，赋予相应的权力，并形成一个独立的利益单元，就必须要建立与此相应的分部信息体系。

这个信息体系的基本结构是一般按照预算管理过程提供以责任中心、岗位为主体的预算管理信息。预算管理过程包括预测、制定和分解预算目标、监督预算的执行过程、调整预算或改进预算实施办法、预算分析和考核等环节，在每个环节都必须以责任中心和岗位为主体提供相应的信息。在预测环节必须要根据每个责任中心和岗位所担负业务的性质进行未来预测，提供有关业务量的预算信息；在制定和分解预算目标的环节必须提供有关业务量所必须形成的收入或成本的信息。这里关键是必须确定业务量与收入或成本之间的相关关系，在此基础上，才能将企业的总预算目标科学地分解到每个责任中心和岗位；在监督预算的执行过程中，必须提供各责任中心、岗位预算执行差异的信息；在调整预算或改进预算实施办法的环节，必须在取得预算执行差异信息的基础上分析执行差异的原因，形成原因信息。再结合未来变化趋势的信息做出相关决策，以纠正执行误差；在预算分析和考核的环节，不仅要提供各责任中心、岗位预算执行结果及其执行差异的信息，而且必须分析原因，提供原因信息。为了保证预算考核的有效性，必须要对每个责任中心、岗位进行会计核算，能够单独地反映每个责任中心、岗位预算执行的结果，这就是在预算管理中分部核算的关键。

在目前的预算管理实践中，对于分部信息体系的建立至少存在两个最基本的问题：

第一个问题是企业对分部信息的反映和披露并没有细分到岗位的程度，一般只是细分到责任中心。正如前面所述，在预算管理体系中，岗位预算、岗位核算、岗位考核才是真正保证预算机制发挥作用的关键，所以，提供以岗位作为分部的分部信息，也就显得重要。

第二个问题是各分部的信息边界没有得到清晰的界定，这里的信息边界不清晰，就是指提供的每一个分部的责、权、利信息以分部主体分界，同一个信息可能横跨两个或两个以上的分部主体，导致责、权、利不能明确地界定在某一分部主体上，从而形成预算考核互相推诿责任，不了了之。

　　解决的方案之一是通过作业、流程标准化和会计核算清晰界定；方案之二是在企业内部分部之间模拟市场，通过讨价还价的方式进行界定。

　　4. 企业信息体系主要提供结果信息，缺乏原因信息。

　　在预算管理实践中，企业在编制预算、监督预算的执行过程和考核预算的执行结果时，最需要的是原因信息。但企业现有的信息体系并没有按照预算管理的要求在每个环节提供所必需的原因信息。在预算编制时，企业并没有形成支撑预算指标的相关原因信息，一般都是在上年的基础上，按照预算年度必须增长一定比例确定预算指标；在预算执行过程中，也没有及时动态地提供预算执行差异的原因信息，而是根据决策者的主观判断确定纠正预算执行偏差的措施；在预算考核的环节，一般是根据相应的会计报表所提供的信息进行分析和考核。由于会计报表提供的是结果信息，所以很难精细化地找到每个分部主体以致整个企业未能完成或超额完成预算指标的最终原因。

　　事实上，在预算管理中，如果对预算指标形成、预算执行过程差异和预算执行结果的真实原因分析得越透、挖掘得越细，那么确定的预算指标、提出的纠偏措施以及对结果考核就会更加客观、真实和科学有效。怎么才能达成这一目标？

　　在企业信息体系的构造实践中，也发现企业的信息体系特别是会计信息体系主要是以结果信息为基础而构建的。由于会计信息是价值信息，所以这种结果信息就具有价值属性。但是企业的价值是由业务带来的，通过企业的业务活动既形成企业的收入也产生成本，所以，价值属性的会计结果信息所形成的原因信息就是业务属性的信息。企业现实的信息体系的构造恰恰是价值属性的结果信息与业务属性的原因信息的脱钩，从而导致了企业信息体系以结果信息为主，缺乏原因信息。所以，整合预算的根本任务就是要按照预算的要求提供原因信息，这种原因信息就是要将业务层面的信息与价值层面的信息一一对接。如果每一项收入或成本形成的最终原因能够寻找到最终的业务因素，那么，这种原因信息对于预算指标的确定、预算执行过程的纠偏决策以及预算考核的分析就会具有有效的支撑作用。

（二）企业现行信息体系缺陷的内在关联性

　　在前面已经论及企业现行信息体系的缺陷：一是企业信息体系主要以

业务信息为基础构建，价值信息不系统；二是企业信息体系主要以静态信息为基础构建，缺乏动态的过程信息；三是企业信息体系主要以企业整体为基础构建，缺乏分部信息；四是企业信息体系主要提供结果信息，缺乏原因信息。基于预算的信息体系重构就必须针对这四个方面的缺陷进行重构。事实上，企业信息体系四个方面的缺陷也存在某种关联性，这种关联性表现在以下方面：

1. 从业务和价值相结合的视角，企业信息体系主要以业务信息为基础形成，业务信息与价值信息相脱节。但业务信息和价值信息之间存在因果关系，这种因果关系具有形成基础（业务形成价值从而业务信息具有基础性）特征。一般来说，业务信息是原因信息，而价值信息是结果信息，主要体现在两个层次：

（1）任何一项业务行为的结果都将形成收入并产生成本，所以，一项业务行为是收入和成本产生的原因，收入和成本是业务行为的结果。业务行为是由各项作业构成的，这样作业就成了各项业务形成收入和发生成本的最终原因。

（2）企业的全部业务活动的结果最终以经营成果和财务状况的形式体现，集中在资产负债表、损益表和现金流量表中。这三张报表是整个企业一定时期业务活动所形成的最终的总价值结果，而一定时期的全部业务活动则是这一最终总价值结果的形成原因。不难看出，无论在形成企业全部业务活动的作业这一最基础层面，还是在形成全部业务活动的总结果的最高层面，业务与价值之间都存在因果关系。

2. 从价值的视角，企业信息体系主要以企业经营成果和财务状况总结果的价值信息为基础形成，总结果的价值信息与形成这一结果的具体收入和支出信息以及形成企业财务状况的具体资金运动信息相脱节。但企业经营成果和财务状况的总价值信息与形成它的各项收入、支出和资金运动状况信息之间存在因果关系，这种因果关系具有包含关系特征。事实上，企业的资产负债表、损益表和现金流量表只是披露了企业一定时期的经营成果和财务状况的总结果。尽管为了说明这一结果的形成原因，会计报表体系中也会形成一些原因报表，但这些报表在说明原因时仍然只是停留在抽象和浅层的原因上，并没有追溯至具体和终极的原因报表上。这里具体和终极的原因就是相对于构成利润的各项收支因素，以及形成资金运动状况的各项因素是不可以再细分、不可以再追溯，也就是原因的细分已经穷尽。

实际上，在财务分析中面临的基本问题是，分析企业经营状况和财务成果形成的原因时往往没有一整套相应的原因报告体系说明成因。以至于不得不用指标分析和文字描述的方式另行揭示原因，这种揭示原因的方式既不系统也不规则。所以，必须要通过以价值为基础的因果关系信息体系说明企业经营成果和财务状况形成的最终收支因素和资金运动状况。

3. 从过程控制的角度，企业信息体系主要以一定时期终了的静态结果信息为基础形成，过程的动态信息与静态的结果信息相脱节。但动态的过程信息与静态的结果信息之间存在因果关系，这种因果关系具有时间序列特征。一定时期企业经营成果和财务状况的静态结果是由一定时期日积月累的经营活动和资金运动所致。表现为两种性态：对财务状况而言，由于资产负债表和现金流量表中的主要项目都是时点数，虽然只是揭示了在结账时点上的数量，但是，这一数量也是一定时期资金不断运动所形成的；对经营成果而言，由于损益表中的项目都是时期数，任何时期数的形成都是每一时点经营活动结果的累积，它更是体现为直接的因果关系。

在现实中，企业的信息体系还很难实现按时间序列及时提供信息，信息的时效性较差。当然，并非所有的经营活动和资金运动事项都必须按时或者按日提供及时信息，如现金处于不断的流动之中，销售收入和销售成本也在不断的增加，这就必须要提供按时间序列形成的动态信息；而固定资产在一定的时间内可能较少发生变动，所提供信息的间隔期就可以相对较长。这里唯一的差异是所提供信息的间隔期的不同，但动态的提供变化信息则是其共同本质。除了按时间序列所形成的因果关系信息体系之外，在动态的信息提供过程之中，每一时间节点上所形成的经营活动和资金运动结果，都有其形成的原因。但现存的企业信息体系既很难提供每一时间节点上经营活动和资金运动结果的信息，更难提供形成这一结果的原因信息。

在执行预算指标的过程中，在每一时间节点上经营活动和资金运动结果与这一时间节点上的预算指标之间可能存在差异。为了保证预算指标的实现，必须及时地了解形成这一差异的原因信息，从而有助于迅速提出纠正差异的方案。所以，企业信息体系既存在按照时间序列形成的动态过程信息和静态结果信息的因果关系，也存在每一时间节点上所形成的经营活动和资金运动结果及其成因信息的因果关系。

4. 从信息主体的视角，企业信息体系主要以企业总体提供的信息为基础形成，企业整体信息与分部信息相脱节。但企业整体信息与分部信息之间存在因果关系，这种因果关系具有总体与局部的关系特征。整个企业经营活动和资金运动的结果形成了经营成果和财务状况，资产负债表、损益表和现金流量表就揭示了这一经营成果和财务状况。显然，这三张报表所披露的信息是以整个企业为信息提供主体的，它并不涉及企业内部的部门、岗位和环节的分部信息。在预算管理中，企业内部的部门、岗位和环节作为预算责任的主体，都必须要履行预算责任。为此，预算指标必须分解落实到每个部门、岗位和环节，相应形成了与预算责任目标分解的相关信息；预算执行过程中，每个部门、岗位和环节必然产生预算执行情况的信息；在预算考核中，每个部门、岗位和环节也有必要提供预算执行结果和执行差异的信息。在这三个环节所提供的信息中，企业总体信息与分部信息之间也存在因果关系，主要表现在以下三个方面：

一是每一个部门、岗位和环节的预算目标是企业总预算目标的形成基础，它们之间构成因果关系，或者更直接地说没有分部预算目标作为基础，企业的总预算目标就会变成空中楼阁。

二是每一个部门、岗位和环节的预算目标的完成程度是企业总预算目标完成程度的基础，它们之间构成因果关系，或者更直接地说，没有分部对预算目标的执行，就不可能有企业总预算目标的完成。

三是每一个部门、岗位和环节的预算执行结果的差异，是企业总预算目标执行结果差异形成的基础，它们之间构成因果关系，或者更直接地说，正是因为分部执行预算目标存在差异才导致企业预算目标执行存在差异。

总之，从整合预算的角度看，企业现行的信息体系存在的四大缺陷都是基于企业现行的信息体系没有按照预算管理的要求进行信息重构，也即没有形成因果关系的信息体系所致，弥补四大缺陷都需要按照因果关系重构信息体系。无论这种因果关系的信息体系是以业务信息和价值信息之间的因果关系为结构；以经营成果和财务状况的总价值信息与形成它的各项收入、支出和资金运动状况信息之间的因果关系为结构；还是以动态的过程信息与静态的结果信息之间的因果关系为结构；以整体信息与分部信息之间的因果关系为结构，都表现为因果关系。那么，这四种因果关系结构是否会存在某种共同的属性贯穿其中？

（三）四种因果关系的信息结构具有的共同属性

本质上，这四种因果关系的结构都离不开业务形成价值的最基本的因果关系体系。在市场经济条件下，企业进行一切业务活动的目的都是实现企业价值最大化，更具体地说就是要实现利润最大化。为了达成这一目标，企业开展经营活动和组织资金运动，在这个过程中会形成人、财、物等要素的流动，伴随这些要素的流动就会产生信息流。与人、财、物等要素的流动相伴而生的信息流具有业务信息的特征。在这些要素的流动过程中，也伴随着相应的收入流和支出流，由于所有这些要素的流动的目的是实现利润最大化，也就是要实现在这些要素的流动过程中与之相应而发生的收入最大和支出最小，这样也就产生了价值流。所以人、财、物等要素流动直接产生了收入流和支出流，而利润就是以此为基础而形成的。

事实上，在西方企业管理中，采用了作业成本分析和作业价值分析两种管理方法，这两种方法的根本目的就是要寻找成本形成的业务动因和收入（新创价值）形成的业务动因，从而使得业务与价值之间能够构成一一对应的因果关系。上述四种因果关系的信息结构都离不开这种业务形成价值的因果关系信息结构：

1. 第一种因果关系的信息结构，直接就是以业务形成价值为基础生成的信息体系。

尽管传统上，企业的价值信息体系与业务信息体系是脱节的，企业价值形成的最终原因很少有最直接、最细节的信息与之相对应，即最终表现为作业与成本、作业与价值相连接。但是，业务形成价值，业务是价值产生的原因，这是客观存在的事实。以业务形成价值为基础生成的信息体系是对企业客观存在的信息体系的现实反映，企业的一切业务活动无不以产生价值为目的。任何一项作业既要形成收入，也必然会发生成本，它是企业实现目标利润的客观基础或者原因。

2. 第二种因果关系的信息结构，是指以价值为基础的信息体系。

在这一信息体系中，经营成果和财务状况的价值信息是结果信息，而构成这一结果的具体收入和支出信息是原因信息。但是，由于具体收入和支出的形成是由企业的作业或者业务所致，也就是说，有作业或者业务就必然会产生相应的收入和支出。最终地说，作业或者业务仍然是经营成果或财务状况的生成原因，所以，以价值为基础的信息体系仍然是以业务形成价值的因果关系为其基本结构。

3. 第三种因果关系的信息结构，是以经营活动和资金运动过程为基础的信息体系。

这一信息体系强调过程信息与结果信息的一体性。但不难发现，一定时期经营活动和资金运动的结果信息最终体现在价值信息上，即资产负债表、损益表和现金流量表所披露的信息。而过程信息一方面是指在时间序列上每一设定时点或者时间段所形成的与资产负债表、损益表和现金流量表相关的价值信息。另一方面，则是指在设定的相应时点或者时间段形成这些价值结果的成因的业务信息。这些业务信息既构成为设定的相应时点或者时间段的价值结果的成因，也成为一定时期企业最终价值成果（资产负债表、损益表和现金流量表所表达的最终价值结果）的成因。所以，在这一信息体系中，仍然是以业务形成价值的因果关系为其基本结构。以过程为基础的信息体系实质上是将以业务形成价值的因果关系的信息体系，按照时间节点进行分割，从而表现为时间序列性或者动态性。

4. 第四种因果关系的信息结构，是以分部主体为基础的信息体系。

分部主体的信息体系是在以企业为主体的信息体系的基础上所构建的，这种信息体系只是按照企业内部的部门、岗位或者环节对整个企业信息体系进行划界重构，它并没有改变整个企业信息体系是按照业务形成价值的因果关系构造的基本特征。就每一个分部的信息体系而言，仍然是通过分部的业务活动形成分部的价值成果。因而，其信息体系完全具有业务形成价值的因果关系的基本结构。实际上，以业务形成价值为基础构造的信息体系，必须要寻找价值形成的业务原因。这种业务原因寻找得越细，极致可以细化到某一作业上，就越能将这种原因归结到企业内部的部门、岗位或者环节上。原因很简单，任何一项作业都是由某一部门、岗位或者环节进行的，那么，知晓了作业就必然可以发现进行这一作业的分部主体。从这个意义出发，以业务形成价值为基础构造的因果关系的信息体系是十分容易重构以分部主体为基础形成的信息体系的。

（四）以业务形成价值为基础的因果关系信息体系的基本结构

以业务形成价值为基础的因果关系信息体系的基本结构首先必须确定的是最终结果信息是什么，以此为基础，才可能按照因果关系链逐步深入构造其原因信息体系。

企业经营活动和资金运动最终结果的信息是什么，存在两种不同的认识：在 20 世纪，会计核算体系是建立在收益费用观的基础上的，损益表所提供的信息就成为最终结果信息，这也印证了企业的最终目标是利润最大化的客观事实；进入 21 世纪，会计核算体系开始重新建立在资产负债观的基础上，资产负债表所提供的信息就成为最终结果信息。这在于企业的业务活动不仅包括实现利润的经营活动，也包括进行投资和筹资的财务活动。损益表只是披露了经营活动的结果信息，没有披露投资和筹资活动的结果信息。资产负债表不仅披露了经营活动的结果信息，也披露了投资和筹资活动的结果信息。一个企业的全部业务活动就是包括筹资活动、投资活动和经营活动，只有包含揭示了这三项活动结果信息的会计报表才能成为最终的结果报表，由此而揭示的信息才是最终结果信息。

资产负债表所披露的信息是企业经营活动和资金运动的最终结果的信息，以这一最终结果信息为基础进一步构造原因信息就产生了以业务形成价值为基础的因果关系信息体系。为什么要构造这一原因信息体系？主要是资产负债表中所披露的信息本身就是结果信息，为了寻找这一结果形成的原因，就必须形成原因信息体系；同时，资产负债表的结果信息期末与期初相比会形成差异，为了说明这一差异的形成原因，也必须形成原因信息体系；最后，资产负债表的结果信息与预算目标相比会形成差异，为了说明这一差异的形成原因，也必须形成原因信息体系。那么，这种以说明资产负债表结果或者有关差异的形成原因的信息体系的结构特征是什么？

这种特征是以资产负债表中的结果信息的基本结构为基础形成的。资产负债表中的结果信息的基本结构是由两个部分组成，第一部分是资产负债表两方的总量变动，资产负债表资产一方的总量的变动首先是由于筹资因素的变动而引起，增加筹资就会增加总资产，减少筹资就会减少总资产。这种增加或者减少是资金运动所致。筹资的变动总是以单项筹资项目为基础，每一项筹资的变动都有其具体的原因，可以在第二部分个量变动的形成原因中说明；其次是由于报告期盈亏所致，报告期增加利润时会增加总资产，报告期发生亏损时会减少总资产，这种资产的增加或者减少是经营活动所致。由于盈亏是以资产总量的增加或者减少的形式出现，它是企业经营活动的总成果。所以，论及资产负债表两方的总量变动主要是指盈亏所导致的资产总量的变动，盈亏是资产总量变化的原因，而盈亏变化的原因则是经营活动。所以，以资产负债表中的盈亏总量变化为起点，形成因果关系结构的信息体系。

第二部分是资产负债表中每个项目的数量变动，可以称为个量变动。资产负债表中的每一个项目都有各自具体的形成原因，因而可以以每一个项目为起点形成因果关系结构的信息体系。实际上，资产负债表中的盈亏总量变化和每个项目的数量变动是有对比标准的。正如前面所述，或者期末与期初相比，或者实际与预算相比，通过对比发现差异并寻找差异形成的原因，就可以提出相应对策。

在预算管理中，就是要不断地通过寻找预算与执行的差异的形成原因，并有针对性地提出解决方案，以确保预算目标的实现。以资产负债表期末与期初、实际与预算的总量和个量差异为起点所形成的因果关系的信息体系的基本构造可以概括如下：

1. 以总量变动为起点的因果关系信息体系的构造。

总量变动表现为盈亏变动，一般情况下，企业都应该取得利润，所谓以总量变动为起点的因果关系信息体系的构造就是要说明报告期利润形成的原因。报告期利润形成的直接原因是企业的经营活动所致，没有经营活动的展开就没有利润的形成。所以，构成报告期利润直接原因的报表就是损益表。这一报表必须披露形成报告期利润的业务来源，报告期利润的业务来源通常分为主营业务、其他业务、对外投资业务和营业外业务。这种业务分类实际上穷尽了企业的所有业务，也就把利润形成的所有业务原因包含在损益表中；损益表中的每项业务又有其具体的业务内容，为了进一步说明损益表中的每项业务的利润的形成来源，必须进一步编制原因报表。任何企业的主营业务或者是生产和销售产品或者是提供服务，为此就必须列明企业所有生产的产品或者提供服务的明细报表，通过这个表就可以进一步了解利润形成的具体的产品或者服务原因。任何企业的其他业务是以主营业务为基础形成的业务，为此也必须详细列示其他业务的构成项目。任何企业的对外投资业务可以做多个分类，从而可以了解企业对外投资利润所取得的投资方向或者项目。至少对外投资业务包括实物投资与金融投资、无形资产投资与有形资产投资、国内投资与国外投资、按产业类别区分的投资如此等等，不一一列举，这些投资分类还可以进一步细分。任何企业的营业外业务构成比较复杂，可以分别就每一种营业外业务说明营业外业务利润的形成来源。

有关利润形成原因的信息体系可以进一步按因果关系拓展和深化，直至找到最终的原因，这种最终的原因也称为终极原因。这种终极原因意味着原因之后不再存在原因，只有找到了引起利润变化的终极原因，才能更准确地预期这种原因在未来变动的趋势，才能针对不利原因提出有效的解决方案。那么，引起利润变化的终极原因的信息结构是什么？引起利润变化的终极原因无非包括外部因素和内部因素，外部因素是供求关系的变化、竞争者的竞争力的变化、政府政策的变化三个方面。而内部因素则包括售后服务的状态、销售的组织形式、技术水平的高低、生产的组织形式、供应（含储存）的组织形式以及管理制度的变化六个方面。所有这些内外部因素必须逐层细分直至不可再分拆，从而找到引起利润变化的最终原因。

不难看出，以利润为起点所形成的因果关系的信息体系具有原因树的结构特征，通过引起利润变化的原因的层层挖掘，直至找到引起利润变化的最终原因。由此形成的信息体系一方面实现了价值信息与业务信息的一体化，从而解决了价值信息与业务信息脱节的问题；另一方面，实现了业务信息的一体化，由于业务的性质不同，业务信息也具有不同质性，在企业传统的信息体系中，各类性质不同的业务的信息没有有效地整合在一个信息体系中，信息体系被不同性质的业务所分割。通过因果关系的信息体系就可以把性质不同的各类业务的原因信息整合到某一结果信息上，无论原因信息的业务性质有何差异，只要这些业务导致了构成利润的某一收入或支出结果，就都可以将这些原因归结到这一结果中。所以，企业信息体系按因果关系构造才可以真正实现信息集成。

2. 以个量变动为起点的因果关系信息体系的构造。

个量变动表现为资产负债表中的每个项目期末与期初或者实际与预算相比较的数量变化。为了说明每个项目数量变动的原因，就产生了原因信息体系。由于资产负债表中项目众多，这里不再一一叙述。仅以现金（货币资金）的数量变动的原因信息体系为例予以说明。现金的数量变动净额称为现金净流量，为了说明现金净流量变动的直接原因，必须编制现金流量表。现金净流量变动的直接原因显然是因企业的业务活动所致。企业的全部业务活动（经营活动和财务活动）包括筹资活动，投资活动和经营活动，这些活动分别产生了资产负债表中的相应项目的结果。筹资活动形成了资产负债表中的资本和负债；投资活动形成了资产负债表中的各项资产；经营活动形成了资产负债表中的本年利润（或本年末分配利润）。同时这些活动也是现金净流量的形成原因，通过筹资活动融入资金从而增加现金，通过筹资活动退还资金从而减少现金；通过投资活动出售资产从而增加现金，购买资产从而减少现金；通过经营活动取得现金收入增加现金，发生现金支出减少现金。一个企业的业务循环只包括筹措资金、进行投资并以此为基础进行生产经营活动收回投资并产生投资回报。当上一个业务循环结束，又进入下一个业务循环，依此周而复始，现金净流量由此产生，并发生变动。

现金流量表正是根据筹资活动、投资活动和经营活动作为现金净流量的形成原因而构造的。每一项活动对现金净流量的影响还可以进一步寻找其影响因素，如经营活动引起的现金流入可以追溯至销售的每一种产品或提供的每一项劳务，以此类推，无穷尽也，直至找到引起现金净流量变化的终极原因。因此，资产负债表中的每个项目的数量变动所形成的因果关系的信息体系也具有原因树的结构特征，通过这一结构找到某一项目数量变动的终极原因，由此形成的信息体系就必然实现价值信息与业务信息的一体化以及不同业务信息的一体化。

总之，预算管理必然要求企业重构信息体系以满足其需要，这种需要主要表现在要为预算目标的确定、预算执行过程的控制、预算结果的考核提供依据。不仅如此，信息提供的主体不能仅仅只是企业整体，而且必须包括所有的分部。为此，就必须按照因果关系链的结构再造企业信息体系，这种因果关系链的信息体系不仅在整个企业层面予以重构，也必须在企业内部的分部层面予以重构。

七、整合预算的一个小结

我们已对整合预算的各个方面的理论和方法进行了较为全面的论述，在此基础上，可以对其进行一个小结。其目的是从更高的层面对整合预算进行理论概括，这种理论概括主要说明从传统预算到整合预算所发生的深刻变化主要包括以下方面：

（一）从传统的公司制企业向现代公司制企业转换

整合预算的根本目标之一就是要改变传统的公司制企业只能实现规模效应而无法实现制度效应的缺陷。自然人企业的根本优势就是自己的钱自己经营，从而导致激励效应和约束效应最大化，这两个效应就称为制度效应。公司制企业的根本优势之一是将社会资源集中到一个公司中使用，从而产生规模效应。但规模效应所引起的群体劳动，必然导致偷懒和"搭便车"现象，从而导致激励、约束效应下降。不难看出，传统公司制企业主要是基于业务的规模效应而形成的，现代公司制企业必须是在实现业务规模效应的前提下，也必须实现制度效应。实现制度效应就必须使公司内部的每个部门、岗位有着自身的利益，并且每个部门、岗位之间的权、责、利关系必须被明确地界定。只有这样，每个部门、岗位才能真正实现利益上的独立性，正是这种利益上的独立性，使他们能够感觉到为自己而干，从而具有自然人企业的激励效应和约束效应特征。

　　由于过去公司制企业主要是基于业务的规模效应而形成，没有实现公司内部分部或岗位的利益上的独立性。这种利益上的独立性主要体现在部门、岗位之间的价值边界明确划定，这显然不是基于业务的需要，而是基于利益界定的需要。通过预算的分解落实，可以达成部门或岗位预算、部门或岗位核算、部门或岗位考核，从而可以实现在大规模群体劳动的前提下，公司内部的员工仍然能够感觉到自身利益的独立性，只能是多劳多得，少劳少得，不劳不得。整合预算要求在大规模的群体劳动下，必须实现公司内部每个部门、岗位的利益的相对独立性。所以，公司的业务体系必须要满足整合预算对这种利益界定的需要。如果没有实现这一要求，公司制企业就很难同时实现规模效应和制度效应。

（二）从业务导向向价值导向转变

　　传统企业的设立是以完成业务目标和业务功能为基础的，表现在企业内部的分部和岗位都是以满足某一特定的业务功能而设立的，企业内部的作业则是为了实现某一特定的业务功能而设置。为了将企业内部的各项业务和作业有效地协同起来，在业务与业务之间，作业与作业之间必然会形成流程。这些流程也是按照业务的需要而形成的，通过这些流程就是要确保企业的商流、物流、资金流、信息流、人流、技术流等的流程有序顺畅、协同有效。通过这些流程的顺利完成，最终生产出满足顾客需要的产品或提供顾客需要的服务。

　　在市场经济条件下，企业不仅要生产出满足顾客需要的产品或提供顾客需要的服务，并且要通过满足顾客对产品和服务的需要，实现企业价值最大化。也就是站在企业的角度，价值最大化是企业进行生产经营的出发点和归宿点，主观上的满足顾客需要就客观上地实现了企业自身的价值最大化需要。事实上，在企业进行预算管理，就是要让这种价值最大化目标贯穿整个企业生产经营和服务活动的各个环节和各个方面，只有这样，企业价值最大化目标才有实现的基础。

　　不难看出，在企业的生产经营和服务活动中，为了向顾客生产产品或提供服务必然需要形成业务体系。而顾客通过向企业支付产品或劳务的价款，使生产产品和提供劳务的价值得以实现，也必然会形成价值体系。尽管企业生产产品和提供劳务的价值最终是通过顾客支付的价款得以实现，但产品和劳务的价值则是伴随着企业的生产经营和服务过程得以逐步转移和创造的。这样，企业既存在产品和服务的形成过程，也存在价值的运动过程。

在预算管理下，必然要求企业整个价值的转移和形成过程，在企业内部能够得以显现，而不仅仅只是在产品销售或服务提供时得以显现。这就意味着整个企业的内部组织包括部门、岗位、企业内部流程、企业完成业务的各种作业必须按照实现价值而不仅仅只是生产和提供劳务的要求进行再造或设计，这即所谓企业的价值导向。就预算体系而言，它本身就是价值体系。如果将预算分解落实到企业内部每个部门、岗位以至每项作业上，就使得企业内部的部门、岗位和作业具有了价值特征。为了界定每个部门、岗位和作业的价值边界，就必然要对企业的部门、岗位和作业进行重新设计，使得企业内部的部门、岗位成为一个完整的价值单元，这样的组织设计就不仅仅是为了执行业务功能，更是为了实现价值目标；也需要对作业进行成本和价值分析，使得企业的各项作业不仅仅是为了完成某项业务功能，更是为了实现价值增值。为了界定每个部门、岗位和作业的价值边界，还必须使得部门与部门、岗位与岗位、作业与作业之间的权、责、利边界得以明确的界定。实现这种界定，就必须将企业内部的供应链流程转化为需求链流程，从而进行流程再造。供应链流程主要是为了实现业务功能的需要，目标是为了生产产品或提供劳务；需求链流程以顾客的需要为出发点，逆其供应链流程进行再造，只有顾客需要，才能实现企业产品和劳务的价值。从这点出发，需求链流程是以价值为出发点的，也可以称为是价值链流程，它与以供应链流程为基础形成的业务链流程相对应。总之，整合预算要求企业的组织、作业、流程都必须以价值为基础进行再造，这样，企业才能实现业务导向向价值导向转变。

（三）从责任导向向利益导向转变

传统企业对于企业内部的部门、岗位也要下达责任指标，这种责任指标通常称为计划指标。计划指标以业务指标为主，并辅之以价值指标。无论业务指标还是价值指标都是以任务的形式落实到部门、岗位，部门、岗位必须要完成这些责任指标。企业之所以采取这种下达责任指标的形式对部门、岗位进行管理，是基于传统企业是一种科层式管理的结构。下级服从上级，上级下达指标，下级必须完成，完不成指标则会受到处罚，显然，这种管理具有责任导向的特征。在责任导向的管理的模式下，企业内部的部门、岗位是责任指标所确定的任务的被动执行者。完成责任指标所确定的任务是一种外在强制，上级为了确保下级完成责任指标所确定的任务，通常会通过监督的方式驱使下级按照规定指标完成任务，上级对下级之间会形成一种逼迫关系。

事实上，我国现行的财务预算和全面预算仍然具有很强的责任导向的特征，企业往往把预算管理仅仅只是作为一种责任管理的手段。通过下达预算责任指标，强制企业内部的部门、岗位必须完成。所以，完成预算责任指标就成为一种对预算责任主体的外在强制，而不是一种内在需要。

预算管理本质上是一种利益导向。这种利益导向意味着企业内部的部门、岗位之所以愿意承担所下达的预算责任指标的任务，是因为预算责任指标的完成直接与所获得的利益挂钩，完成的预算责任指标越好所获得的利益就越高。获得利益成为企业内部部门、岗位完成预算责任指标的出发点和归宿点。只有完成预算责任指标才能取得相应的利益，只有完成更多的预算责任指标，才能取得更高的利益。本质上，企业的员工之所以进入企业是为了追求自身利益的最大化，通过预算管理，就是要实现员工对自身利益的追求与完成企业责任目标之间的高度一致。实现这种高度一致就是要将企业的预算责任指标分解落实到企业的每个部门、岗位，并针对每个预算责任指标的完成情况确定相应的收益分配办法。要做到这一点就必须针对每个部门、岗位准确地确定其所要完成的业务以致作业，并分析这些业务和作业与哪些预算指标相关联，以此确定每个部门和岗位的应承担的预算责任指标。也就是必须把业务和作业与预算指标有效地连接起来，为此，必须要对业务和作业进行再设计以实现与相关预算指标的充分关联。

利益导向的预算管理体系，还要本着干什么就管什么，管什么就决定什么的原则，对企业内部的部门、岗位进行授权，从而实现每一个部门、岗位都有着与其承担的责任指标相适应的权力。不难看出，在利益导向的预算管理体系下，尽管也要下达预算责任指标，但这种预算责任指标的完成是以部门或岗位享有完成预算责任指标的相应权力，分享完成预算责任指标所带来的利益为前提的。正是由于有了这种利益的追求，部门员工完成预算责任指标就不再是一种外在强制，而是一种自我意愿，不再是一种被动执行，而是一种积极主动。

（四）从外部市场化向内部市场模拟转换

按照科斯的产权经济学的原理，企业之所以产生是因为企业能够替代市场从而降低交易成本。企业产生后，企业与外部的经济关系表现为市场等价交换关系，这种关系就是市场关系。而在企业内部是按照科层结构形成的行政关系进行运转，这种行政关系可以减少市场关系中的讨价还价的交易时间和交易费用，同时也带来了企业内部关系的行政化。行政关系与市场关系的最大差别在于前者是按照行政指令的方式实现企业运转，企业的上一层次与下一层次的关系表现为领导与服从、决策与执行的关系。显然，上下级之间的地位是不平等的。不仅如此，同一平行层次的各部门之间的关系也是按照行政方式设定的，每个部门都按照上一层次的指令行事，并且各个部门之间也是按照事先确定的行政程序履行职责。从这一点出发，各个部门之间的关系是一种行政责任关系，这种行政责任关系一方面是由上一层次确定的，从而具有行政性；另一方面每个部门必须严格履行责任，也具有行政性。

市场关系则是按照等价交换的原则实现市场的有效运转，并最终达成市场供求均衡。市场关系的本质就是供求双方都必须从实现自身利益最大化出发，进行公平公正地讨价还价，从而达成供求双方的利益均衡。所以市场关系是以利益均衡为基础形成的，而行政关系则是以权力大小为基础形成的。虽然在企业内部以行政关系替代市场关系实现企业的运转可以降低交易成本，但是既带来了行政运转成本，也带来了企业内部各层次、各部门、各岗位之间的权、责、利关系不能明确界定的问题。进行预算管理，最为重要的目标之一就是要使企业内部的各层次、各部门、各岗位成为一个相对独立的利益主体，即成为预算责任主体。这一主体既承担一定的预算责任，也为了完成预算责任必须享有相应的权力，而预算责任得以完成将分享相应的利益。但是企业内部依靠行政关系运转所带来的结果是很可能破坏各预算责任主体之间的权、责、利关系，从而导致预算管理的目标最终难以达成。

进行预算管理就必须要明确界定各预算责任主体的权、责、利边界，达成这一目标的根本方式就是要在企业内部模拟市场，从而在企业内部实现从完全的行政关系向模拟的市场关系转换。也就是说，进行预算管理的重要前提就是要在企业内部模拟市场，换句话说，只有按照模拟市场的要求进行企业内部运转才能为预算管理提供基础。一旦企业内部模拟市场运转，就要求在企业内部各个层级之间进行讨价还价。也就是说，任何一个层次的预算责任主体的预算责任及其与之相应的权力和利益不是通过上级下达、分配而形成，而是通过讨价还价形成。一旦双方通过讨价还价达成一致，再以行政指令的方式予以下达，从而实现企业内部市场模拟与行政运行的有效结合。同时，企业内部模拟市场运转也要求在同一层次的部门或岗位之间进行讨价还价，每一个上一环节的部门或岗位与下一环节的部门或岗位形成模拟的市场供求关系。一旦讨价还价双方达成一致就必须以行政责任的形式进行确定，这样也形成了企业内部的市场模拟与行政运转的有效结合。总之，企业从外部市场化向内部市场模拟转换就能够实现企业内外市场关系的耦合，这就为预算管理要求清晰界定企业内部各责任主体的权、责、利边界提供了建设的基础。

（五）从集权管理体制向分权管理体制转换

传统的以科层结构为基础形成的企业组织是以行政集权为特征的，下级服从上级、上级监督下级是这种组织运转的基本特征。伴随着企业规模的扩大、经营结构的复杂化、市场环境的多变化，企业不得不开始进行放权，而企业员工素质的提高也为这种放权提供了可能性。所以整体的趋势是以科层结构为基础的企业组织不断地开始扁平化，并将权力下放到最基层。这里的最基层不是指企业组织层次的最基层，而是指直接从事某一特定生产经营活动的当事人。进行预算管理所要求的企业体制不是集权的而是分权的。因为在集权的企业体制下，上一层次向下一层次下达责任目标，下一层次必须完成责任目标。上层对下层享有单一权力，下层对上层享有单一责任，在同一层次上没有责任和权力的对等性。

进行预算管理要求每一个预算责任主体都成为一个相对独立的权、责、利主体。伴随着预算责任的分解落实，与此相应的权力也必须分解落实到各预算责任主体上。如果各预算责任主体得不到相应的权力，就不可能履行相应的责任，预算管理体系就无法有效运转。正由于此，进行预算管理企业必须从集权管理体制向分权管理体制转换。如果企业在形式上采取了预算管理，但是没有真正将相应的权力分解落实到各预算责任主体上，这样的预算管理与企业集权管理体制下的计划管理别无两样。预算管理的前提就是企业必须采取分权管理体制。

在分权管理的体制下，使企业分而不乱，关键就是要实现分权权力的大小与预算责任主体的行权能力相当，也要与预算责任主体所承担的责任相当。两者的关系是预算责任主体具备行权能力就能够很好地用好分权权力。不在于预算责任主体享有多大的权力，而在于预算责任主体在享有权力的同时必须承担相应的责任，实现两者的有机结合。

为了实现整合预算的要求，上述五个方面存在内在的逻辑联系：从传统的公司制企业向现代公司制企业转换要求企业内部每个层次、部门或岗位都必须要成为一个相对独立的利益主体抑或利益单元。只有这样才能较好地防止企业内部群体劳动条件下的偷懒和"搭便车"现象。

一旦企业内部的每个层次、部门或岗位都成为一个相对独立的利益主体抑或利益单元，企业内部的组织、作业和流程的设计就必须从以业务为基础向以价值为基础转变。在市场经济条件下，企业的最终目标是要实现价值最大化，而这一价值最大化目标是通过具体的预算目标所确定，这样就要求企业内部的组织作业和流程设计必须符合预算管理的要求。

当企业内部的组织、作业和流程按照预算的要求再造后，企业内部相对独立的利益主体抑或利益单元（主要包括部门和岗位）就成为一个特定的价值单元（销售中心、成本中心、利润中心、投诉中心）。所有这些价值单元都有自身独立的利益，正是这种利益的追求使得他们发自内心地愿意实现预算责任目标（不是一种责任强制而是一种利益自愿），这样，这些价值单元就从传统的责任导向向利益导向转变。

当每个责任主体作为一个利益单元都有其自身的利益诉求时，就必须明确界定企业内部不同层次之间、同一层次的不同部门或岗位之间的权、责、利边界，只有清晰地界定了这种边界，每个责任主体的独立的利益才能充分地体现。达成清晰界定的目标，关键就是要在企业内部模拟市场，让各预算责任主体之间相互讨价还价，自行界定各自的权、责、利边界。

各预算责任主体模拟市场自行界定各自的权、责、利边界的前提是必须从传统的集权管理体制向分权管理体制转变。每一个预算责任主体只有享有充分的自主权，才可能在模拟的市场中公平公正地与其他责任主体讨价还价。每一个责任主体也只有享有充分的自主权，才可能最终成为一个独立的利益单元。

因此，在预算管理中，必须在上述五个方面按照预算管理的要求进行重新设计。

八、整合预算与预算整合的融合

无论财务预算还是全面预算，之所以能成为企业管理的一种重要的实现形式，主要在于它具有整合的功能。在以分工为基础的企业运行中，分工越细协同的重要性程度越高，为了实现这种协同，预算是一种最为有效的方式。但是，要实现预算的整合作用，必须要将企业的生产经营活动整合到预算的要求上，从而使预算的整合功能能够有效地发挥。

　　整合预算与预算整合两者的关系是：前者是后者的前提，后者是前者的目的。在预算管理的长期实践中，预算整合的作用之所以没有得到全面有效地发挥，就在于没有将企业生产经营活动有效地整合到预算的要求上，使得预算管理不能落脚到生产经营活动上，生产经营活动也不能有效地被预算进行规划、控制和评价。实际上，预算整合离开了整合预算就很难有效地发挥作用，而整合预算不能最终达成预算整合的目的，也就失去了存在的意义。正因为这样，两者必须高度融合，才能相得益彰。整合预算与预算整合的融合主要表现在以下方面：

（一）整合预算与预算的目标整合的相互融合

　　预算作为一种整合的方式，首先表现在将企业内部各部门（岗位）、各环节的行为目标有效地协同到企业的预算总目标上。采取的基本协同方法是将预算总目标分解落实到企业内部的各部门（岗位）、各环节上。要有效地把预算总目标在企业内部进行分解落实，必须要实现两个前提：一是企业内部各部门（岗位）、各环节干什么才分解什么预算责任指标。为此，就必须确定企业内部各部门（岗位）、各环节应该做哪些事，并确定这些事与哪些预算责任指标相联系，从而相应确定分解的预算责任指标；二是企业内部各部门（岗位）、各环节分解的预算责任指标到底多少合适。为此，就必须确定企业内部各部门（岗位）、各环节应该做多少事，并确定这些事应该实现多少预算责任指标，从而相应确定分解的预算责任指标的数量。只有分解落实到企业内部各部门（岗位）、各环节预算责任指标与其所做的事情高度一致，才能确保他们的行为与预算目标的要求相一致。也只有分解落实到企业内部各部门（岗位）、各环节的预算责任指标的数量与他们所做事的能力相一致，预算目标的实现才能有现实的保证。

　　要实现上述要求，就必须对企业内部各部门（岗位）、各环节进行作业成本分析和作业价值分析，寻找作业与预算责任指标中的成本费用指标和收入指标的相关关系，从而确定作为预算责任主体的各部门（岗位）、各环节应该分解哪些预算责任指标；还必须对企业内部各部门（岗位）、各环节的作业进行规范化和标准化，分析确定它们与成本费用指标和收入指标之间的相关关系，从而确定作为预算责任主体的各部门（岗位）、各环节分解的预算责任指标的数量。不难看出，没有作业成本分析和作业的价值分析以及作业的规范化和标准化，预算管理要实现企业内部各部门（岗位）、各环节的行为目标与预算总目标协同一致是十分困难的，而作业成本分析和作业的价值分析以及作业的规范化和标准化不能满足预算的这一要求，其存在的意义就大大降低。

（二）整合预算与预算的资源配置的相互融合

预算作为一种整合的方式，也表现在对企业内部资源的合理配置上。一旦将预算责任指标分解落实到企业内部各部门（岗位）、各环节上，为了确保所分解的预算责任目标的最终实现，就必须要配置相应的资源。

总体上说，配置到企业内部各部门（岗位）、各环节资源主要是人、财、物，要使这些资源配置得合理有效就必须确定各部门（岗位）、各环节所做的事情需要哪些资源以及需要多少资源。如果不能根据所做的事情准确地确定需要哪些资源，要么产生资源种类短缺，要么产生资源种类冗余；如果不能根据所做事情的多少确定所需资源的多少，要么产生资源供给不足，要么产生资源供给过剩。

科学合理地确定企业内部各部门（岗位）、各环节所做的事情需要哪些资源以及需要多少资源，就必须要根据分解落实到它们之上的预算责任指标的性质确定资源配置的种类，根据分解落实的预算责任指标的数量确定资源配置的数量。尽管这里在进行资源配置时，要与预算责任指标相联系，但事实上，由于预算责任指标都是价值指标，而价值指标的高低既受业务的性质及业务量的大小所决定，也受单位业务量的价格变化而影响。在资源配置中，由于价格的变化通常是受市场影响的，它的高低变化一般不会引起资源配置数量的变动，而对资源配置起决定作用的是业务的性质及业务量的大小。也就是说，当企业的生产经营活动的性质被改变时，相应的资源配置用途就必须进行调整；当企业的生产经营活动的业务量发生变动时，资源配置数量也必须相机调整。就资金资源的配置而言，一般的原则就是钱跟着事走，钱的多少跟着事的效率走。所以，在企业内部各部门（岗位）、各环节的资源配置一方面必须要与它们所承担的预算责任指标的性质和数量相联系，另一方面，必须要追溯至形成预算责任指标的业务类型和业务量。如在确定用于销售的招待费用时，销售收入的预算责任指标是分配招待费用的重要依据。但是如果由于销价的变动而带来的销售

收入变动，则一般不会引起招待费用的变化，招待费用的变化更直接地是
与销售量相联系；又如在分配固定资产时，固定资产的多少一般是与生产
量的多少相联系，而与生产的产品的价值不直接相关。

正因为资源配置的用途和数量与预算形成预算责任指标的业务类型和
业务量相联系，要使预算的资源配置作用得以有效发挥，一是必须确定各
部门（岗位）、各环节的作业所形成的业务类型。如采购作业形成了采购
量，储存作业形成了库存量，生产作业形成的生产量，销售作业形成了销
售量，并根据这些业务类型配置相应用途的资源；二是必须确定各部门
（岗位）、各环节的各类业务与所配置资源之间的数量关系。这种数量关系
既可以通过对业务进行规范化和标准化的方式予以确定，也可以通过经验
数据寻找相关规律的方式予以确定。

要实现预算的资源配置作用，必须首先清晰地划定企业内部各部门
（岗位）、各环节的业务性质（业务类型），并确定它们所需要的相应资
源，从而把业务性质（业务类型）有效地整合到预算所配置资源的用途
上；也必须要确定企业内部各部门（岗位）、各环节的各类业务的一定数
量所必须匹配的相应用途的资源的数量。必须注意的是，有的配置资源不
是直接与业务及其业务量相联系，而是直接与预算的价值指标相联系，如
存货所占用资金的配置不仅与存货量有关系，也与存货的采购价格相联
系，这时，就必须要将配置的资金与存货额挂钩，尽管如此，存货的数量
仍然是决定的因素。

不难看出，没有业务性质的区分和业务的规范化和标准化，预算管理
要实现企业内部各部门（岗位）、各环节的资源配置与预算责任指标的协
同一致是十分困难的，而业务性质的区分和业务的规范化和标准化离开了
资源配置的目的，其作用就大打折扣。

（三）整合预算与预算的权、责、利有机结合的相互融合

预算作为一种整合的方式，也表现为以预算责任为基础而分享相应的
利益、拥有相应的权力即权、责、利有机结合上。预算是以利益为导向
的，尽管形式上看预算管理是以下达预算责任指标为基础的，但实质上
说，企业内部各部门（岗位）、各环节之所以愿意接受和完成预算责任指
标是因为会获得相应的利益。并且，为完成预算责任指标也能够拥有相称
的权力，没有相应利益和相称权力的预算既没有内在的动力确保各责任主
体完成预算责任目标，也没有相应的手段使得预算责任主体能够完成预算

责任目标。所以，企业内部各部门（岗位）、各环节必须享有相应的权力才能完成预算责任指标，完成了预算责任指标就必须分享相应的利益，从而构成权、责、利有机结合的体系。以预算责任为基础对企业内部各部门（岗位）、各环节配置相应的权力，这种权力主要表现在对人、财、物的支配上，其实现形式就是在人、财、物的使用类别和数量的决策权和支配权上。

前面已经论及，企业内部各部门（岗位）、各环节的人、财、物的资源配置必须要以业务性质、业务的规范化和标准化为基础，而对人、财、物的控制权力则是在已经将各类资源按照业务性质和业务量分配到各责任主体之后，再进一步确定各责任主体对哪些资源及多大的数量范围拥有决策权和控制权。要确定对哪些资源及其多大的数量范围拥有决策权和控制权显然与业务的性质和业务量有着密切的关系。如企业内部各部门（岗位）、各环节无对外投资权，那么，当它们发生对外投资业务时与此相关的任何资源就都没有决策权和控制权；又如销售部门和销售岗位拥有招待费用的开支权，但由于不同地区、不同行业的销售难度不同，招待费用的提取标准就会不同。并且由于不同企业的销售规模不同，企业内部各责任主体的招待费用的开支权标准必然存在差异。

整合预算就是要区分企业的业务性质、业务规模和业务难度，连接到相应的预算责任指标上，确定各责任主体的相应权力。以预算责任指标的完成程度为基础确定各部门（岗位）、各环节所应分享的利益。利益分配的关键不是收益分配的多少，而是收益分配的均衡性。收益分配的均衡性就是要贯彻多劳者多得，使人人都感觉到劳有所得。但是，实现这一点所面临的根本难题是各部门（岗位）、各环节所完成的预算责任指标存在质的差异，完成预算责任指标的环境条件也不相同，要将不同质的责任指标和完成环境和完成难度不同的同一责任指标转化为同质性和同难度，才能真正找到收益分配的共同标准。

预算管理是以利益为导向的，利益分配的合理性对预算管理的成功会起到决定性的作用。所以，传统预算管理会把预算考核放到极其重要的位置，并通过预算考核实现企业内部各责任主体利益均衡。要使这种利益分配合理均衡，关键是要把所有不同质的预算责任指标和同一预算责任指标完成难度的差别转化为统一衡量标准，这显然属于业务层面的事情。原因很简单，预算责任指标的不同质性以及完成预算责任指标环境的差异性和完成的难度分别是由业务的不同质性、业务环境的差异性和业务的完成难度形成的。所以，要实现统一的衡量标准必须以业务层面的同质化为基础，也就是要以难度系数作为所有不同质、不同环境、不同难度的业务的统一衡量标准。显然，这是对所有业务的差别化的整合，并以此为基础对企业所要分配的全部收益在各部门（岗位）、各环节之间进行分配。

不难看出，如果不能将业务的不同质性、业务环境的差异性和业务的完成难度进行同质化，预算管理要实现企业内部各部门（岗位）、各环节利益分配的均衡性以及与预算责任的协同性是十分困难的。而将业务的不同质性、业务环境的差异性和业务的完成难度进行同质化，离开了预算的收益分配及其与预算责任的协同，其作用就会必然降低。

（四）整合预算与预算的责任主体的相互融合

预算管理的重要机制作用之一就是要使企业内部的各部门（岗位）、各环节成为预算责任主体，使每个责任主体都有自身独立的权力、责任和利益，从而成为一个权、责、利相对完整的主体，使他们感觉到自身利益的独立性和存在性。要使每一个责任主体成为一个相对独立的利益单元，必须使每一个责任主体的业务边界必须被明确地划分。在成为一个相对完整的业务单元的基础上，才能进一步明确每一个责任主体自身的权、责、利边界。

由于企业传统的内部各部门（岗位）、各环节的划分是按照业务的需要进行的，没有体现在预算管理条件下必须明确每一个责任主体自身的权、责、利边界的要求。所以，必须要对传统的组织进行再造，也就是要由过去的基于业务需要而形成的功能性组织向基于预算管理需要的价值性组织过渡。价值性组织也称之为价值性单元，是与业务性单元相对应的。责任主体作为价值性单元，关键就是要明确每一个责任主体的权、责、利边界，划分各自独立的利益。做到这一点的前提是每个责任主体的业务边界必须是明确的。整合预算就是要将传统的功能性组织进行再造，以满足预算管理的价值性组织划定各自独立利益的需要。一旦功能性组织成为一个完整的业务单元，就为作为一个独立利益单元的价值性组织的设置提供了前提。

要使一个价值性组织成为一个独立的利益单元，必须从作业分析着手，如果每一个作业的边界都能够被明确地划定，那么，以作业形成的岗位的业务边界就能被明确地划定；每一个岗位的业务边界能够被明确地划定，那么，以岗位形成的部门和环节的业务边界也能被明确地划定，这就为预算的责任主体的权、责、利边界的划定提供了基础。

由于每一个责任主体都有自身的权、责、利，在预算管理中如何将这些权、责、利合理地分解落实到每一个责任主体就显得十分重要。分解落实每个责任主体的权、责、利的基础就是作业分析，首先是必须将关联的作业组配到某一岗位；其次，根据某一岗位的这些作业分解落实预算责任指标；再次，根据预算责任指标确定应该赋予某一岗位的权力和相应的资源；最后，根据预算责任指标的完成状态确定收益分配的办法，这样就形成了以岗位为基础的预算责任主体。以关联的岗位为基础进一步形成部门或者环节，这样就形成了以部门和环节为基础的预算责任主体。

整合预算要把所有的业务整合到预算责任主体中，企业的所有业务都是以作业为基础形成的。所以要把业务整合到预算责任主体中，就是要把作业整合到预算责任主体中；然后，以作业为基础形成各预算责任主体的预算责任，并以预算责任为基础配置相应的权力，分享相应的利益，预算责任主体就得以形成。

不难看出，没有业务边界的明确划分或者直接说作业的明确界定，预算管理要实现企业内部各部门（岗位）、各环节作为责任主体的权、责、利边界的明确划分就失去了基本的前提。而业务边界的明确划分或者直接说作业的明确界定离开了预算责任主体的确定，特别是责任主体利益边界的明确界定，其作用就微乎其微。

（五）整合预算与预算的责任主体之间利益边界界定的相互融合

预算管理不仅要将预算责任指标分解落实到每个责任主体，而且必须要界定各责任主体之间的利益边界。如果各责任主体之间的利益边界界定不清，就会使得对各责任主体的预算责任指标的完成程度的考核以及收益分享的多少模糊不清，甚至互相推诿，预算的机制作用就会大大削弱。因此，清晰地界定各责任主体的利益边界就成为预算管理发挥作用的重要前提。

在以业务为主体的组织设置中，为了保证生产经营活动的有序进行，形成了供应链流程，它是按照业务的内在关系形成的。供应链流程不仅可以保证生产经营活动的有序进行，而且能够提高生产经营活动的效率。但是，供应链流程满足了业务管理的需要，却没有满足预算管理的需要。

预算管理要求清晰地界定处于供应链流程的各个环节也就是各责任主

体之间的利益边界，要做到这一点就是要在供应链的各个环节形成供求关系也即模拟市场。模拟市场必然要求以需求为起点形成企业内部各环节的流程关系，从而产生了需求链流程。在需求链流程中，每一个下一环节的需求就成了上一环节的供给，从而形成了供求关系。供求双方通过讨价还价形成了内部的各种要素的转移价格、转移质量、转移时间和转移空间等各种条款，这些条款构成了供求双方的内部合约。正是通过供求双方自愿讨价还价的而形成的内部合约，就能清晰地界定各责任主体的利益边界。

不难看出，不根据预算管理的要求进行流程再造，要明确地界定各责任主体之间的利益边界是十分困难的。而进行需求链的流程再造离开了预算责任主体之间的利益界定，其意义就变得不再重要。

（六）整合预算与预算的信息整合的相互融合

进行预算管理不仅要通过业务体系重构以满足预算的要求，而且也必须通过信息体系的再造满足预算的要求。在长期的预算管理实践中发现，由于信息体系不是按照预算管理的要求而形成的，一方面，导致预算指标的确定没有相应的信息支持，另一方面，在预算执行的过程中也没有相应的信息反映预算执行差异存在的原因，导致预算管理难以进行过程控制，而更多地强调事后考核。最好的预算管理应该是过程控制能够自动实现预算目标，这样，预算考核就不再重要。

为了满足预算指标确定和预算的过程控制的需要，必须要对信息体系进行重构。重构的逻辑线索是无论确定预算指标还是进行过程的差异控制都必须要寻找其形成原因，从而形成因果关系链的信息体系。理由很简单，确定预算指标必须要说明其形成基础，也就是预算指标定高定低的原因；控制预算执行差异也必须要分析执行差异的形成原因，并针对不利的原因提出纠偏的对策。事实上，预算的价值指标都是结果指标，而这些结果都有其形成的业务原因，所以，两者之间构成因果关系。重构信息体系就是要将过去只是以会计报表为主体而构成的结果信息体系，转化为以会计报表为结果拓展至最终业务原因的因果关系的报告体系。这样，使得业务信息和价值信息整合成一个完整的信息体系。

不难看出，没有按照因果关系链重构信息体系，预算管理要实现预算指标确定的可靠性和进行预算的过程控制是十分困难的。而以因果关系形成的信息体系只有在预算管理中才能更好地显示其作用。

总之，整合预算与预算整合是相辅相成的关系，整合预算是实现预算整合的前提，而预算整合则是整合预算的目的。

九、一个补充：预算松弛的成因、影响及其规避

在预算管理中，长期存在的一个根本问题就是预算松弛。问题在于预算松弛是不是预算管理中一个无法规避的客观存在。

预算松弛是指在完成某项预算任务时，有意低估收入或产能、高估成本或资源的行为（Dunk & Nouri，1998）。对于该定义可以从以下几点来理解：一是在预算制定阶段，委托人与代理人（或上级与下级）一起制定预算时，代理人（或下级）出于一些原因提出低于其自身所能完成任务的预算目标。如在销售业务中，销售人员真实的销售水平为 100 个产品，但在制定预算时，往往最终确定的预计销售数量小于 100 个，这属于有意低估收入或产能的预算松弛；二是在预算制定阶段，委托人与代理人（或上级与下级）一起制定预算时，代理人（或下级）出于一些原因提出需要更多资源（人力资源、费用、时间等）才能完成既定的预算目标，这属于高估成本或资源的预算松弛。综上所述，预算松弛行为就是预算管理中的逆向选择，发生在预算编制过程中，但也影响到预算的执行，其具体含义是指下级极力将预算确定在比实际可以达到的较低水平上，使得下级的潜力不能充分发挥，以至于无法为企业创造最大化的价值。企业在追求价值最大化的过程中，不可避免地会遇到预算松弛问题，解决预算松弛之前，需要知道产生预算松弛的原因。

（一）预算松弛的成因

笔者将以企业预算为主，从委托人与代理人（或上级与下级）之间的关系层面（代理理论）、外部环境层面（权变理论）、企业层面（股权结构、企业规模、组织战略）、预算管理机制层面（预算参与、预算强调、预算目标清晰度）分析预算松弛的一般原因，并通过一般原因推导出企业预算管理中预算松弛产生的终极原因。

1. 委托人与代理人（或上级与下级）之间的关系层面。
（1）信息不对称。

从委托人与代理人（或上级与下级）之间的关系层面来分析预算松弛是基于代理理论来进行的，代理理论认为由于委托人与代理人（或上级与下级）之间的信息不对称，在预算编制和预算执行过程中，代理人（或下

级）就会利用信息不对称实现自身利益最大化，因此，在从委托人与代理人（或上级与下级）之间的关系层面来分析预算松弛的成因的起点是信息不对称。信息不对称是指交易中的各人拥有的信息不同。在社会政治、经济等活动中，一些成员拥有其他成员无法拥有的信息，由此造成信息的不对称。在市场经济活动中，各类人员对有关信息的了解是有差异的；掌握信息比较充分的人员，往往处于比较有利的地位，而信息贫乏的人员，则处于比较不利的地位。信息不对称可能导致逆向选择和道德风险，就预算管理而言，委托人（或上级）由于精力有限或者专业技能的限制拥有比代理人（或下级）较少的编制预算的基础信息，甚至不拥有，因而代理人（或下级）就可以利用信息不对称达到预算松弛的目的，并从中实现自身利益最大化。

（2）棘轮效应。

在代理关系中，委托人试图根据代理人过去的业绩建立业绩评价标准，而代理人越努力，好的业绩出现的可能性越大，"标准"也就越高，当代理人预测到他的努力将提高"标准"时，他努力的积极性就会下降。这种业绩评价标准随代理人业绩上升而上升的趋向被称为"棘轮效应"（单新涛，蒋宏桥，曾令会，2011）。在预算编制和执行过程中，委托人与代理人（或上级与下级）之间存在类似棘轮效应的相互博弈过程，代理人（或下级）完成上年预算目标后得到相应报酬，而委托人（或上级）会对代理人（或下级）产生更大的期望，预算目标将会越来越高，当代理人（或下级）担心因不能完成越来越高的预算目标而会损失自身利益时，就会尽量"避免"完成委托人（或上级）的预算目标，从而产生了预算松弛。

2. 外部环境层面。

从外部环境层面来分析预算松弛是基于权变理论来进行的，权变理论认为，在管理实践中，企业没有固定不变的管理模式，管理者没有一成不变管理风格，管理者需根据所处环境的发展变化而随时变化。一个企业要在随时变化的环境中生存，就必须要处理好可能面临的各种风险，所以，规避不确定性风险是企业的一项重要任务。而在预算管理中，预算是通过对过去数据和信息的整合来对未来进行预测，是根据企业过去经营期的表现和对未来风险和收益的估计而做出的一个主观上的把握，预算能够在一定程度上帮助企业规避不确定性风险，那么，预算是如何做到规避不确定风险呢？可以从三个方面进行解释：一是企业已建立起一套完整的预算管理机制，能够充分反映未来不确定风险，帮助企业规避未来不确定性风险；二是企业已建立起一套适应不确定性的预算编制框架，帮助企业适应未来不确定性风险；三是企业通过被动地调整预算目标，使企业能够抵抗未来不确定性风险的冲击。可以看出，前两种解释是企业已经建立起防范风险的机制，企业通过自身的预算管理机制能够预测或者适应未来不确定的环境，而且是一种主动的调整，然而在实际编制过程中风险衡量的准确性会随着经营业务的多样化、复杂化以及估计过程中的形式的变化而降低甚至无法预测，所以，在预算管理实践中，真正能建立起这种预算管理机制和预算编制框架的企业比较少，大多数企业还是通过被动的调整预算目标，即低估收入或产能、高估成本或资源，导致预算松弛的发生。

在外部环境不确定的条件下，建立适当的预算松弛对组织的稳定发展是有益的，例如，信托公司可以通过控制信托合同的签订数量来调节利润，使得公司在经济形势不稳定的时期能够获得稳定的收益，为公司可持续发展创造条件。因此，预算松弛对企业来说特别是金融行业的企业，是一种对未来不确定风险的分散，然而就预算松弛的度，即松弛量是大多数企业难以确定的，如果松弛量过大，预算松弛将会起到负面作用。

3. 企业层面。

笔者将从我国企业的股权结构、企业规模、组织结构、组织战略来分析预算松弛产生的原因。

（1）股权结构。

国有企业比非国有企业更容易产生预算松弛或者预算松弛的程度更大；股权过度集中的企业更容易产生预算松弛或者预算松弛的程度更大。张红军（2000）关于股权结构的定义是比较具有代表性的，即股权结构有两层含义：股权构成（国家股东、法人股东和社会公众股东的持股比例）与股权集中度（前五大股东持股比例）。雒敏（2010）通过实证检验得出国有企业相对非国有企业有较多的预算松弛现象，原因在于国有股在企业中的比例越大，流通股比重就越小，公司的内部人控制就越强，基于代理理论，由于国有股东的所有者在企业的经营管理中天然地处于信息的劣势，很难以较低的成本观察到国有企业的实际经营情况，所以国有股东对上市公司的预算管理并不有效，相应产生了预算松弛或者预算松弛程度变大。同时，于团叶，陈鲁（2013）通过对家族企业的家族特征研究提出观点之一：家族企业与非家族企业相比，前者的预算松弛程度比后者的预算松弛程度要小。原因在于家族企业的核心是家族利益，无论是企业的所有者还是企业的经营者，他们的目标都趋于一致，所以不存在或者很少存在像非家族企业的所有权和经营权分离，导致所有者和经营者所追求的目标不同，以及管理者追求自身利益的最大化等现象，因而预算松弛程度要小很多。这也从侧面印证了国有企业比非国有企业更容易产生预算松弛或者预算松弛的程度更大的结论。

（2）企业规模。

一个公司规模越大，内部管理的层级结构越多，信息不对称程度越严重，即越易产生预算松弛（雒敏，2010）。企业组织中存在权力结构、信息结构和利益结构的不一致性，在完全信息的情况下，目标不一致问题可以得到及时显示并进而得到调整，但在不确定性和信息不对称的情况下，组织内部的目标不一致性是非常普遍的，目标不一致性经常导致组织内部的冲突，在预算管理中表现为预算松弛，并且，随着公司规模的不断增大，内部管理的层级结构越多，公司组织结构趋向于锥形结构，信息传递比较慢、失真多，增加了管理成本和管理难度，这进一步加剧了预算松弛的产生。而规模较小、处于成长期、组织层级数越少的公司目标明确，信息不对称程度较小，因而产生预算松弛的程度要小于大规模的公司，这也可以作为上一点国有企业比非国有企业更容易产生预算松弛或者预算松弛的程度更大的一个支持。

（3）组织战略。

多元化战略与业务单元预算松弛正相关；国际化战略程度越高，预算松弛程度越严重；差异化战略和进攻性战略比成本领先战略和防御战略有更多的预算松弛。根据战略预算管理理论，战略决定着预算管理，而预算管理作为一项战略性资源配置手段，它对战略目标的实现起着保障与支撑作用。不同的战略选择直接决定了企业的发展重点和方向，这要求企业采取相应的有效管理策略和配套的管理机制。同时，不同的战略选择意味着企业将会面临不同的市场环境，通常，竞争性战略、多元化战略、差异化战略比防御型战略、专业化战略和成本领先战略面临更加复杂的不确定性，对采用竞争性战略、多元化战略、差异化战略的企业来说，预算管理的难度较大，这往往需要他们实施较为宽松的预算管理控制，进而出现预算松弛的可能性比较大。此外，战略执行到一定的阶段或程度时，企业也会面临不同的市场环境。因此，为应对不确定性的环境和有效开展预算管理，企业需要制定具有一定弹性的预算管理机制。以上说明预算松弛是企业战略导向的结果，不同的战略类型面临不同的环境因素，这需要企业采取更具灵活性的措施来应对环境的变化，而实施松弛的资源分配机制是规避不确定性环境的一种有效方式。

实行多元化战略的公司会涉足多个相关或不相关的行业，这不仅会使该公司在多个行业领域里面面临更多的竞争对手和更激烈的市场环境，还会导致公司资源配置的分散，市场调度与应对不确定环境能力的降低以及公司管理的难度增大。因此，公司多元化战略程度越高，预算松弛程度越严重。

国际化战略虽然可以给企业带来高收益，但企业也将面临更多的不确定性因素，各国不同的政治、经济、人文环境、法律等因素增加了企业管理的复杂性，加大了公司经营的难度和风险，这往往会对短期业绩造成较大的冲击，在预算管理中，预算松弛就越容易发生。因此，公司国际化战略程度越高，预算松弛程度越严重。

差异化战略或进攻型战略比成本领先型战略或防御型战略的企业更需要积极开发产品和市场。波特和斯蒂德（Porter and Stede）认为实行差异化战略的企业致力于追求更优的产品特征、产品创新、顾客服务和品牌形象等方面，以获取顾客的青睐。显然，该战略类型的企业比低成本战略类型的企业面临更加不确定性的环境，风险比较大。在预算管理中，预算松弛就越容易发生。因此，差异化战略或进攻性战略程度越高的企业更有可能存在预算松弛现象。

4. 预算管理机制层面。

（1）预算参与。

预算参与给预算松弛提供了潜在的可能。阿吉里斯（Argyris，1952）最早提出了参与式预算理念，他在调查中发现，企业的高预算任务使下级员工难以完成，从而使员工形成了压力，也造成了下级员工的行为扭曲，即出现了预算松弛行为。为了防止员工行为扭曲，避免预算松弛的发生，他提出了参与式预算（毛洪涛，2009）。所谓参与式预算是相对于此前的强制性预算提出的，是指企业的最高管理部门同预算管理委员会提出经营目标的总体内容和具体要求，然后由下级部门的初步预算，经上级汇总调整后，最后经批准的结果作为正是预算下发给有关部门执行，该预算制定过程实际上是一个上级与下级博弈的过程，最后形成的预算结果是双方讨价还价的结果。由此可以看出，预算参与实际上是因预算松弛应运而生的，参与式预算的出现在一定程度上对预算松弛起到了控制作用，但是参与式预算并不能完全对预算松弛进行控制，如果对参与度控制不好，它可能会更进一步加剧预算松弛的发生。安特尔和埃彭（Antle and Eppen，1985）指出，在预算编制过程中，下属的预算参与会增加预算松弛出现的可能性。卢卡（Lukka，1988）也指出，预算参与给下属提供了一个产生预算松弛行为的机会，对企业业绩会产生消极的影响。希夫和卢因（Schiff and Lewin，1968）认为企业经理人采用参与式预算建立预算松弛，进而降低了企业生产效率。我国学者刘运国和蓝西华（2013）指出低程度的预算参与会减少预算松弛行为的发生，高程度的预算参与会加剧预算松弛行为的发生。综上所述，预算参与的初衷是为了解决预算松弛的问题，但参与式预算又为预算松弛提供了一个制度基础，笔者认为，预算参与对预算松弛的控制作用取决于预算的参与程度。

（2）预算强调。

预算强调与预算松弛有正相关关系。预算强调是指以预算指标的完成情况为依据，来考核经营或管理业绩，并以考核结果作为制定薪酬或奖惩方案的基础。大量的研究文献都得出在预算参与中采用预算强调的业绩评价方式，可能会产生预算松弛现象。希夫和卢因（1970）认为预算是一种典型的业绩考评方式，下级会意识到他们的薪酬和奖惩将和他们的预算完成度挂钩，基于对自身利益的保护，预算参与者（下级）就会争取制定自己容易达到的预算目标，从而产生了预算松弛。同时，低程度的预算强调较难产生预算松弛或导致低程度的预算松弛；高程度的预算强调较易产生预算松弛。

（3）目标的清晰度。

目标越清晰，预算松弛的程度越低。这里的目标有两层含义：一是组织内部的目标，即上下级、部门与部门之间的目标；二是整个企业的目标，即组织战略目标，由于组织战略目标已在前文论述，在此只针对组织内部目标进行探讨。研究表明，目标设定的越明确，对个体的动机具有越积极的影响。在预算管理中，一个明确的且能完整分割，不存在交互部分的预算目标能够使执行者很清楚地知道自己的任务，执行者能够量力而行，上级也能够根据实际情况和下级制定预算目标，反之，执行者就算有足够的能力，但是对他将要完成的工作不完全清楚或者责任界定与其他人有重合，执行者就会低估自己的能力，尽量争取较低的预算指标，从而产生预算松弛。需要说明的是，这是基于信息对称的情况下的解释，上级和下级不存在逆向选择，下级不存在道德风险。基于信息不对称的情况，前面已论述。

5. 终极原因。

通过从委托人与代理人（或上级与下级）之间的关系层面、外部环境层面、企业层面、预算管理机制层面的分析，大致了解预算松弛产生的一般原因，根据上述这些原因继续追溯预算松弛的终极原因。

（1）终极原因之一——人的因素。

①个人利益。

在委托人与代理人（或上级与下级）之间的关系层面的分析中，从信息不对称和棘轮效应说明了产生预算松弛的机理，而信息不对称和棘轮效应都是基于个人利益的讨论。对于代理人（或下级）利用信息不对称来制造预算松弛的情况可做如下分析：代理人（或下级）会利用信息不对称实现自身利益最大化，具体地说，在预算目标制定过程中，由于代理人（或下级）拥有比委托人（或上级）更多的信息、技术和精力，代理人（或下级）在面对委托人（或上级）提出的预算要求时，出于对个人利益的保护，他们会利用这些优势尽量压低预算目标，如利用委托人（或上级）对具体情况的不了解指出完成预算存在很大困难，希望委托人（或上级）能降低预算标准，直至预算目标达到自身能够确保完成的一个低水平状态，通过制造预算松弛来保证个人利益不会受到影响，这就可以说明利用信息不对称制造预算松弛是对个人利益保护的考虑。在预算目标已经确定的情况下，代理人（或下级）仍然有信息、技术和精力上的优势，也就是信息不对称仍然存在，代理人（或下级）会利用这些优势对委托人（或上级）提出更多要求，如对完成预算目标所需资源的超额、过度索求，通过占用更多的资源创造更多的价值，或者直接占有，从而来实现更多的个人利益。可见，代理人（或下级）利用信息不对称来制造预算松弛的终极原因之一是个人利益。对于棘轮效应产生预算松弛的情况可做如下分析：代理人（或下级）完成上年预算目标后会得到相应的报酬，而委托人（或上级）会对代理人（或下级）产生更高的期望，因此，在制定新的预算目标时就会对代理人（或下级）提出更高的预算目标，当委托人（或上级）将预算目标制定到代理人（或下级）无法确保完成的一个高水平状态时，出于对个人利益的保护，代理人（或下级）会通过制造预算松弛来避免因不能确保完成预算目标而导致个人利益的损失。可见，对于棘轮效应产生预算松弛的情况也可以归结为个人利益。

在预算管理机制层面的分析中，预算参与、预算强调、目标清晰度的背后也是基于个人利益的讨论。预算参与的初衷是为了解决预算松弛的问题，但参与式预算又为预算松弛提供了一个制度基础，为下级创造了一个维护个人利益的平台，如果预算参与度没有得到有效控制，参与式预算可能会导致因个人利益而引发预算松弛，并再次出于个人利益保护，加重预算松弛严重程度，类似滚雪球的情况；预算强调则更加明显，委托人（或上级）会根据预算指标的完成情况，来考核代理人（或下级）的管理业绩和经营状况，并以考核结果作为制定薪酬或奖惩方案的基础，不仅如此，诸如个人业绩、个人能力、薪酬、晋升等诸多与个人利益相关的因素将直接与预算指标完成度挂钩，如果不能完成预算目标，这些个人利益将无法实现，因此，代理人（或下级）通过制造预算松弛来确保管理业绩的完成和经营状况的稳定，从而实现更多个人利益；目标清晰度不高，代理人（或下级）无法将自己的实力与预算目标进行清晰地匹配，既使自己有足够的实力完成委托人（或上级）的任务，但由于预算目标不清晰或者预算责任划分不明确，代理人（或下级）会低估自己的实力担心预算目标无法实现或者认为某项预算责任不属于自己，于是，代理人（或下级）就会与委托人（或上级）协商一个较低的预算目标来实现对自身个人利益的保护。可见，对于预算参与、预算强调、目标清晰度产生预算松弛的情况也可以归结为个人利益。

②个人风险偏好。

在外部环境层面以及企业层面的组织战略的分析中，权变理论提出管理者要根据外部环境的变化改变管理方式，体现权变理论思想的主要方面就是企业发展战略的选择，管理层选择何种发展战略将直接影响企业在未来遇到不确定风险的大小，而具体到预算编制过程中，就会出现不同程度的预算松弛来分散风险，具体地说，一位风险偏好型管理者具有很高的风险承受能力，在选择企业发展战略时，他更倾向于选择了多元化、国际化、差异化、进攻性等风险性较大的发展战略，企业在未来的发展中就会面临更加复杂的不确定性，预算管理的难度较大，这往往需要他们实施较为宽松的预算管理控制，进而出现预算松弛的可能性比较大，反之，一位风险厌恶型管理者的风险承受能力较低，在选择企业发展战略时，他更倾向于选择对企业发展风险较小，更加稳妥的发展战略，相应地，预算管理的难度没有那么巨大，进而出现预算松弛的可能性比较小。因此，可以得出结论，风险偏好型管理者更容易制造预算松弛。这是对管理者的分析，而在对下级个人风险偏好对预算松弛的研究中得到的却是相反的结果，杨（Young，1985）从风险偏好角度发现风险厌恶型的代理人（或下级）更容易造成预算松弛，因为，对于委托人（或上级）提高预算目标的行为，风险厌恶型的代理人（或下级）更容易产生抵触情绪，他们希望维持原状，不希望发生任何较大的改变，因此，风险厌恶型的代理人（或下级）更容易造成预算松弛。由此可见，对于外部环境、企业层面的组织战略产生预算松弛的情况可以归结为个人特性，即个人风险偏好上。

（2）终极原因之二——集权与分权。

在企业层面的分析中，通过国有企业与非国有企业对预算松弛的影响和企业规模大小对预算松弛的影响的分析，可以得出两个结论：一是企业的股权构成越单一、股权过度集中的企业更容易产生预算松弛或者预算松弛的程度更大，原因在于股权构成越单一、股权过度集中的企业中，国有股比例大，流通股比重小，企业的内部人的控制范围就越大，由于国有股东的所有者在企业的经营管理中天然地处于信息的劣势，很难以较低的成本观察到国有企业的实际经营情况，所以国有股东对上市公司的预算管理并不有效，相应产生了预算松弛或者预算松弛程度变大，由此可以看出，企业内部人控制范围的大小也是导致预算松弛产生的因素之一。二是企业规模越大，越易产生预算松弛，原因在于企业规模越大，内部管理的层级结构越多，信息不对称程度越严重，在不确定性和信息不对称的情况下，组织内部的目标不一致性是非常普遍的，目标不一致性经常导致组织内部的冲突，在预算管理中表现为预算松弛，此外，随着公司规模的不断增大，内部管理的层级结构越多，企业组织结构趋向于锥形结构，信息传递比较慢、失真多，增加了管理成本和管理难度，这进一步加剧了预算松弛的产生。逆推预算松弛的原因就是信息不对称导致的目标不一致和信息传递慢和失真，造成信息的不对称、传递慢和失真又是因为企业规模过于庞大，需要通过集权来对企业进行有效的控制，进而导致企业内部管理层级的结构过多，组织结构趋向于锥形结构，什么样的组织形式会使组织结构趋向于锥形结构呢？——集权式的组织结构。综上所述，权力的过度集中，是导致企业在预算管理中产生预算松弛的又一终极原因（见图6-2）。

（二）预算松弛的影响及其规避

对于预算松弛的影响，众多学者讨论的结果不一：一是适度的预算松弛能够稳定企业业绩，特别是在经济形势不稳定的时期能够获得稳定的收益；二是预算松弛能够增加企业的代理成本，会对企业的业绩产生消极影响，潘飞，程明（2007）通过实证检验得出在其他条件相同的情况下，企

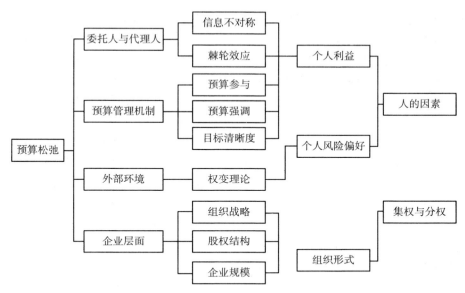

图6-2　预算松弛的影响分析

业的业绩水平与预算松弛程度负相关的结论，雒敏（2010）指出企业预算松弛的存在，会在一定程度上降低企业盈余管理水平。综上所述，预算松弛在一个限度内能够对企业产生一些积极影响，一旦超过这个限度，将对企业产生消极影响，这个限度不是统一标准，因为每个企业面临的情况不同；这个限度也不是一成不变，因为外界环境处于随时变化中。如何规避预算松弛引起的消极影响是接下来要探讨的问题。通过对预算松弛成因的分析，我们可以找出了预算松弛产生的终极原因：人的因素、集权与分权，并提出相应对策。

从前文的分析可以看出，个人利益是导致预算松弛的最重要也是最根本的原因，如何实现个人利益将成为解决预算松弛的突破口。任何革新都需要进行思想上的转变和统一，体制上的支持和制度的合理制定，笔者认为，可以通过"三次转变"和"一个制度"来实现对预算松弛的规避。

1. 从责任导向向利益导向转变。

在预算管理中，传统企业对于企业内部的部门、岗位下达预算目标，是以任务的形式落实到部门和岗位，部门和岗位必须要完成这些责任指标。企业之所以采取这种将预算目标下达并细分给各个部门和岗位，是基于传统企业的一种科层式管理的结构，科层式管理结构的特点是下级服从上级，上级下达指标，下级必须完成，完不成指标则会受到处罚。可见，这种管理具有责任导向的特征。在责任导向的管理模式下，企业内部的部门和岗位是预算目标的被动执行者，完成预算目标是一种外在强制，上级为了确保下级完成预算目标会通过监督的方式驱使下级按照规定指标完成任务，上级对下级之间会形成一种逼迫关系，完成预算目标就成为一种对预算责任主体的外在强制，而不是一种内在需要。

预算管理本质上是一种利益导向，这种利益导向意味着企业内部的部门和岗位之所以愿意承担所下达的预算目标，是因为预算目标的完成直接与自身所获得的利益挂钩，完成的预算目标越好所获得的利益就越高。获得利益成为企业内部部门和岗位乃至每个员工完成预算目标的出发点和归宿点，只有完成预算责任指标才能取得相应的利益，只有完成更多的预算责任指标，才能取得更高的利益。但在基于责任导向的预算管理，由于无法激发员工为自己而干的活力，预算松弛也就不可避免。基于利益导向的预算管理实现个人利益与预算目标的挂钩，部门员工有了对利益的追求，完成预算责任指标就不再是一种外在强制，而是一种自我意愿，不再是一种被动执行，而是一种积极主动，每个员工都只想多干、干好，这样才能多得。所以规避预算松弛不利影响的根本是实现预算管理思想从责任导向向利益导向转变。

2. 从集权管理体制向分权管理体制转变。

集权管理体制的公司制企业主要强调科层式管理，集权程度越高，层级数越多，上级拥有的决策权力就越大。在预算管理中，上级通过下达预算目标，要求下级履行责任目标，下级处于被动的执行状态，其主观能动性不能得到发挥，更严重的情况是，由于权、责、利没有对等，导致预算目标完成情况无法考核，利益分配无法公平公正地进行，从而产生预算松弛的现象。主要表现在以下两个方面：一是在制定预算目标时，权力与责任的不对等产生的预算松弛。权力与责任不对等存在有权无责、有责无权两种状态，但在强调科层结构的集权管理体制企业中，更易出现有责无权的情况。在强调科层结构的集权管理体制企业中，权力更多地集中于较高层次的上级，较低层次的下级拥有的权力则很少甚至没有权力。而掌握的信息含量则是较低层次和基层掌握较多，在权责不对等时，较低层次和基层就会利用信息优势，实现对己有利，从而产生预算松弛。二是在执行预算目标时，权力与责任的不对等产生的预算松弛。由于有责无权使得责任无法有效地履行，当完不成责任的情况出现时将导致推诿现象，而在进行预算编制时，也必然做低指标，以防无法行权时，导致责任指标不能完成的可能。

预算管理从集权管理体制向分权管理体制转变能够使每一个预算责任主体（部门、岗位）都成为一个相对独立的权、责、利主体，伴随着预算责任的分解落实，与此相应的权力也能够分解落实到各预算责任主体上，真正实现每个部门、岗位之间的权、责、利关系清晰地界定和对等，这将使得下级能够机动灵活有效地根据自身所履行责任及其环境的需要做出决策，一改消极被动等待的情况，大大激发下级的积极性。此外，每一个预算责任主体在成为一个相对独立的权、责、利主体后，互相推诿责任的情况就会有较大程度的减少，收益分配将是公平公正的，预算责任主体就会有为自己而干，多干多得的意愿，从而为预算松弛的发生提供了前提。

3. 从最高预算标准向最低预算标准转变。

预算管理从集权管理体制向分权管理体制转变后，部门和岗位乃至员工实现了权、责、利对等，这就意味着，预算责任主体在被赋予相应权力完成预算目标时，必须承担对等的责任，如果不能完成预算目标，则应承担相应的损失，即个人利益无法实现。在传统的预算管理中，预算目标的设定是按最高预算标准下达到预算责任主体的，当预算责任主体完成预算目标，达到最高预算标准时，个人利益就能得到保障，一旦无法完成，则无法保障，由于最高预算标准对预算责任主体并不是十分容易达到的，预算责任主体的个人利益也无法得到保障。正是基于自身利益无法得到保障的原因，预算责任主体在与上级指定预算目标时会尽量压低最高预算标准，通过压低预算目标来谋求个人利益的实现，从而产生预算松弛。在分权式预算管理体制下，权责对等的情况下，要避免预算松弛的发生，需要实现从最高预算标准向最低预算标准转变。最低标准是市场的平均标准，达不到就会被市场淘汰，所谓最低标准，就是预算责任主体必须完成的标准，否则必被淘汰。通过制定一个最低预算标准，既使得预算责任主体能够完成预算目标，个人的利益得以保证，又使得预算松弛能够得到一定的控制。

4. 实行累进分配制。

在利益导向的预算思想和分权式预算管理体制下，权、责、利能够被清晰地界定，这为预算责任主体超越无限创造了条件。实现从最高预算标准向最低预算标准转变只是完成甚至超额完成预算目标的一个基础，要真正实现预算责任主体自发努力超额完成预算目标，还需要制定一种制度激发员工为自己而干的动力，也就是员工希望做得更多、做得更好，以致超越无限。实现这一愿望所要构建激励机制就是累进分配制，简而言之，累进分配制就是工资的增长必须超过效益的增长。历史地看，我们一直强调工资的增长不得超过效益的增长，也就是当效益增长百分之一时，工资的增长不得超过百分之一，效益增长得越快工资增长得越慢，这称之为"鞭打快牛"现象。在这种分配机制下，它不仅不能带来激励效应，相反，所带来的是当效益增长到一定水平时，人们就不再持续提高效益水平。在预算管理的条件下，每一个责任主体完成的预算责任指标越多，得到的工资就越高。只有工资的增长超过效益的增长，每个责任主体才会自愿地去追求更高、追求更好，以致无限。不难看出，采取工资的增长必须超过效益增长的激励机制，每个责任主体追求更高、追求更好是不受到任何限制的，恰恰相反，它具有无限的可超越性，这才是激励机制的本质。将这一激励机制与每个责任主体的预算责任指标相结合，就会得到这样的机制效果：一方面，每个责任主体所承担的预算责任指标是最低标准，必须予以完成，只有每个责任主体都完成了这一最低标准的最低责任指标，才会享有最基本的个人利益；另一方面，由于累进分配机制的激励效应，又使得每一个责任主体都有着内在的超越预算责任指标的冲动，通过不断地追求卓越，即使得责任主体分享的收入不断增加，个人利益得到实现，这就很好地规避了预算松弛的发生。所以，规避预算松弛不利影响的方法是实现预算管理从最高预算标准向最低预算标准转变以及实行累进分配制，这称之为预算管理机制上的转变。

上述四点的内在逻辑是：首先，需要从预算管理思想上进行转变，从责任导向向利益导向转变是规避预算松弛不利影响的观念前提，管理者需要意识到预算不是一种责任控制的管理手段，而是一种可以实现更多个人利益的激励机制；其次，在转变思想的基础上，需要对预算管理体制进行转变，从集权管理体制向分权管理体制转变是规避预算松弛不利影响的体制条件，在分权管理体制下，员工的积极性才会被激发，才会有为自己而干的意愿；最后，有了管理体制的支持，需要对机制进行创新，从最高预算标准向最低预算标准转变将使得个人的最基本利益能够得到保障，同时，也会使实现企业最基本的预算目标，而累进分配制则是激励的引擎，它使得每一个责任主体都有着内在的超越预算责任指标的冲动，并不断地追求卓越。综上所述，规避预算松弛的不利影响需要从上述四个方面进行改进。

　　总之，产生预算松弛的原因众多，几乎都可以归结为人的因素和制度的因素，如何解决个人利益问题以及采取何种制度来激励和约束人的行为将是解决预算松弛乃至预算管理中各种问题的不二法门。

参 考 文 献

［1］Frdeerick C. Mosher，Program Budgeting：Theory and Practice ［M］. New York：Stratford Press，1954，p48.

［2］财政部. 强化全面预算管理，促进实现发展战略 ［R］. 2013 （08）.

［3］曹林凤，祁勇，张朝宓. 预算管理中的冲突和解决——基于 F 公司案例的探索和思考 ［A］. 管理会计与改革开放 30 年研讨会暨余绪缨教授诞辰 86 周年纪念会论文集 ［C］. 2008.

［4］陈晓芳，方蕾. 基于战略导向的全面预算管理框架探讨 ［J］. 财会通讯（学术版），2006 （06）.

［5］陈兴述. 论财务战略的本质和范畴 ［J］. 中国内部审计，2005 （04）.

［6］冯巧根. 超越预算的实务发展动向与评价 ［J］ 会计研究，2005 （12）.

［7］贡华章，于增彪，刘强，衣应俭，张双才. 我国企业预算管理的引进与发展——纪念我国改革开放 30 周年 ［J］. 会计研究，2008 （09）.

［8］H. 约翰逊、罗伯特·S·卡普兰著，侯本领、刘兴云译. 管理会计的兴衰 ［M］. 中国财政经济出版社，1992 年 5 月第 1 版：174，177。

［9］蒋东生. 集团公司预算管理制度设计 ［J］. 管理世界，2006 （08）.

［10］蒋岗. 关于制定我国预算会计准则的探讨 ［J］. 会计研究，1994 （06）.

［11］李国忠. 企业集团预算控制模式及其选择 ［J］. 会计研究，2005 （04）.

［12］李建发. 从中美政府会计的差异看我国预算会计改革 ［J］. 会计研究，1997 （02）.

[13] 刘玉廷. 全面提升企业经营管理水平的重要举措——"企业内部控制配套指引"解读 [J]. 会计研究, 2010 (05).

[14] 楼继伟主编. 新中国50年财政统计 [M]. 经济科学出版社, 2000.

[15] 迈克尔. 查特菲尔德著, 文硕、董晓柏译. 会计思想史 [M]. 中国商业出版社, 1989年10月第1版, 286.

[16] 潘秀丽. 论预算管理体系的改进 [J]. 中央财经大学学报, 2005 (01).

[17] 平新乔. "预算软约束"的新理论及其计量验证 [J]. 经济研究, 1998 (10).

[18] 汪家常, 韩伟伟. 战略预算管理问题研究 [J]. 管理世界, 2002 (05).

[19] 王峰娟, 陈利花. 整合预算:企业预算的新模式 [J]. 财务与会计, 2007 (07).

[20] 王化成, 刘俊勇. 企业业绩评价模式研究——兼论中国企业业绩评价模式选择 [J]. 管理世界, 2004 (04): 82 - 91, 116.

[21] 阎达五, 陆正飞. 论财务战略的相对独立性——兼论财务战略及财务战略管理的基本特征 [J]. 会计研究, 2000 (09).

[22] 阎达五, 杨有红. 内部控制框架的构建 [J]. 会计研究, 2001 (02): 9 - 14, 65.

[23] 杨有红. 整合预算与内控 改进企业预算管理系统 [J]. 财务与会计 (理财版), 2010 (09): 11 - 13.

[24] 余绪缨. 管理特性的转变历程与知识经济条件下管理会计的人文化趋向 [J]. 财会通讯, 2001 (10).

[25] 余绪缨. 论体验经济与管理及管理会计创新 [J]. 厦门大学学报 (哲学社会科学版), 2005 (04).

[26] 余绪缨. 柔性管理的发展及其思想文化渊源 [J]. 经济学家, 1998 (01).

[27] 余绪缨. 试论现代管理会计中行为科学的引进与应用问题 [J]. 厦门大学学报 (哲学社会科学版), 1990 (04).

[28] 余绪缨. 智力资产与智力资本会计的几个理论问题 [J]. 经济学家, 2004 (04).

[29] 于增彪. 预算——有用而又令人头痛的现代企业管理方法 [J].

新理财，2003（03）.

　　［30］于增彪，袁光华，刘桂英，邢如其. 关于集团公司预算管理系统的框架研究［J］. 会计研究，2004（08）：22－29.

　　［31］张纯. 现代企业财务战略下的预测机制研究——战略、预测、绩效的互动［J］. 会计研究，2005（08）.

后　记

我始终坚信实践之花必将结出理论之果。

本书的付梓是我自身长期探索预算管理实践的结晶，自20世纪90年代开始就一直致力于预算管理的实践。我还清楚地记得90年代初在作为上市公司的新兴铸管所进行的预算管理实践，后来又在八一钢铁、中国新兴集团、中国新兴材料集团以及三一重工等许多的企业进行了不断地摸索。坚持不懈的实践不仅打开了我认知预算管理世界的大门，而且一旦入门就发现了预算管理世界异彩纷呈、气象万千，有着许多未被发现的领域。

我始终坚信最好的实践一定能上升为最好的理论。

这本书之所以能够摆在面前，都离不开给予我实践土壤的企业。我经历的所有这些实践都是在那些充满发展活力、创新精神的企业中进行的，它们勇于革故鼎新，也善于脚踏实地。正是这些企业给予了我实践的土壤，也正是这些企业在实践土壤上辛勤的耕耘，才使得预算整合和整合预算的思想得以贯彻、得以实现。有谁不感恩大地母亲的养育之恩？有谁会吃水忘记挖井之人？

我始终坚信最好的理论一定能够用于指导实践。

出书不是目的本身。当亲力亲为的实践和含辛茹苦的写作成就此书时，我并不陶醉于书本身的字里行间和白纸黑字之间。成书的目的就是为了从实践中来、到实践中去，理论只有有效地用来指导实践才是最好的。我内心的祈盼是，当我们的企业以至我们的社会能够不仅仅是在读这样的书，更是带着理想主义的情怀将书中的理念和认知转化为卓有成效的实践。当书中的理论已被实践所采用并发扬光大，书本身的价值就不再重要，实践本身就是一本最好的理论教科书。这里我得充满真情地感激那些不但阅读此书并且能将其付诸实践的人们。

本书的成印也包含着我的学生王莉婕、黄同鹤等所付出的辛劳。每一个学生都会对老师顶礼膜拜，每一个学生为老师付出也会无怨无悔，这是一种崇高的境界，感激在这里显得多余。但他们为本书付出的辛劳已融入此书，并铭记于我的心中。此外，我还要感谢经济科学出版社的编辑们对本书的出版发行所付出的努力和辛勤的劳动。

谢志华

2015 年 6 月